Internal Control over Financial Reporting –
Guidance for Smaller Public Companies

簡易版

内部統制ガイダンス

監訳

日本内部監査協会
八田　進二

訳

橋本　　尚
町田　祥弘
久持　英司

同文舘出版

"Copyright © 2006 by The Committee of Sponsoring Organizations, C/O AICPA, Harborside Financial Center, 201 Plaza Three, Jersey City, NJ07311 − 3881, USA. All rights reserved."

"Permission has been obtained from the copyright holder, The Committee of Sponsoring Organizations, C/O AICPA, Harborside Financial Center, 201 Plaza Three , Jersey City, NJ07311 − 3881, U.S.A., to publish this translation, which is the same in all material respects, as, the original, unless approved as changed. Permission has been obtained to publish this translation in the following publication: *Internal Control over Financial Reporting-Guidance for Smaller Public Companies.* No part of this document may be reproduced, stored in any retrieval system, or transmitted in any form, or by any means electronic, mechanical, photocopying, recording, or otherwise, without prior written permission of **The Committee of Sponsoring Organizations of the Treadway Commission.**"

トレッドウェイ委員会支援組織委員会

理事会構成員

ラリー・E．リッテンバーグ	マーク・ビーズリー	ニック・サイプラス
COSO委員長	アメリカ会計学会	国際財務担当経営者協会
チャールズ・E．ランズ	デイビッド・A．リチャーズ	ジェフリー・トムソン
アメリカ公認会計士協会	内部監査人協会	管理会計士協会

PricewaterhouseCoopers LLP—執筆者

主たる執筆者

マイルズ・エバーソン（プロジェクト責任者）	フランク・マーテンズ
ニューヨーク事務所	カナダ・バンクーバー事務所
パートナー	理事

フランク・フラビッツィオ	トム・ハイランド	ポール・ターウォーター	マーク・コーエン
フィラデルフィア事務所	ニューヨーク事務所	ダラス事務所	ボストン事務所
パートナー	パートナー	パートナー	シニア・マネジャー
エリン・ハンセン	マリオ・パトーン	クリス・ポール	シューリョ・セン
フィラデルフィア事務所	フィラデルフィア事務所	ボストン事務所	ニューヨーク事務所
シニア・マネジャー	マネジャー	上級共同経営者	マネジャー

COSOの下に設置されたプロジェクト・タスク・フォース

ガイダンス部分担当者

デボラ・ランバート
（部会長）
パートナー
John, Lambert & Co.

クリスティーン・ベリノ

Jefferson Wells International, Inc.

ジョセフ・V. カルセロ

Tennessee 大学
会計学教授

ルドルフ・J. J. マッキュー
WHPH, Inc.

ダグラス・F. プラーウィット
Brigham Young 大学
会計学教授

マルコム・シュワルツ

CRS Associates LLC

委員代表

キャロリン・V. エイヴァー
Agile Software Corporation
CFO

クリスティーン・M. ブランズ
Inamed, Allerganグループ
財務システム担当取締役

セレナ・ダヴィラ
国際財務担当経営者協会
非上場企業・小規模企業担当取締役

ガス・ハーナンデズ
Deloitte & Touche, LLP パートナー

ブライアン・オマリー
Nasdaq 最高監査担当責任者

アンドリュー・ピネロ
JLC/Veris Consulting LLC

パメラ・S. プライオル
Tasty Baking Company 内部統制・分析担当取締役

ジェームズ・K. スミス, III
Phonon Corp.
副社長兼CFO

ダン・スワンソン
Dan Swanson & Associates
社長兼CEO

ドミニク・ヴィンセンティ
内部監査人協会
専門実務担当理事

ケネス・W. ウィット

アメリカ公認会計士協会

オブザーバー

ジェニファー・バーンズ
証券取引委員会
会計専門職担当フェロー

まえがき*

　本ガイダンスは，トレッドウェイ委員会支援組織委員会（COSO）の1992年版**『内部統制の統合的枠組み』**の導入にあたって，中小規模公開企業を支援することを目的とするものであり，COSOは，本ガイダンスの公表を喜ばしく思っている。COSOは，中小規模企業が財務報告の目的を達成するための対費用効果的な手法を探求する際に，本ガイダンスが役立つと考えている。本ガイダンスは，中小規模企業が内部統制の目的に取り組む際に効果的に用いてきた多くの事例を掲載している。

　COSOのタスクフォースは，本ガイダンスの公開草案に対する意見の募集期間中に受領したコメントについて検討を行った。寄せられたコメントを受けて，たとえば，以下のような点について，公開草案の内容を見直した。

- 内部統制の目的を達成することにさらに焦点を絞ったこと
- 内部統制のプロセスとしての観点を一層重視したこと
- 内部統制の各構成要素の基礎となる基本原則を明確化し，各企業が導入する統制とのつながりをより明確化したこと
- どのような統制を導入するかを経営者が決定する際には，費用対効果を勘案して決定しなければならないとの認識を示したこと

　COSOのフレームワークは強固なものであるが，内部統制に関して目的および原則を重視した方法を導入する経営者および他の関係者の能力に依存するものである。内部統制の目的を達成するために，最も適切な統制を選択する自由を企業に与えることによって企業は向上する，という考えをCOSOは堅持している。本ガイダンスは中小企業向けに作成したものではあるが，公開・非公開，規模の大小を問わず，財務報告に係る有効な内部統制を導入するにあたり，あらゆる企業に役立つとCOSOは考えている。

　本ガイダンスを策定するにあたって，COSOは，マイルズ・エバーソン氏およびフランク・マーテンズ氏率いる PricewaterhouseCoopers からプロジェクト・チームを選抜した。また，中小規模企業に勤務経験を有する人々で構成される大規模なタスクフォースも活用した。タスクフォースでは，内部統制の基

本概念の議論，ガイダンス案の読み合わせおよび統制方法ならびに事例に関する情報提供にかなりの時間を費やした。本プロジェクトは，まさに全員による共同作業の産物である。冒頭に氏名を掲載した方々は皆，本ガイダンスの作成に多大の貢献をされた方々である。しかしながら，ここでは本ガイダンスの策定を指揮し，献身的な働きをされた数名の方々を記すにとどめたい。Jefferson-Wellsのクリスティーン・ベリノ女史，Tennessee大学のジョー・カルセロ氏，Brigham Young 大学のダグ・プラーウィット氏およびCRS Associatesのマルコム・シュワルツ氏は，内部統制の枠組みの基礎となる原則に関するタスクフォースを指揮してくれた。さらに，証券取引委員会（SEC）の特別研究員であるジェニファー・バーンズ女史には，本ガイダンス作成における検討段階で多大の貢献をされたことに対して感謝したい。

　COSOは，本ガイダンスの策定全般にわたって積極的に関与している。COSOは，本ガイダンスに対する皆様の意見を歓迎するものであり，財務報告，リスク・マネジメントおよび統制の質の向上に引き続き関わっていく所存である。

　　ラリー・E．リッテンバーグ
　　COSO，委員長

　　2006年6月

---

* （訳注）本まえがきは，「ガイダンス篇」の冒頭に掲載されているものであるが，本訳書の体裁上，挿入場所を変更している。なお，他にも重複掲載内容についてはこれを省略するなど，訳者の責任において，適宜訳書として統一性を損なわない範囲での変更を加えている。

総合目次

第1部：要約篇 …………………………………………… 1

第2部：ガイダンス篇 …………………………………… 19

   概　　　要   21

Ⅰ．統制環境 ─────────────────────── 51
  原則1 誠実性と倫理観 52
  原則2 取締役会 57
  原則3 経営者の考え方と行動様式 66
  原則4 組織構造 69
  原則5 財務報告に関する能力 72
  原則6 権限と責任 76
  原則7 人的資源 80

Ⅱ．リスク評価 ────────────────────── 87
  原則8 財務報告の目的 88
  原則9 財務報告に関するリスク 93
  原則10 不正リスク 101

Ⅲ．統制活動 ─────────────────────── 107
  原則11 リスク評価との統合 108
  原則12 統制活動の選択と整備 112
  原則13 方針および手続 118
  原則14 ＩＴ 123

Ⅳ．情報と伝達 ────────────────────── 137
  原則15 財務報告に関する情報 138
  原則16 内部統制に関する情報 141
  原則17 内部における情報伝達 144
  原則18 外部への情報伝達 149

Ⅴ．モニタリング —————————————————————153
　　原則19　日常的および独立的評価　　　　　　　154
　　原則20　不備の報告　　　　　　　　　　　　　161

付　　　録 ———————————————————————165
　　付録A　方法論　　　　　　　　　　　　　　　167
　　付録B　コメントの検討　　　　　　　　　　　170
　　付録C　重要用語集　　　　　　　　　　　　　176
　　付録D　謝辞　　　　　　　　　　　　　　　　177

第3部：評価ツール篇 ……………………………………181

Ⅰ．はじめに ———————————————————————183
　　マトリックス　　　　　　　　　　　　　　　　184
　　有効性の評価　　　　　　　　　　　　　　　　193

Ⅱ．原則の評価 ——————————————————————194
　　統制環境に関する原則　　　　　　　　　　　　194
　　リスク評価に関する原則　　　　　　　　　　　199
　　統制活動に関する原則　　　　　　　　　　　　202
　　情報と伝達に関する原則　　　　　　　　　　　206
　　モニタリングに関する原則　　　　　　　　　　209

Ⅲ．全社的統制手続 ————————————————————212
　　統制環境　　　　　　　　　　　　　　　　　　212
　　情報と伝達　　　　　　　　　　　　　　　　　224
　　モニタリング　　　　　　　　　　　　　　　　226

Ⅳ．リスク評価 ——————————————————————230
　　リスク評価マトリックス1
　　勘定科目および開示項目ごとのリスクの識別と分析　　　230
　　リスク評価マトリックス2
　　勘定科目と業務プロセスの配列によるリスクの分析　　　232
　　リスク評価マトリックス3
　　業務プロセスのサブ・プロセスと支援ＩＴインフラの配列　　233

Ⅴ．勘定科目の見積り，決算整理仕訳および締切 ―――― 234
Ⅵ．プロセス・レベル・マトリックス―収益 ―――――― 243
Ⅶ．プロセス・レベル・マトリックス―給与 ―――――― 251
Ⅷ．ＩＴによる統制手続 ――――――――――――――― 254

よくある質問とその回答（ＦＡＱ）――――――――――― 265

　　訳者あとがきと謝辞　　　　　　　　　279
　　索　　　引　　　　　　　　　　　　287

COSO
財務報告に係る内部統制
―中小規模公開企業ガイダンス

第1部：要　約　篇

2006年6月

トレッドウェイ委員会支援組織委員会（COSO）は，企業などの事業体が自社の内部統制システムを評価すること，および，それを向上させることに資するよう，1992年に，『**内部統制の統合的枠組み**』（以下，**COSOの枠組み**）を公表した。爾来，**COSOの枠組み**は，経営者，取締役，規制当局，基準設定機関および職業専門団体などから，内部統制に関する適切かつ包括的な**枠組み**として認識されてきた。

加えて，財務報告において，また，関連する法規制の状況において，多くの変化が生じた。とりわけ大きなものとしては，サーベインズ＝オックスリー法がアメリカ合衆国において2002年に法制化されたことがあげられる。同法の規定の中でも，特に404条では，公開企業の経営者に財務報告に係る内部統制の有効性について，年1回評価および報告をすることを求めている。

こうした変化が起き，また，年月を経たにもかかわらず，**COSOの枠組み**は今日においても適切なものであることに変わりはなく，404条を遵守するにあたって，公開企業の経営者は企業規模の大小に関係なく，**COSOの枠組み**を利用している。とはいえ，多くの企業では予想外のコストを負担してきており，また，中小規模企業は404条の履行に際して固有の問題に直面している。

本書は**COSOの枠組み**に代わるものでも，また，それを修正するものでもないが，**COSOの枠組み**の適用方法に関するガイダンスを提供するものである。**COSOの枠組み**を用いて，財務報告に係る費用効果的な内部統制を整備し，運用しようという中小規模公開企業のために，COSOは本ガイダンスを策定したのであるが，大規模公開企業も本ガイダンスを利用することは可能である。本ガイダンスの第1の目的は，財務報告に係る有効な内部統制の構築および維持を目指す経営者を支援することではあるが，経営者が内部統制の有効性評価を規制当局による評価ガイダンスに基づいて行う際に，より効率的に評価する上で役立つであろう。

本報告書は，3部に分かれている。第1部としての本篇は**要約篇**にあたり，企業の取締役会および上級経営者向けの大まかな要約である。

第2部では，企業の性質およびそれが内部統制に及ぼす影響，中小規模企業が直面する問題ならびに経営者の**COSOの枠組み**の利用方法について述べるこ

とで，中小規模企業の財務報告に係る内部統制について概観している。ここには，**COSOの枠組み**から導き出した20の基本的な原則が，関連する属性，方法および中小規模企業がこれらの原則を費用効果的な方法で適用するための事例とともに示されている。

　第3部では，内部統制を評価するにあたって，経営者を支援するツールの例を掲載している。経営者は，企業が有効に原則を適用しているかを判断する際に，これらのツールの例を用いることができるであろう。

　上級経営者には，**要約篇**や**第2部**の**概要**の章に特に関心をもつとともに，必要に応じて，それ以降の章のうちいくつかについても参照することが望まれる。また，その他の管理者は，各自の担当領域に応じて，第2部および第3部の必要な箇所を指針として参照する形で利用することが望まれる。

「中小規模」企業の性質

　企業を小規模，中規模または大規模に分ける「明確な線引き」が必要であるという向きもあるが，本ガイダンスでは，そういった定義は行わない。ここでは「小規模」ではなく，「中小規模」の企業という用語を使う。そのことによって，本ガイダンスが対象とする企業の範囲は広いということを示しているのである。本ガイダンスが対象とするのは，以下のような性質のうちの多くのものを備えている企業である。

- 事業の種類が少なく，各事業において生産する製品も少ない
- 販売経路または地理的条件によって，対象とする市場を限定している
- 企業を実際に運営する経営者が所有主として相当の利害または権利を有する
- 経営者の階層が少なく，統制の及ぶ範囲が相対的に広い
- 取引処理のシステムおよび手続が複雑でない
- 社員が少なく，その多くは担当する職務領域が広い
- 事業のライン部門のほか，法務部門，人事部門，経理部門および内部監査部門といった事業支援の補助部門について，必要な人員を配置することがむずかしい

これらの性質は，それ自体，絶対的なものではない。利益，従業員数および資産総額など，いかなる方法で計量化した企業規模も，これらの性質に影響を与え，また，企業規模も逆に影響を受ける。そして，計量化した企業規模は，何をもって「中小規模」とするかに関する考え方をも形作るのである。

費用と便益

　　企業の多くの利害関係者にとって，内部統制を評価し，報告するためにかかるコストの増加は，注目の的となっているものの，コストと関連する便益とを比較衡量することは有用である。

公開企業，とりわけ，中小規模公開企業の経営者およびその他の利害関係者は，404条の遵守に関わるコストについて，非常に大きな関心を寄せてきた。一方で，遵守に関わる便益についてはほとんど注意を払ってきていない。不正確な財務報告による影響を計量化することはむずかしいかもしれないが，企業の虚偽表示に対する市場の反応を見ると，企業規模の大小に関係なく，投資家層は不正確な財務報告を簡単には容赦しないということが明らかとなっている。このことと，以下に示したさまざまな便益があるという意味で，有効な内部統制は多大な価値をもたらすのである。

便益のうち最大のものは，自社が資本市場に参加でき，調達した資金によって事業を革新したり，経済成長を推し進めることがたやすくなる，ということである。他にも，経営者の意思決定を支援する信頼しうる情報を適時に提供することや，社内の取引処理に関する一貫した仕組みを構築することで，取引の期間を短縮し，信頼性を向上すること，ならびに，業績を提携先および得意先に正確に伝達できることなどがあげられる。

費用効果的な内部統制を構築するにあたっての課題の克服

　　本ガイダンスを利用することによって，中小規模企業の経営者は，自社に特有の問題に対処し，コストの増大を軽減し，また，有効な内部統制による便益を享受することができる。

中小規模企業の性質のために，費用効果的な内部統制を構築するにあたって，

大きな問題がいくつも生じる。中心的な業務プロセスと統合した有効な内部統制の便益およびそのような内部統制に対する事業上の必要性を経営者が認識せずに，内部統制を現状の事業システムに付け加えられた管理面での負担として考えた場合には，とりわけ問題が生じやすい。

こうした問題としては，以下のようなものがあげられる。

- 職務を適切に分離するために十分な資源を入手すること
- 経営者が内部統制を不当に無視できる機会が多いなど，経営者が企業活動を支配できる可能性があること
- 取締役会および監査委員会にとって役立つように，財務報告などに関して必要な専門能力を有する人員を採用すること
- 会計および財務報告に関して十分な経験と技能を有する人員を採用し，かつ，確保すること
- 会計および財務報告に対して留意するよう，事業を運営するために傾けていた経営者の関心を，会計および財務報告にも振り向けること
- 限られた専門的資源のなかで，コンピュータ情報システムに対する適切な統制を維持すること

どのような企業でも，財務報告に係る内部統制を整備し，報告するに際してコストが増えるが，とりわけ中小規模企業においてその増加割合は高くなるであろう。ただ，資源の制約があるにもかかわらず，中小規模企業は，通常，こうした問題を克服し，有効な内部統制を合理的に費用効果的な方法でうまく達成している。その達成方法にはさまざまなものがあり，本ガイダンスではそれらの概要を説明している。達成方法の多くは実際に，いくつかの中小規模企業がすでに実践していることから，内部統制の有効性について検討する際，経営者はこうした方法を「信用する」ことができるであろう。

▼企業トップによる広範かつ直接的な管理

中小規模企業の多くでは，創業者その他のリーダーが支配しており，こうしたリーダーは大きな裁量をもち，他の構成員に個人的に指示を下すことがある。このような立場の人間がいるということは，自社の拡大などといった目標の達

成にとって不可欠であり，また，財務報告に係る有効な内部統制の構築にも多大の貢献をしうるものである。自社の活動，業務プロセス，取引関係および事業のリスクといった，自社のさまざまな面について知識が深いので，リーダーは財務報告システムから生み出される報告書に何を期待するかを理解し，また，予想外の事態が起きたときには，必要に応じて，対処することができる。構築した内部統制の手続をリーダーが無視する可能性があるといった企業における負の側面については，特定の仕組みを設定することによって対応できよう。

▼有効な取締役会

　中小規模企業は，通常，比較的単純でわかりやすい事業活動を行っており，かつ，事業構造がそれほど複雑でないので，取締役は自社の事業活動に関してより深い知識を持つようになる。また，取締役は自社の草創期に密接に関わり，さらに，将来的な展望を明確に抱いている可能性が高い。これらに加えて，取締役が，何名もの管理者と会うことや頻繁に情報伝達をするということも中小規模企業ではよくあることであるが，こうしたことは，取締役会および監査委員会が財務報告に対する監督責任を非常に有効に履行しやすくさせている。

▼職務が十分に分離していないことを補う方策

　資源の制約があるために，従業員が足りず，そのために職務の分離に関する問題が生じることがたまにある。しかしながら，経営者にとって，職務が潜在的に分離していないことを補うための方策はある。たとえば，経営者が取引の細部に関する体系的な報告書をレビューすること，内部統制を支援する文書のレビューにあたって取引を選択抽出すること，棚卸資産および固定資産その他の資産の実数の定期的な検査を監督し，会計帳簿上の記録と比較すること，ならびに，勘定残高の照合状況をレビューするかまたは自ら直接照合することなどがあげられる。すでに中小規模企業の多くでは，管理者が上記の方策や，その他信頼しうる財務報告を支援するための手続を実施してきているので，こうした方策が有効な内部統制に寄与するものであるということは，信ずるに値するはずである。

▼IT（情報技術）

　ITに関する資源が限られているという現状については，第三者が開発し維持管理しているソフトウェアを全面的に活用することによって対処することができる場合が多い。こうしたパッケージ・ソフトについても，導入や利用の際の統制が必要ではあるが，自作のソフトウェアに関連するリスクの多くは避けることができる。プログラムの変更はソフトウェア開発業者がすべて担当するので，通常，自社においてプログラムの変更に関する統制手続が必要とされる場合は限られており，また，一般的に中小規模企業の構成員は，権限をもたずにプログラムの変更を企てるような専門的知識をもっていない。また，このような販売用のソフトウェアには，いくつか利点がある。すなわち，こういったパッケージ・ソフトは，社内のどの従業員が特定のデータを操作または修正できるかの管理，データ処理の網羅性および正確性の検査ならびに関係する文書の維持管理といった標準機能を搭載していることが多い。

　パッケージ・ソフトを利用することで，さらに有利な点もある。パッケージ・ソフトには，ソフトウェアに関するさまざまな統制手続を標準装備しているものが多い。そうした統制手続には，業務の一貫性の向上，自動照合，経営者によるレビューの対象となる例外事項の報告の迅速化および職務の適切な分離の支援といった機能がある。中小規模企業は，そのソフトウェアの機能を活かすために，「チェック・マーク」や「スイッチ」を適切に入れているかを確認することで，こうした機能を活用することができる。

▼モニタリング活動

　　　多くの中小規模企業の経営者は，事業運営においてモニタリング活動を日常的に実施しており，モニタリングが内部統制の有効性に大きく貢献していることを，十分に「信用」すべきである。

　モニタリングという構成要素は，COSOの枠組みのなかでも重要な部分である。モニタリングでは，自社を運営している管理者が日常的に行っている膨大な活動によって，内部統制システムにおける他の構成要素の機能に関するフィードバックがもたらされるのである。多くの中小規模企業の経営者は，モニタ

リングを定期的に実施しているが，モニタリングが内部統制の有効性にはたして貢献しているかについては，日頃はそれほど「信用」してこなかった。モニタリング活動は通常は手動で行い，ときには，コンピュータ・ソフトウェアが補助するが，内部統制の整備または評価にあたっては，モニタリングについてよく検討しなければならない。

別の観点から見ると，内部統制の有効性の評価という面でも，モニタリング活動は効率性を高めることができる。内部統制について評価し，報告する最初の年度を終えたあと，多くの企業では，次年度においても同じ評価プロセスを繰り返したため，かかったコストはほとんど変わらなかったのである。

しかし，効率性を高めるためには，違った方法を採用することもできるであろう。現に存在するモニタリング活動を利用すること，または，現状の手続に少し付け足すことによって，経営者は財務報告のシステムについて，前年度から大規模な変更点があればそれを識別することができるので，より詳細に調査を行うべき箇所はどこかを見つけることが可能となる。内部統制が有効であるためには，5つの構成要素すべてが存在し，これらが有効に機能していなければならない。また，各構成要素についての何らかの検証も必要である。その一方で，非常に有効なモニタリング活動は，モニタリング以外の構成要素における欠点を相殺するとともに，評価作業の対象を明確にして全体的な効率性を高めることができる。

さらなる効率性の達成に向けて

前述の内容について検討することに加えて，以下の方法によっても，内部統制の整備，運用または評価をさらに効率的に行うことができるであろう。すなわち，財務報告の目的のうち自社の活動および置かれた状況に直接関係のある目的のみに集中すること，内部統制においてリスクの高い箇所に重点的に目を向けること，自社に見合った形で文書化を行うこと，統合した業務プロセスとして内部統制を把握すること，そして内部統制全体を一体のものとして見ることである。

COSOの枠組みの認識によれば，企業は，まず適切な財務報告目的を設定し

なければならない。財務報告目的は，高次元では，信頼しうる財務諸表を作成することであり，そこには，財務諸表には重大な虚偽表示が存在していない旨の合理的な保証があるという意味も含まれる。経営者は，この高次元の目的に従って，自社の事業活動，事業環境ならびに両者を財務諸表および開示事項に適切に反映させることに関連づけて，高次元の目的を支える下位目的を設定する。この下位目的は，当局からの規制などの要因から影響を受けるであろう。経営者は下位目的を設定するにあたり，こうした要因を取り入れようとする。

　当社の事業に直接適用できる目的，そして，財務諸表にとって重要な当社の活動および状況に直接関係のある目的のみを議論の対象とすることで効率性が高まる。これまでの経験によれば，最も効率性が高まるのは，自社の財務諸表を基準として，財務諸表に重大な影響を与えるような事業活動，業務プロセスおよび事象に関する下位目的を設定する方法である。この方法を用いれば，自社の財務報告の信頼性にとって本当に関係のあるものに対してのみ，議論を集中するための基盤ができあがる。

▼ **リスクの議論**
　　リスク指向のアプローチによって，非常に効率的に内部統制を評価できる。

　経営者はさまざまな場合にリスクについて検討を行うが，それらすべての中心となるのが，信頼しうる財務報告に対するリスクなど，主要な目的に対するリスクを検討することである。ここで述べるリスク指向とは，財務報告の信頼性に影響を与えかねない定量的および定性的な要因に目を向け，取引処理など，財務諸表の作成に関する活動のなかで，何かがうまくいかない可能性を識別することを意味する。主要な目的に目を向けることで，経営者はリスク評価にあたって必要な範囲および詳細さを決定することができる。通常，リスクとは内部統制を最初に整備する際や運用する際に検討されるものであり，そこでの目的に対するリスクを識別し分析することで，リスクをどのように管理するかについて判断する規準を設けるのである。もう1つの方法は，内部統制が目的に対するリスクを低減するのに有効であるかどうかを評価するものである。

　内部統制の有効性を評価する際には，「典型的な」企業にとって適切な一般的

な統制手続を列挙した表を用いて，内部統制に関して検討することがある。アンケート形式などによるこうしたツールは，役立つかもしれないが，経営者が意図せずに自社の財務報告目的それ自体または目的に対するリスクにまったく適合しないような，「標準的」または「典型的」な統制手続に目を向けてしまうこともある。関連する問題として起こるのは，会計システムの細部の評価や，その内容の非常に詳細な文書化を始めながらも，こうしたプロセス全体が信頼しうる財務報告を行うにあたって本当に関係があるかどうかについて考えていないというものである。こうしたアプローチは役立たないというわけではなく，実際に有用である。しかし，どのようなアプローチを採用するのであれ，自社の活動や置かれている状況に即して経営者が設定した目的に目を向けていなければ，効率性を高めることはできない。

▼自社に見合った形での文書化

　事業のプロセスおよび手続ならびに内部統制システムのその他の要素を会社が文書化し，維持管理する理由はいくつかあげられる。第1は，事業運営にとって望ましい業務を守るように努めるためである。文書化を有効に行えば，何をなすべきか，どのようになすべきか，そしてその行動の結果として何が望まれるかについて，情報伝達をする際に役立つ。文書化の第2の目的は，新任の社内構成員に対する研修を支援し，また，現在の社内構成員にとっての補習用または参考用ツールを示すことである。文書化はまた，内部統制の有効性について報告する際の証拠も提供する。

　文書化の程度および性質は企業によって大きく異なる。明らかに，大規模企業は，通常，文書化すべき業務が多く，または，財務報告の目的がより複雑であるために，中小規模企業と比べてより広範囲にわたって文書化を行う必要があるであろう。中小規模企業においては，方針に関する詳細なマニュアル，業務プロセスのフローチャート，組織図および業務記述書などといった正式な文書化については，それほど必要性を感じない場合が多い。中小規模企業では，通常，構成員も経営者の階層も少なく，社内での関係がより密接で，相互関係も頻繁であるが，これらの要素はすべて，何が望ましいか，あるいは何を現在

行っているかに関する情報伝達を促進するものである。たとえば，中小規模企業では，人的資源，調達あるいは得意先への与信方針についてメモに残し，経営者が会合で示した指針でメモを補足するであろう。一方，大規模企業においては，より細かく実施している統制手続に社内の人を関与させるために，より詳細な方針（または方針に関するマニュアル）を設けている可能性が高い。

> 内部統制における5つの構成要素を有効に整備および運用するにあたって，それを支援するにはどの程度の文書化が必要であるかについては，何らかの判断が必要である。また，そうした判断においては費用対効果も考慮しなければならない。

　財務報告に係る内部統制が有効であると考えるためには，どの程度の文書化を行えばよいかという疑問が提起されている。その答えはもちろん，企業の置かれている状況や企業の必要性によるということである。経営者が社内の統制手続が機能していることを確かめるには，ある一定の文書化は常に必要である。たとえば，売上に対する代金の請求や定期的な照合などを，適切にすべて実施したと経営者に確信させるための文書化がこれにあたる。しかし，中小規模企業においては，経営者はたいてい統制手続の実施に直接携わっており，そうした統制手続については，経営者は直接観察しており，統制手続が有効に機能していると判断することができる。そのため，このような統制手続では文書化をほとんど行っていないであろう。それでも，信頼しうる財務諸表の作成のために講じた措置なども含めた，会計システムおよび関連する手続が十分に整備され，十分に理解され，さらに，適切に実施されている情報が，経営者に提供されなければならない。

　経営者が規制当局および株主などの第三者に，財務報告に係る内部統制の設計状況および実施状況の有効性について主張する際，経営者は個人的に大きなリスクを負うことから，通常，主張した内容の証拠とするために，会計システムおよび重要な統制活動における主な手続に関する文書化を求めるであろう。したがって，経営者は主張内容の証拠となる文書化が適切であるかどうかを判断するために，レビューをすることになる。必要な文書化の量について検討す

る際，文書化の性質および程度は，自社の受けている規制によって影響を受けるであろう。以上のことは，文書化とは正式なものである，または，正式なものでなければならない，ということを必ずしも意味するものではないが，統制手続を適切に設計し，実施していることに関する証拠は必要ではある。

　さらに，外部監査人が内部統制の有効性について立証しようとする際には，経営者は監査人に主張内容の証拠を提供することが望ましいであろう。そのような証拠のなかには，統制手続が適切に整備され，かつ，有効に機能していることに関する証拠も入るであろう。自社が必要とする文書化の性質および程度について検討する際には，経営者は，統制手続を適切に実施している旨の主張の証拠となる文書化は，外部監査人による監査意見の証拠の一部にも使われる可能性がある，ということも考慮に入れなければならない。

　方針および手続が非公式であり，かつ，文書化されていない，という場合もある。以下の場合であれば，それは適切であろう。すなわち，通常の事業の遂行を通じて，経営者がある統制手続を定期的に実施していることを意味するような証拠を入手することができる場合である。しかし，リスク評価などの統制手続は，手続の詳細なプロセスや経営者によるリスクの分析を文書化することなしに，完全に最高経営責任者（CEO）や最高財務責任者（CFO）の頭の中だけで実施するのは不可能であるということを念頭に置いておく必要がある。本ガイダンスの後に掲載した事例は，経営者が通常の事業の遂行を通じて，証拠をどのように収集できるかについて示したものである。

　内部統制の文書化は，事業上のニーズを満たし，また，企業の置かれている状況に見合っていなければならない。内部統制における5つの構成要素を有効に整備および運用するにあたって，それを支援するにはどの程度の文書化が必要であるかについては，何らかの判断が必要である。また，そうした判断においては費用対効果も考慮しなければならない。さらに，業務にあたっては，証拠の作成および保存は，財務報告におけるさまざまなプロセスに組み込んで行う必要がある。

▼統合されたプロセスとして内部統制を把握すること

　　内部統制の評価とは，相互に緊密な連係を有する各構成要素が，自社の財務報告目的を達成するために互いに機能し合っているかどうかを検討することである。

　COSOの枠組みにおける5つの構成要素が，統合されたプロセスを形成しているとみなすことは有用な方法である。もちろん，内部統制は統合されたプロセスである。内部統制をプロセスとしてみなすことは，5つの構成要素の相互関係を重視することになり，経営者が目的を達成する際に統制手続を柔軟に選ぶことを意味し，また，自社が内部統制を今後も調節し，改善していくことができることを意味する。

　前述のように，自社の事業活動および事業環境に関連性のある財務報告目的を経営者が設定することから，内部統制のプロセスは始まる。財務報告の目的を設定した後，これらの目的に対するさまざまなリスクを経営者は識別・評価し，どのリスクが財務報告に重大な虚偽表示をもたらすかを区別し，さらに，こうしたリスクをどのように統制手続を通じて管理するかを判断する。次に，経営者は，財務報告や内部統制システムの他の構成要素にとって必要な情報を収集，加工および伝達する方法を考える。これらはすべて自社の統制環境と関連づけて行うものであり，統制環境は自社における適切な気風および関連する属性をもたらすために形作られ，また，必要に応じて改善されるものである。さらに，各種の統制手続が今後とも適切に機能し続けることを確保するために，

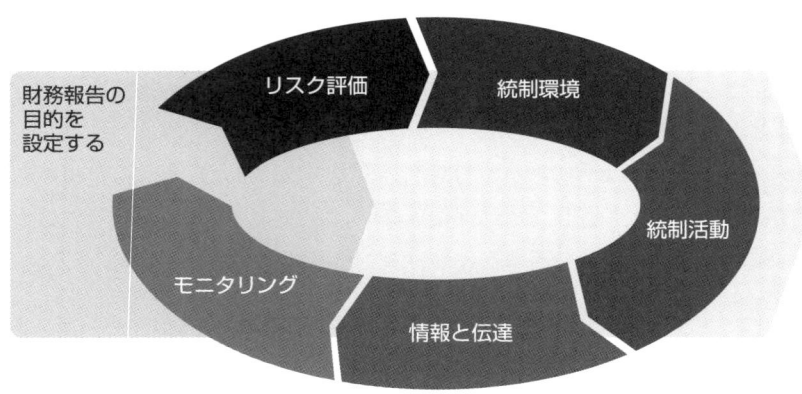

構成要素はすべてモニタリングを受ける。**COSOの枠組み**の構成要素が業務プロセスとして互いに機能し合う様子の概要は，前頁のように示すことができる。

▼一体のものとしての内部統制

　COSOの枠組みにおける5つの構成要素は，それぞれ，信頼しうる財務報告という目的を達成するにあたって重要である。ある企業の財務報告に係る内部統制システムが有効であるかどうかについては，何らかの判断が必要である。内部統制には，財務報告における重要な虚偽表示を予防または発見し，是正するために，互いに機能し合っている5つの構成要素がある。5つの構成要素が存在して機能している場合には，財務諸表が信頼しうる方法で作成されているとの合理的な保証を経営者が得たという意味において，内部統制は有効であるということができる。

　ただし，各構成要素が存在し，また，機能していなければならないからといって，各構成要素はいかなる企業においても，同じように機能していなければならない，あるいは，同じ階層において機能していなければならないということを意味するわけではない。構成要素の間には重なり合う部分もあるかもしれない。したがって，有効な内部統制とは，すべてのプロセスにおいて「最良の」統制手続が存在しなければならない，ということを必ずしも意味しない。ある構成要素において欠陥があっても，同じ構成要素または別の構成要素における統制手続がその分だけ有効に機能しており，また，その状態で内部統制全体が虚偽表示のリスクを望ましい水準にまで十分低減できるのであれば，その欠陥は緩和されるであろう。

財務報告に係る有効な内部統制の構築に向けた原則の適用

> 本ガイダンスは，COSOの枠組みにおける5つの構成要素と関連づけられ，かつ，それから直接導き出された基本概念を表わす20の基本原則を中心におくものである。

　本ガイダンスは，**COSOの枠組み**における5つの構成要素と関連づけられ，かつ，それから直接導き出された基本概念を表わす20の基本原則を提示している。

▼統制環境
1. **誠実性と倫理観**—健全な誠実性と倫理観，とりわけ最高経営層のそれが形成され，理解され，財務報告に係る行為の基準が設定されている。
2. **取締役会**—取締役会は，財務報告およびそれに係る内部統制に関連する監督責任を理解し，遂行している。
3. **経営者の考え方と行動様式**—経営者の考え方と行動様式が，財務報告に係る有効な内部統制の達成を支援している。
4. **組織構造**—会社の組織構造が，財務報告に係る有効な内部統制を支えている。
5. **財務報告に関する能力**—会社は，財務報告およびそれに係る監視機能に関して有能な人員を擁している。
6. **権限と責任**—経営者と従業員は，財務報告に係る有効な内部統制を円滑化するためにしかるべき水準の権限と責任を割り当てられている。
7. **人的資源**—人的資源に関する方針と業務は，財務報告に係る有効な内部統制を円滑化するために設定され，実施されている。

▼リスク評価
8. **財務報告の目的**—経営者は，信頼しうる財務報告に対するリスクを識別できるように，十分な明確さと規準を有する財務報告目的を明示している。
9. **財務報告に関するリスク**—会社は，リスクを管理する方法を決定するための基礎として，財務報告目的の達成を脅かすリスクを識別し，分析している。
10. **不正リスク**—不正に起因する重要な虚偽表示の可能性が，財務報告目的の達成を脅かすリスクを評価する際に明示的に検討されている。

　多くの中小規模企業における事業活動およびそれと関係する会計のプロセスはダイナミックなものであり，自社の変化に応じて変化する。これらの原則における定量的な性質は，有効な内部統制を達成するための新しくかつ効率的な方法を考慮に入れている。

▼**統制活動**

11. **リスク評価との統合**—財務報告目的の達成を脅かすリスクに対応するための措置が講じられている。
12. **統制活動の選択と整備**—統制活動は，財務報告目的の達成を脅かすリスクを低減させるにあたっての費用とその潜在的効果を検討した上で，選択され，整備されている。
13. **方針および手続**—信頼しうる財務報告に関する方針が，対応する手続とともに設定され，全社に伝達されることで，経営者の指示が実行されている。
14. **IT**—ITによる統制手続は，適用可能な場合には，財務報告目的の達成を支援するために整備され，運用されている。

▼**情報と伝達**

15. **財務報告に関する情報**—関連する情報が，会社のあらゆる階層で識別され，収集され，かつ利用され，財務報告目的の達成を支援する形式および時間枠で配信されている。
16. **内部統制に関する情報**—内部統制の他の構成要素を実施に移すために用いられる情報は，内部統制に携わる人々が内部統制に係る各自の責任を履行できるような形式および時間枠で，識別され，収集され，かつ，配信されている。
17. **内部における情報伝達**—情報伝達は，組織のあらゆる階層において，内部統制の目的，プロセスおよび個々人の責任を理解し，実行することを可能にし，支援している。
18. **外部への情報伝達**—財務報告目的の達成に影響を及ぼす事項については，外部関係者に伝達されている。

▼**モニタリング**

19. **日常的および独立的評価**—日常的評価および／または独立的評価により，経営者は，財務報告に係る内部統制が存在し，かつ，機能しているかどうかを判断することができる。

20. **不備の報告**―内部統制の不備は，認識され，是正措置を講じる責任を負う者と，必要に応じて，経営者および取締役会に，適時に伝達されている。

本ガイダンスの利用方法

本ガイダンスにおいて推奨されている利用方法は，関係者それぞれの立場および役割によって異なる。

- **取締役**―取締役は，自社の内部統制システムの状態について，また，良好な費用対効果を確保するために最も望ましい方法は何かについて，上級経営者と議論する際の資料として，本ガイダンスを利用することができるであろう。前述のように，本**要約篇**は，特に取締役にとって有用であろう。
- **上級経営者**―CEOおよびCFOなどの上級経営者は，有効な内部統制を構築するための，健全でありながら現実的かつ効率的な方法をどのように自社が大枠として実施するかについて，見通しを立てることができるであろう。これらの役職者は，本**要約篇**や第2部の**概要**の章に特に関心を抱くであろうし，必要に応じて，第2部におけるその他の章のうちいくつかも参照したいと思うであろう。
- **その他の関係者**―その他の管理者や関係者は，本ガイダンスに基づいて自分の統制責任がどのように設定されているかについて検討し，また，費用対効果を高めるための提案を上司と議論する必要がある。内部監査機能があるならば，そこの部門長は本ガイダンスを自部門による内部統制の評価プロセスと関連づけて検討できるであろう。こういった関係者は，各自の担当領域に応じて，第2部および第3部の必要な箇所を指針として参照する形で利用することが望ましい。

本ガイダンスは，外部監査担当の監査事務所向けではないものの，クライアントたる中小規模公開企業が，どのように**COSOの枠組み**を費用効果的な方法で適用するかに関して理解を一層深めるために，監査事務所も本ガイダンスを検討したいと思うであろう。

COSO
財務報告に係る内部統制
―中小規模公開企業ガイダンス

第2部：ガイダンス篇

2006年6月

概　　要

　本書は，中小規模公開企業が，財務報告に係る内部統制の有効性に関連して，COSOの『**内部統制の統合的枠組み**』（以下，**COSOの枠組み**）を用いるにあたって，ガイダンスを提供するものである。**COSOの枠組み**では，財務報告に係る内部統制について，公表財務諸表の信頼性に関して合理的な保証を提供するために構築され，企業の取締役会，経営者およびその他の構成員によって遂行される1つのプロセスと定義している。本書は，このような内部統制の目的を費用効果的な方法で達成する手法について述べている。

　COSOの枠組みの出版以来，財務報告において，また，関連する法規制の状況において，多くの変化が生じた。とりわけ大きなものとしては，サーベインズ＝オックスリー法がアメリカ合衆国議会を通過し，大統領による署名をもって2002年に法制化されたことがあげられる。同法の404条では，公開企業における財務報告に係る内部統制の有効性について，経営者が年1回評価および報告をすることを求めている。404条の履行に際して，また，それに関連して**COSOの枠組み**を用いるに際して，中小規模企業が固有の問題に直面したことを受けて，SECの主任会計官はCOSOに対して，本ガイダンスの作成を要請した。

　本書は**COSOの枠組み**に代わるものでも，また，それを修正するものでもないが，財務報告に係る費用効果的な内部統制を整備し，運用する際の**COSOの枠組みの**適用方法に関するガイダンスを提供するものである。また，本ガイダンスの第1の目的ではないが，本ガイダンスを用いることによって，経営者が内部統制の有効性評価を規制当局による評価ガイダンスに基づいて行う際に，より効率的に評価する上で役立つであろう。

　本ガイダンスは，**COSOの枠組み**における定義，構成要素および有効な内部統制のための規準に沿ったものである。**COSOの枠組み**は，すべての企業に適用することが可能であり，また，中小規模企業へどのように**COSOの枠組み**を

適用するかに関する説明なども含め，本ガイダンスにおいては**COSOの枠組み**の内容を再録していないので，本ガイダンスを用いる際には，**COSOの枠組み**を参照することが望ましい。

本ガイダンスは中小規模公開企業の経営者向けのものではあるが，大規模公開企業，非公開企業およびその他の組織の経営者にとっても有用であろう。同様に，本ガイダンスは，外部監査担当の監査事務所向けではないものの，クライアントたる中小規模公開企業がどのように**COSOの枠組み**を費用効果的な方法で適用するかに関して理解を一層深めるために，監査事務所が本ガイダンスを検討したいと思うかもしれない。

本報告書は，3部に分かれている。第1部は**要約篇**にあたり，企業の取締役会および上級経営者向けの大まかな要約である。

この第2部では，企業の性質およびそれが内部統制に及ぼす影響，中小規模企業が直面する問題ならびに経営者の**COSOの枠組み**の利用方法について述べることで，中小規模企業の財務報告に係る内部統制について概観している。ここには，**COSOの枠組み**から導き出した20の基本的な原則が，関連する属性，方法および中小規模企業がこれらの原則を費用効果的な方法で適用するための事例とともに示されている。

第3部では，内部統制を評価するにあたって経営者を支援するツールの例を掲載している。経営者は，自社が有効に原則を適用しているかを判断する際に，これらのツールの例を用いることができるであろう。

上級経営者には，**要約篇**や第2部としての本書の**概要**の章に特に関心をもつとともに，必要に応じて，それ以降の章のうちいくつかについても参照することが望まれる。また，その他の管理者は，各自の担当領域に応じて，第2部および第3部の必要な箇所を指針として参照する形で利用することが望まれる。

内部統制の費用と便益

公開企業，とりわけ，中小規模公開企業の経営者およびその他の利害関係者は，サーベインズ＝オックスリー法404条の遵守に関わるコストについて，非常に大きな関心を寄せてきていた。とりわけ関心が寄せられたのは，有効な内

部統制システムの維持に関わるコストおよび404条の下で公表する報告書の作成にあたって，内部統制システムを評価し，欠陥を是正するためのコストであった。

また，コストと便益のうち，便益の方に対しても関心が寄せられてきた。有効な内部統制による便益のうち最大のものは，自社が資本市場に参加でき，調達した資金によって事業を革新したり，経済成長を推し進めることができることである。こうした資本市場への参加の道は，株主，債権者，資金提供者，規制当局および自社が直接，取引関係を有する関係者といった，各種の利害関係者に対して適時にかつ正確に財務報告を行う責任を負うことによって開かれるものである。財務報告に係る有効な内部統制は，信頼しうる財務報告を支援し，翻って，必要な資金を提供してくれる投資家の信頼性の向上につながるものである。

他にも財務報告に係る有効な内部統制の便益として，以下のようなものがある。

- 製品価格の設定，設備投資および資源配分といった問題に関する経営者の意思決定を支援するための信頼しうる情報を適時に提供すること
- 社内の取引処理に関する一貫した仕組みを構築することで，取引の開始から終了までの期間を短縮し，関係する記録の信頼性を向上し，さらにデータの正確性を保つこと
- 業績を提携先および得意先に正確に伝達でき，信頼されること

企業の多くの利害関係者にとって，内部統制を評価し，報告するためにかかるコストの増加は最大の関心事となっているものの，コストと関連する便益とを比較衡量することは有用である。

さらに，本ガイダンスを利用する人に留意してほしいのは，内部統制は相互に関係を有するため，財務報告を第一義的な目的として導入した統制が，自社の業務目的およびコンプライアンス目的を支援する上で役立つこともありうるということである。また，逆のこともいえるので，業務目的およびコンプライアンス目的を第一義的な目的とする統制についても，財務報告に対する統制との関連性を検討することが有用である。

大規模企業と中小規模企業

　継続的な企業活動を支援し，企業の成長を促進し，また，その他自社の目的達成にかかわるような責任を遂行するために，あらゆる企業が内部統制システムを整備している。内部統制には，あらゆる企業につきものの財務報告に関するリスクを識別し，管理することも含まれる。誠実性と倫理観，照合および経営者によるレビューといった基本的概念は，すべての企業にとって重要である。まさしく，ほとんどの人が考えているほどには，中小規模企業と大規模企業の間で内部統制を構築する方法に違いはないのである。

　中小規模企業における内部統制の基本的な原則は，大規模企業と同じではあるが，適用方法は大きく異なる。たとえば，公開企業は皆，取締役会を設置し，この取締役会は，財務報告について監督する責任を負っている。しかしながら，中小規模企業では，企業構造や企業活動が複雑でなく，また，取締役間の情報伝達が頻繁に行われることがあるので，取締役会による監督を違った方法で行うこともできよう。同様に，すべての公開企業は内部通報プログラムを設置しなければならないが，報告事項の量の違いにより，大規模企業においては社内スタッフで構成された特定の部署に報告することとなっているが，一方，中小規模企業では監査委員会委員長に直接報告することも認められる。

　通例，中小規模企業には大規模企業と比べ，有効な内部統制を構築する上で，固有の利点がある。そうした利点としては，上級経営者の統制の及ぶ範囲が相対的に広く，社員間で直接に相互のやり取りを行うことも比較的多い，といった点があげられよう。たとえば，財務報告に関する情報伝達について，中小規模企業ではスタッフによる非公式な会合が非常に有効であるかもしれないが，大規模企業で同様な情報について伝達する場合には，文書による報告，イントラネットまたは定期的に開催する正式な会合や会議といった，より公式の仕組みを必要とするであろう。

　中小規模企業は，市場において革新的かつ費用効果的な仕組みを見出すことにより，競争している。中小規模企業の経営者は，単に企業が小さいという理由だけで有効な内部統制の必要性を否定することはできないが，同様の革新的

な発想を生かすことによって費用効果的な方法で財務報告目的を達成することができる。

「中小規模」企業の性質

「中小規模」企業にはどのようなものがあるかについては，まさしくさまざまな考え方が存在する。ある人は，中小規模企業の典型として，家族経営による地元の工具店や町角のパン屋を思い浮かべるであろう。またある人は，年商数百万ドルを稼ぐような，設立したばかりのサービス業を思いつくであろう。さらには，これまで長い間上場しており，革新的な製品を生産して現在数億ドルもの利益を生み出し，将来の成長によってはフォーチュン500社に入ることも視野に入れているような企業を，小規模企業と見ている人もいるであろう。見ようによってはいずれも，あるいはこれらすべてを，「小規模」な企業と考えることができる。

企業を小規模，中規模または大規模に分ける「明確な線引き」が必要であるという向きもあるが，本ガイダンスでは，利益や市場時価総額などに基づく定義は行わない。そのような定義をするのは，規制当局など他の関係者の役割である。

ここでは「小規模」ではなく，「中小規模」の企業という用語を使う。そのことによって，本ガイダンスが対象とする企業の範囲は広いということを示しているのである。本ガイダンスが対象とするのは，ここで「中小規模」と述べた企業であり，そうした企業は，以下のような性質のうちの多くのものを備えている。

- 事業の種類が少なく，各事業において生産する製品も少ない
- 販売経路または地理的条件によって，対象とする市場を限定している
- 企業を実際に運営する経営者が所有主として相当の利害または権利を有する
- 経営者の階層が少なく，統制の及ぶ範囲が相対的に広い
- 取引処理のシステムが複雑でない
- 社員が少なく，その多くは担当する職務領域が広い

● 事業のライン部門のほか，法務部門，人事部門，経理部門および内部監査部門といった事業支援の補助部門について，必要な人員を配置することがむずかしい

上記に箇条書きで述べた項目のうち最後のものは，規模の経済において中小規模企業に不利な立場をもたらす，卑近な事実を反映している。製品の製造単価やサービス提供の単価において中小規模企業が不利であることがよくあるが，常にそうであるとは限らない。中小規模企業の多くは，たしかに以下のような方法で競争優位を獲得している。すなわち，事業の革新，間接費の削減ならびに製品，事業拠点および事業の複雑性の集約という方法である。間接費の削減にあたっては，従業員を減らすほか，パート従業員の採用や出来高払いの導入によって固定費を変動費に変えるといったことを行っている。

規模の経済は，財務報告に係る内部統制に直接関係する機能も含め，支援機能に対して影響を与える場合が多い。たとえば，1億ドル規模の企業において内部監査機能を構築する場合には，数十億ドル規模の企業が構築する場合と比べて，必要とする企業の経済的資源の割合は高くなるであろう。たしかに中小規模企業の内部監査機能は小規模であろうし，また，必要な技能を手に入れるために共同利用やアウトソーシングを活用することもできるであろう。一方，大規模企業の内部監査機能は相当大規模で，経験を有する多様な人材を社内にかかえることになる。しかし，たいていの場合は，中小規模企業にとってのコストは，大規模企業のコストよりも相対的に大きくなる。

前述した性質はそれ自体，絶対的なものではない。利益，従業員数および資産総額など，いかなる方法で計量化した企業規模も，これらの性質に影響を与え，また，企業規模も逆に影響を受ける。そして，計量化した企業規模は，何をもって「中小規模」とするかに関する考え方をも形作るのである。

費用効果的な内部統制を構築するにあたっての課題の克服

中小規模企業の性質のために，費用効果的な内部統制を構築するにあたって，大きな問題がいくつも生じる傾向がある。中心的な業務プロセスと統合した有効な内部統制の便益およびそのような内部統制に対する事業上の必要性を経営

者が認識せずに，内部統制を現状の事業システムに付け加えられた管理面での負担として考えた場合には，とりわけ問題が生じやすい。

こうした問題としては，以下のようなものがあげられる。

- 職務を適切に分離するために十分な資源を入手すること
- 業績目標を達成したように見せかけるために経営者が内部統制のプロセスを不当に無視できる機会が多いなど，経営者が企業活動を支配できる可能性があること
- 取締役会および監査委員会にとって役立つように，財務報告などに関して必要な専門能力を有する人員を採用すること
- 会計および財務報告に関して十分な経験と技能を有する人員を採用し，つなぎとめること
- 会計および財務報告に対して十分留意するよう，事業を運営するために傾けていた経営者の関心を，会計および財務報告にも振り向けること
- 限られた専門的資源のなかで，ITを統制し，コンピュータ情報システムに対する全般統制および業務処理統制を維持すること

資源の制約があるにもかかわらず，中小規模企業は通常，こうした問題を克服し，有効な内部統制を合理的に費用効果的な方法でうまく達成している。その達成方法にはさまざまなものがあり，これについては，以下の段落で論じている。

▼職務の分離

適切な職務の分離は，1人以上の従業員または1つ以上の部署が互いの活動について牽制し合い，取引または活動における複数の段階を1人の人間が担当できないようにすることで達成される。

取引の承認，取引の記帳，情報の照合および資産の保全管理について異なる人に権限を割り当てることで，1人の従業員が通常の職務のなかで誤謬を隠したり，不正を犯したりするような可能性が低くなる。たとえば，ある人が販売活動を担当する場合，その人は取引の記帳，現金収入の取扱い，現金出納帳の記帳承認および閲覧ならびに銀行口座との照合をしてはならない。

資源の制約があるために，中小規模企業の多くでは，このような機能を担当する従業員が足りず，そのため職務を十分に分離していないことがたまにある。しかしながら，経営者にとってこういった状況を補う方策はある。以下はこうした状況において適用できる統制手続である。

- **取引の細部に関する報告書のレビュー**—取引の細部に関する正式な報告書を定期的にかつ適時に経営者がレビューする。
- **選択抽出した取引のレビュー**—内部統制を支援する文書のレビューにあたり，経営者は取引を選択抽出する。
- **資産の定期的な数量検査**—経営者は定期的に棚卸資産および固定資産その他の資産の実数を検査し，会計帳簿上の記録と比較する。
- **照合状況の検査**—経営者は時々現金などの勘定残高の照合状況を検査するか，または，自ら直接照合を行う。

　職務の分離は，それ自体が目的ではなく，取引の処理に関するリスクを低減するための方法である。職務を十分に分離できていない企業において，信頼しうる財務報告に対するリスクに向けた統制手続を整備または評価する場合には，他の統制手続がこうしたリスクに対して十分に向けられているどうか，また，リスクを受容可能な水準にまで低減させるために十分配慮した上で適用されているかどうかについて経営者は検討をしなければならない。

▼経営者による無視

　中小規模企業の多くでは創業者その他の強力なリーダーが支配しており，こうしたリーダーは大きな裁量をもち，他の構成員に個人的に指示を下すことがある。このような立場の人間がいるということは，自社の拡大などといった目標の達成にとって不可欠であり，また，財務報告に係る有効な内部統制の構築にも多大の貢献をしうるものである。自社の活動，業務プロセス，取引関係および事業のリスクといった，自社のさまざまな面についての知識が深いので，リーダーは財務報告システムから生み出される報告書に何を期待するかを理解し，また，予想外の事態が起きたときには，必要に応じて，対処するという立場にもいる。しかしながら，このような知識や権限の集中には，負の面もある。

すなわち，会社のリーダーは，通常，信頼しうる財務報告のために構築された手続を無視することができるという点である。

経営者による無視のリスクを低減するために役立つ，基本的ではあるが重要な方策として以下のようなものがある。

- まず，誠実性と倫理観が高く尊重され，そうした考え方が組織全般に浸透し，かつ，日常的に実践されているような企業文化を維持管理することである。誠実性と倫理観を適切に行動に反映させているような人材を採用し，報酬を与え，または，昇進させることを通じて，このような企業文化を維持し，強化することができる。
- 次に，社内の通報者が，いかなる不正についても通報の対象者の階層と関係なく，安心して報告することができると感じるような有効な内部通報プログラムの設置である。重要なのは匿名性と機密性をプログラムで維持管理できるかという点にある。すなわち，通報者が報復を受けないよう適切に取り計らった上で，通報内容を詳細に調査し，対応措置を講じることである。状況によっては，取締役会または監査委員会に直接問題を通報できるようになっていることも，通例，重要なことである。
- 可能な場合には，不正の事案を，社内の上層部がかかわるものであっても，発見しうるように有効な内部監査機能を設置する。この内部監査機能にとっては，関係する情報を迅速に入手できるかどうか，および，取締役会または監査委員会と直接，情報伝達ができるかどうか，が重要な要因である。
- さらに，有能な取締役会および監査委員会が自らの責任を真摯に受け止めることで，経営者による無視に関する事案を予防または発見するに際して重要な役割を遂行することができる。

以上のような方策によって不正のリスクを低減し，また，会社の指導者としての説明責任に対する意識を向上させつつ，中小規模公開企業を取り巻く状況において，費用効果的な内部統制に特有の利点を活かすことができるのである。

▼取締役会

これまでの段落では，取締役会の必要性について焦点を当てている。取締役

会は，通常，取締役会内の監査委員会を通じて，財務報告に対する監視責任を負い，その責任を履行するために必要な資質を有する。有効な取締役会には，独立性を有する取締役が過半数を占めていること，財務報告の専門家の存在，適時かつ適切な情報の入手，議題を理解し対処するのに十分な資源と時間の確保，および，取締役が正当な注意を払ってその責任を履行し，自社と株主の利益を前面に出すように取り組み続けていることが必要である。

　有効な取締役会および監査委員会は，客観的に経営者の判断をレビューし，財務報告に影響を与える可能性のある非定型的な活動の識別および分析を支援するものである。取締役会および監査委員会は，自社の統制手続や財務報告の全般的な質を評価するにあたって，適切な知識，関心および情報伝達をもって，内部監査人と外部監査人の勧告を活用する立場にある。したがって，取締役会および監査委員会は，経営者が内部統制を無視することによる影響を排除するのに有効な方法を提供することができる。とりわけ中小規模企業の取締役会についてこうしたことが当てはまり，そうした中小規模企業では，事業活動は，通常，比較的単純でわかりやすいものであり，経営者は事業活動に関する深い知識をもっており，また，社内のより広範な人々とより密接な情報伝達を行っている。

　しかし，多くの中小規模企業では，望ましい技能と経験を有するような，独立性を有する取締役を採用できるかどうかという課題に直面する。会社および社員に関する知識不足，取締役としての責任にふさわしい報酬を支払える能力が限られていること，CEOが自社のコーポレート・ガバナンスに関する責任を適切に担うことに慣れていないかもしくは意欲的でない可能性，または，個人的な負債を抱える可能性に対する懸念などのために，中小規模企業では，これまで取締役の採用にあたって問題を抱えてきた。しかしながら，最近では，とりわけ証券取引所の新しい上場基準の存在や，それと関係してコーポレート・ガバナンスの向上に対する要望がなされていることもあって，多くの中小規模企業において，適切な能力をもち，かつ，独立性を有する取締役を取締役会に増やそうとしてきている。企業の中には，望ましい取締役候補者がいないという問題に積極的に取り組み，財務および会計その他の専門能力を有する人々に

まで調査範囲を広げて候補者を探すことにより，上級経営者に対する適切なモニタリングを行うばかりでなく，自社に付加価値のある助言や勧告を提供するような取締役会へと刷新を図ろうとしているところもある。

▼会計に関する能力を有する人材

有効な内部統制のためには，信頼しうる財務諸表の作成を確保するために，会計および財務報告に関する十分な専門知識が必要である。しかしながら，中小規模企業のなかには，会計に関する能力を有する人員，とりわけ，会計原則と財務報告基準に対する高度な理解とその適用が必要とされるようなより上層部の人員を確保することがむずかしいところもある。

こういった状況に対処するための方策はいくつかある。第1には，取締役会に有能な人員を採用するために，社内の資源を追加的に投入することである。第2には，社内の組織構造または事業取引の性質を不必要に複雑なものとすることを避けることである。この方策は，利益につながる成長の機会を回避することを提案するものではなく，むしろ，会計に関するより精緻化された広範な知識を必要とするような複雑性を避け，簡潔な知識をもとに同様の事業目的を達成することを求めているのである。中小規模企業のなかには，CFOの養成に資金を投じて，当人がその責任を適切に履行できるように，教育研修を行っているところもある。

この点に関しては，CFOその他の会計担当者が，特に自社の外部監査人といった外部関係者と，会計および報告上の専門的な問題についてどの程度まで議論することができるか，という点で，若干あいまいな部分が残っている。規制当局が示したガイダンスによれば，通常の事業上の業務として位置づけられる外部監査人との情報伝達の方法がいくつか例示されており，こうした情報伝達については，必要とされる財務報告書を作成する際に，企業の人員が自ら判断を下すために必要な能力が欠けている，という結論には至らないとされている。

▼会計および財務報告に対する経営者の関心

中小規模企業の経営者の関心は，通常，事業の利益を伸ばすための経営およ

び業務に関わる戦略上の問題や日常的な問題に集中している。上級経営者は，「本業」を「犠牲」にして，会計および報告に関する問題により時間を割かなければならないと気をもんでいる場合が多い。

　この点に関しては，業務目的のためにすでに遂行されている手続は，財務報告に係る有効な内部統制にも役立つことが多いということを認識することは有用である。1つだけ例をあげると，ある企業の営業担当副社長は，各支部長から毎日届く「最新の」報告書に基づいて，製品および地域ごとの売上高の現状を把握している。これは，予想外の販売業績に対処するためと位置づけられるもので，第一義的には業務目的のために実施されていることである。しかし，営業担当副社長が，この情報と会計システムから報告を受けた情報とを照合し，相違があればそれを会計部署に伝えることによって，この手続は，財務報告に関する重要な統制手続としても利用されることになる。

　実態として，現状においては，上級経営者は財務報告上の問題に対して追加的な時間を割かなければならない。しかし，現行の業務を財務報告の目的を達成する際に活用すれば，その時間を減らすことができるであろう。

▼IT

　もう1つ実態をいえば，多くの中小規模企業では，適切な統制の下にソフトウェアを開発，維持管理および利用するために必要な潤沢な専門的資源をもっていない。したがって，こうした中小規模企業では，情報ニーズおよび統制手続上のニーズを満たすために代替策を検討している。

　中小規模企業の多くは，他社が開発し維持管理するソフトウェアを使用している。こうしたパッケージ・ソフトについても，導入や利用の際の統制が必要ではあるが，自作のソフトウェアに関連するリスクの多くは避けることができる。たとえば，プログラムの変更はソフトウェア開発業者がすべて担当するので，通常，自社においてプログラムの変更に関する統制手続が必要とされる場合は限られており，また，一般的に中小規模企業の構成員は，権限をもたずにプログラムの変更を企てるような専門的知識をもっていない。

　販売用に開発されたソフトウェアには，さらにいくつかの利点がある。こう

したパッケージ・ソフトは，社内のどの従業員が特定のデータを操作または変更できるかの管理，データ処理の網羅性および正確性の検査ならびに関係する文書の維持管理といった標準機能を搭載していることが多い。

▼自動化された統制手続

　会計パッケージ・ソフトには，ソフトウェアに関するさまざまな統制手続を標準装備しているものが多い。そうした統制手続には，業務処理結果の一貫性の向上，自動照合，経営者によるレビューの対象となる例外事項の報告の迅速化および職務の適切な分離の支援といった機能がある。大規模企業の多くではこうした機能を活用しており，そのソフトウェアの機能を活かすために，「チェック・マーク」や「スイッチ」を適切に入れているかを確認している。

　中小規模企業ではお金を出してでも，必要なときに外部からソフトウェア導入に関するサポートを受け，自社の目的を効率的に達成するようにしたいであろう。ひとたび適切にソフトウェアを導入すれば，業務処理における変更や例外に応じて報告書を作成できるようになり，併せて職務の分離を確実にし，内部統制システムの有効性と効率性を同時に高めることができるようになる。

　コンピュータの業務処理統制については，大規模企業の多くが得ているような効率性を中小規模企業が手に入れられるような方法が他にもある。それは，業務処理統制が有効に機能し続けることを確保するという点に関心を向けることである。多くの企業では，財務報告に係る内部統制について外部に報告した最初の年度において，ソフトウェアのプログラムでの統制手続が想定したとおりに機能しているかどうかを判断するために，統制手続の検査にかなりの時間と労力を割いてきた。現在では，業務処理統制が有効であると一旦判断した後ならば，翌期以降においては，通常，その統制手続を直接検査する必要性はほとんどないといわれている。その理由は，ITによる全般統制を毎年有効であると判断した企業では，業務処理統制に変更がなかったと経営者が考えているか，あるいは変更された場合でも，その統制手続は変更プロセスに基づいて適切に設計，検査および導入されており，今後も有効に機能すると経営者が考えているからである。

このような考えによれば，業務処理統制によって作成される例外報告書など各種の報告書に対処するような，手動による統制手続に対しては引き続き留意する必要がある。また，業務処理統制のうち非常に重要なものであり，かつ，処理結果が適切であるかどうか判断するための他の方法が存在しないようなものについても同様である。さらに，経営者は，業務処理統制の有効性について，定期的な間隔で検証したいと考えるかもしれない。しかし，たいていは，ITによる全般統制が非常に有効であると定期的に判断している場合には，業務処理統制を継続的かつ適切に運用する際に向けるべき注意は，非常に少なくてすむ。

▼モニタリング活動
　モニタリングという構成要素は，**COSOの枠組み**のなかでも重要な部分である。モニタリングでは，自社を運営している現場管理者が日常的に行っている膨大な活動によって，内部統制システムにおける他の構成要素の機能に関する情報がもたらされるのである。多くの中小規模企業の経営者は，モニタリングを定期的に実施しているが，モニタリングが内部統制の有効性に貢献しているかどうかについては，それほど「信用」してこなかった。モニタリング活動は，通常は手動で行われ，ときには，コンピュータ・ソフトウェアによる補助が行われる場合があるが，内部統制の整備または評価にあたっては，モニタリングについてよく検討しなければならない。

　継続的モニタリング活動と有効な内部統制との関係についてよく理解されていないことがあることに加えて，ある手続が統制活動であるのか，それともモニタリングであるのかといった混乱もよく起こる。なぜなら，両者には明確な違いがほとんどないからである。たしかに，これら2つの構成要素には重複する部分もあるし，場合によっては，ある1つの統制手続が両方の構成要素にそれなりに位置づけられることもある。

　ある特定の統制手続が統制活動であるのか，または，モニタリングであるのかということを決定する方法としては，その統制手続が会計情報の処理に対する最初のチェックを実施することが第1の目的であるのか，あるいは，他の統制手続による最初のチェックが有効かつ継続的に機能し続けることを確保する

ための統制手続であるのか，によって分類するというものがある。通常，前者は統制手続であり，また，後者はモニタリングであるとひとまず考えることができよう。

　ある種のコンピュータ・ソフトウェアに関する例をあげると，大規模企業はこうしたソフトウェアをこれまで長い間利用してきており，中小規模企業も次第に利用するようになってきている。最近売り出されるようになったこの新しいソフトウェアは，処理の際に発生した誤謬または不正，あるいは職務の分離に対する違反について，自動的に発見する。こうした統制手続は正確で，場合によっては予防的なものでもあるということから，この業務処理統制は，統制活動の一部としての，コンピュータによる全般統制であると見ることもできるし，また，コンピュータによる全般統制の有効性を探知するという点から，モニタリングの構成要素に含まれるということもできる。

　しかし，ある手続が属する構成要素がどれであるかという問題は，その手続が有効かつ効率的な内部統制に貢献するのかどうか，そしてどの程度貢献するのかといった問題ほどには重要でない。統制手続に関する問題について伝達する際に用語法は重要であるが，本ガイダンスがより関連性があるのは，どちらの構成要素に属するかにかかわらず，前述した統制手続が効率的な内部統制にとって大きく貢献するかどうかである。

　別の観点から見ると，内部統制の有効性の評価という面でも，モニタリング活動は効率性を高めることができる。たとえば，内部統制について外部報告を行う最初の年度において，統制手続の文書化，内部統制の整備状況の網羅性に対する判断，統制手続の運用状況における有効性の検査および不備の是正などといった，必要な評価手続をすべて経営者が実施したとしてみよう。同社は，5つの構成要素すべてについて評価した上で，重要な欠陥は存在せず，内部統制システムは有効であると判断し，そして，同社の外部監査人も経営者の評価に同意した。第2年度には，経営者は，このプロセスを再び実施することで，文書化の内容を更新し，その他前年度の評価で行ったことをもう一度繰り返すこともできよう。たしかに，こうした方法を採用する企業はいくつかある。

　しかし，効率性を高めるためには，違った方法を採用することもできよう。

その方法とは，現に存在するモニタリングの手続を利用すること，または，現状の手続に少し付け足すことである。そうすることによって，前年度から大規模な変更点があればそれを識別することができよう。コンピュータ上の会計処理での変更に対して，特にモニタリングを重視することもできるが，統制環境や，経営上層部が実施する統制活動における変更点などもすべて対象とすることが可能である。こうした変更点に着目することで，経営者は内部統制システムに対する詳細な検査をどこに振り向けるべきかについて，重要な情報を手に入れることができる。

もちろん内部統制が有効であるためには，5つの構成要素すべてが適切に整備され，これらが有効に機能していなければならない。また，外部に公表される報告書を作成する際には，各構成要素についての何らかの検証も必要である。しかし，非常に有効なモニタリング活動が実施されていれば，評価作業に関する構成要素，範囲および対象には，重なり合う部分があるので，全体としての効率性が高まる結果となる。

実際，時間のかかる年間行事を継続的なプロセスへと移し変え，作業をより自律的かつ効果のあるものに変更している会社もある。新しく利用できるようになったソフトウェアや機能が改善されたソフトウェアの活用なども含めて，継続的モニタリング活動は，個別の評価手続の支援を受けながら，企業の目的を効率的に達成するのに役立つであろう。

さらなる効率性の達成に向けて

前述の内容について検討することに加えて，以下の方法によっても，内部統制の整備，運用または評価をさらに効率的に行うことができよう。すなわち，財務報告の目的のうち自社の活動に直接関係のあるものおよびその活動に関連するもののみに集中すること，内部統制においてリスクの高い箇所に重点的に目を向けること，自社に見合った形で文書化を行うこと，統合した業務プロセスとして内部統制を把握すること，および内部統制全体を一体のものとして見ることである。

概　要

▼財務報告目的に焦点を当てること

　COSOの枠組みでは，企業は，まず適切な財務報告目的を設定しなければならないとされている。財務報告目的は，高次元では，信頼しうる財務諸表を作成することであり，そこには，財務諸表には重要な虚偽表示が存在していないとの合理的な保証があるという意味も含まれる。この高次元の目的に従って経営者は，自社の事業活動，事業環境ならびに両者を財務諸表および開示事項に適切に反映させることに関連づけて，高次元の目的を支える下位目的を設定する。この下位目的は，当局による規制などの要因から影響を受けるであろう。経営者は下位目的を設定するにあたり，こうした要因を取り入れようとする。

　当社の事業に直接適用できる目的，ならびに，財務諸表にとって重要な当社の活動および状況に直接関係のある目的のみを議論の対象とすることで効率性が高まる。これまでの経験によれば，最も効率性が高まるのは，自社の財務諸表を基準として，財務諸表に重要な影響を与えるような事業活動，業務プロセスおよび事象に関する下位目的を設定する方法である。この方法を用いれば，自社の財務報告の信頼性にとって本当に関係のあるものに対してのみ議論を集中するための基盤ができあがる。

▼リスクに焦点を当てること

　経営者はさまざまな場合にリスクについて検討を行うが，それらすべての中心となるのが，信頼しうる財務報告に対するリスクなど，主要な目的に対するリスクを検討することである。ここで述べるリスク指向とは，財務報告の信頼性に影響を与えかねない定量的および定性的な要因に目を向け，取引処理など，財務諸表の作成に関する活動のなかで，何かがうまくいかない可能性を識別することを意味する。主要な目的に目を向けることで，経営者はリスク評価にあたって必要な範囲および詳細さを決定することができる。通常，リスクとは内部統制を最初に整備する際や運用する際に検討されるものであり，そこでの目的に対するリスクを識別し分析することで，リスクをどのように管理するかについて判断する規準を設けるのである。もう1つの方法は，内部統制が目的に対するリスクを低減するのに有効であるかどうかを評価するというものである。

ガイダンス篇

内部統制の有効性を評価する際には、「典型的な」企業にとって適切な一般的な統制手続を列挙した表を用いて、内部統制に関して検討することがある。アンケート形式などによるこうしたツールは、役立つかもしれないが、経営者が意図せずに自社の財務報告目的それ自体または目的に対するリスクにまったく適合しないような、「標準的」または「典型的」な統制手続に目を向けてしまうこともある。関連する問題として起こるのは、会計システムの細部の評価や、その内容の非常に詳細な文書化を始めながらも、こうしたプロセス全体が信頼しうる財務報告を行うにあたって本当に関係があるかどうかについて考えていないというものである。こうしたアプローチは役立たないというわけではなく、実際に有用である。しかし、どのようなアプローチを採用するのであれ、自社の活動や置かれている状況に即して経営者が設定した目的に目を向けていなければ、効率性を高めることはできない。対象とする目的を集約するという方法は、自社にとって直接関係のあるリスクのみに着目することを確実にするという意味で有用である。

▼統合されたプロセスとして内部統制を把握すること
　COSOの枠組みにおける5つの構成要素が、統合されたプロセスを形成しているとみなすことは有用な方法である。もちろん、内部統制は統合されたプロセスである。内部統制をプロセスとしてみなすことは、5つの構成要素の相互関係を重視することになり、経営者が目的を達成する際に統制手続を柔軟に選ぶことを意味し、また、自社が内部統制を今後も調節し、改善していくことができることを意味する。
　前述のように、自社の事業活動および事業環境に関連性のある財務報告目的を経営者が設定することから、内部統制のプロセスは始まる。財務報告の目的を設定した後、これらの目的に対するさまざまなリスクを経営者は識別・評価し、どのリスクが財務報告に重要な虚偽表示をもたらすかを区別し、さらに、こうしたリスクをどのように統制手続を通じて管理するかを判断する。次に、経営者は財務報告や、内部統制システムの他の構成要素にとって必要な情報を収集、加工および伝達する方法を考える。これらはすべて自社の統制環境と関

連づけて行うものであり，統制環境は自社における適切な気風および関連する属性をもたらすために形作られ，また，必要に応じて改善されるものである。さらに，各種の統制手続が今後とも適切に機能し続けることを確保するために，構成要素はすべてモニタリングを受ける。**COSOの枠組み**の構成要素が業務プロセスとして互いに機能し合う様子の概要は，以下のように示すことができる。

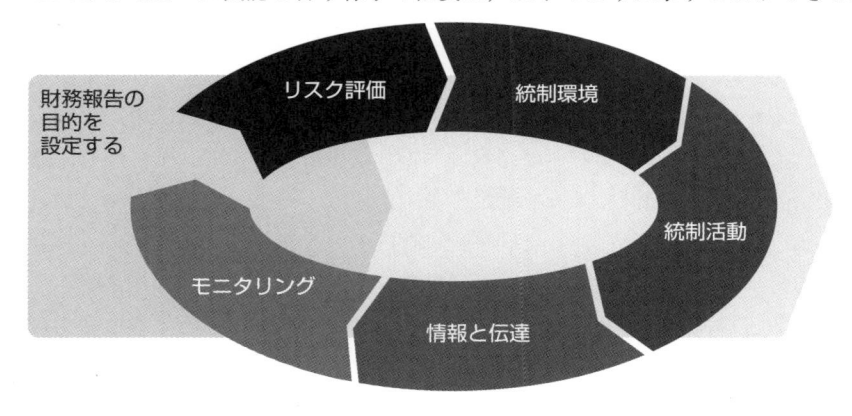

（図：財務報告の目的を設定する／リスク評価／統制環境／統制活動／情報と伝達／モニタリング）

　内部統制の評価とは，相互に緊密な関係を有する各構成要素が，自社の財務報告の目的を達成するために互いに機能し合っているかどうかを検討することである。

▼自社に見合った形での文書化

　事業のプロセスおよび手続ならびに内部統制のシステムその他の要素を会社が文書化し，維持管理する理由はいくつかあげられる。第1は，事業運営にとって望ましい業務を守るように努めるためである。文書化を有効に行えば，何をなすべきか，どのようになすべきか，そして，その行動の結果として何が望まれるかについて，情報伝達をする際に役立つ。文書化の第2の目的は，新任の社内構成員に対する研修を支援し，また，現在の社内構成員にとっての補習用または参考用ツールを示すことである。文書化はまた，内部統制の有効性について報告する際の証拠も提供する。

　文書化の程度および性質は企業によって大きく異なる。明らかに，大規模企

業は，通常文書化すべき業務が多く，または，財務報告の目的がより複雑であるために，中小規模企業と比べてより広範囲にわたって文書化を行う必要があるであろう。中小規模企業においては，方針に関する詳細なマニュアル，業務プロセスのフローチャート，組織図および業務記述書などといった正式な文書化については，必要性をそれほど感じない場合が多い。中小規模企業では，通常，構成員も経営者の階層も少なく，社内での関係がより密接で，相互関係も頻繁であるが，これらの要素はすべて，何が望ましいか，あるいは何を現在行っているかに関する情報伝達を促進するものである。たとえば，中小規模企業では，人的資源，調達あるいは得意先への与信方針についてメモに残し，経営者が会合で示した指針でメモを補足するであろう。一方，大規模企業においては，より細かく実施している統制手続に社内の人を関与させるために，より詳細な方針（または方針に関するマニュアル）を設けている可能性が高い。

　財務報告に係る内部統制が有効であると考えるためには，どの程度の文書化を行えばよいかという疑問が提起されている。その答えはもちろん，企業の置かれている状況や企業の必要性によるということである。経営者が社内の統制手続が機能していることを確かめるには，ある一定の文書化は常に必要である。たとえば，売上に対する代金の請求や定期的な照合などを，適切にすべて実施したと経営者に確信させるための文書化がこれにあたる。しかし，中小規模企業においては，経営者はたいてい統制手続の実施に直接携わっており，そうした統制手続については，経営者は，直接観察しており，統制手続が有効に機能していると判断することができる。そのため，このような統制手続では文書化をほとんど行っていないであろう。それでも，信頼しうる財務諸表の作成のために講じた措置なども含めた，会計システムおよび関連する手続を十分に整備し，十分に理解し，また，適切に運用した旨，経営者に情報を提供しなければならない。

　経営者が規制当局および株主などの第三者に，財務報告に係る内部統制の整備状況および運用状況の有効性について主張する際，経営者は個人的に大きなリスクを背負うので，通常，主張した内容の証拠とするために，会計システムおよび重要な統制活動における主な手続に関する文書化を求めるであろう。し

したがって，経営者は主張内容の証拠となる文書化が適切であるかどうかを判断するために，レビューをすることになる。必要な文書化の量について検討する際，文書化の性質および程度は，自社の受けている規制によって影響を受けるであろう。以上のことは，文書化とは正式なものである，または，正式なものでなければならない，ということを必ずしも意味するものではないが，統制手続を適切に整備し，運用していることに関する証拠は必要ではある。

　さらに，外部監査人が内部統制の有効性について立証しようとする際には，経営者は監査人に主張内容の証拠を提供することが望ましいであろう。そのような証拠のなかには，統制手続が適切に整備され，かつ，有効に機能していることに関する証拠も入るであろう。自社が必要とする文書化の性質および程度について検討する際には，経営者は，統制手続を適切に運用している旨の主張の証拠となる文書化は，外部監査人による監査意見の証拠の一部にも使われる可能性がある，ということも考慮に入れなければならない。

　方針および手続が非公式であり，かつ，文書化されていない，という場合もある。以下の場合であれば，それは適切であろう。すなわち，通常の事業の遂行を通じて，経営者がある統制手続を定期的に実施していることを意味するような証拠を入手することができる場合である。しかし，リスク評価などの統制手続は，手続の詳細なプロセスや経営者によるリスクの分析を文書化することなしに，完全にCEOやCFOの頭の中だけで実施するのは不可能であるということを念頭に置いておく必要がある。本ガイダンスにおいて後述されている事例は，経営者が通常の事業の遂行を通じて，証拠をどのように収集できるかについて示したものである。

　内部統制の文書化は，事業上のニーズを満たし，また，企業の置かれている状況に見合っていなければならない。内部統制における5つの構成要素を有効に整備および運用するにあたって，それを支援するにはどの程度の文書化が必要であるかについては，何らかの判断が必要である。また，そうした判断においては費用対効果も考慮しなければならない。さらに，業務にあたっては，証拠の作成および保存は，財務報告におけるさまざまなプロセスに組み込んで行う必要がある。

▼内部統制を一体のものとして考えること

　COSOの枠組みにおける5つの構成要素（統制環境，リスク評価，統制活動，情報と伝達およびモニタリング）は，信頼しうる財務報告という目的を達成するにあたって重要である。ある企業の内部統制システムが有効であるかどうかを判断するということは，5つの構成要素が存在し，また，重要な欠陥がなく有効に機能していることに対する評価も含まれる。

　COSOの枠組みの各構成要素を「それ自体が目標となるもの」としてみるべきではない。むしろ，各構成要素は，共同して財務報告におけるリスクを望ましい水準にまで低減させるための統合したシステムとみなすべきである。重要なのは，5つの構成要素は充実していなければならないが，かといって，各構成要素はいかなる企業においても，同じように機能していなければならない，あるいは，同じ階層において機能していなければならない，ということを意味するわけではないという点である。構成要素の間には重なり合う部分もあるかもしれない。統制手続というものはさまざまな目的に寄与するので，ある1つの構成要素における統制手続が，同じ構成要素または別の構成要素に通常は属する統制手続の目的にも寄与することがある。さらに，ある特定のリスクに対処できる程度も統制手続によって異なるであろうから，個々の統制手続の効果は限られており力不足であるとしても，いくつかの統制手続が相互に機能すれば，十分対処できよう。したがって，経営者は，こうしたリスクを十分低減する上で，内部統制の各構成要素がどの程度役立ったかを検討することになる。

　リスクの面から考えると，各構成要素は1つの目的に寄与し，各構成要素が相互に機能することで，信頼しうる財務報告に対するリスクを低減することになる。たとえば統制環境における事例をあげると，財務報告の専門家を活かすことで，判断の間違いによる会計上の誤謬のリスクを低減でき，また，取締役会および監査委員会による有効な監視活動によって，経営者が内部統制を無視するリスクを低減させることができる。モニタリングにおける事例としては，毎週作成される報告書を経営者がレビューしたり，予想外の事態に対して調査をしたりすることなどによって，会計上の取引を処理する際の誤謬のリスクを低減することが可能である。重要なのは，各構成要素は関連しており，また，

リスクを望ましい水準にまで低減させるにあたって，各構成要素は互いに補完し合っているということである。

　以下に示す2つの事例は，内部統制全体をどのように見ればよいかを表わしている。前者の事例では，ある目的を達成するために，異なる構成要素がどのように相互に機能するかについて述べている。また，2つの事例とも，ある構成要素における統制手続が強力であれば，その統制手続と関連があり，別の構成要素に属している統制手続については，必要性が少なくなることを示している。

　第1に，あるメーカーの経営者は，特定の取引および勘定科目に関する，実在性，網羅性および評価の妥当性におけるリスクについて検討しており，その際，処理上の誤謬による虚偽表示，判断の間違いによる誤謬，そして，経営者による内部統制の無視に起因する不正といったリスクに注目しているとする。このようなリスクに対する統制手続としては，最初に同社の統制環境における統制手続があげられる。すなわち，CFOその他の会計職能に財務報告の専門家を起用すること，複雑な事業構造や取引を概して避けるようにするという経営者の考え方を維持管理すること，そして，監査委員会が有効な監視活動を行うことである。また，同社のリスク評価活動では，処理プロセスにおいて誤謬または不正が起こる可能性があるのはどこかを識別する。さらに，同社は，取引を適切に記録および記帳するための情報システムを設計している。加えて，統制活動としては，処理の網羅性および正確性を意図した，適切性に関する検査も行われているが，いくつかの職務については，相反する責任を有する人が1人で実行している。

　この事例で経営者は，構成要素のうち統制活動における統制手続においては，いくつかの点で職務の分離について問題があるものの，モニタリングで統制手続をさらに実施すれば，信頼しうる財務報告に対するリスクを望ましい水準にまで低減することが可能になるであろうと判断した。その方策としては，相反する責任を有する人が1人で実行している処理に関する報告書をCFOが詳細にレビューすること，毎週作成される報告書を管理者がレビューすること，および，予想外の事態への対応などがある。それによって，全体として，この内部

統制システムは，取引を適切に会計処理することに関して合理的な保証を与えることになる。

　第2に，国外に事業展開をしているある採掘業者が，国外拠点での製造システムに対して，コンピュータによる全般統制を十分に行っていなかったとする。そのため，企業活動の実在性や，製造原価の処理の網羅性に関するリスクが存在している。経営者は，リスクを低減するために，採掘量報告書を拠点監督者が作成した製造報告書や設備の使用時間に関する報告書と照合し，また，過去の平均と比較した上で，差異があればそれを迅速に調査するなどといった統制活動を本社が実施するようにした。本事例では，これらの統制手続が機能していれば，鉱物の生産に関する財務報告の信頼性について十分な確信が得られる。

　多くの企業では，内部統制の有効性に関する評価において，多構成要素のうち，統制活動に対して主に関心を置いていた。しかし，これまで述べた事例を見ると，たしかに統制活動などの構成要素はそれぞれ存在し，有効に機能していなければならないが，そのことは，取引の処理すべてに関して統制活動の内容すべての要素が有効に機能していなければならないということを意味するわけではない。

　さらに別の事例をあげると，ある地域密着型の金融機関に勤務する与信分析担当者は，新規借入の申込者に関する特定の与信内容を検査する責任を負っており，検査終了後に，その文書のレビューと承認を受けるために支店長に文書を回送することになっている。この事例では，支店長は，分析担当者の作業がいつも網羅的であるとは限らないということを認識している。そこで支店長はレビュー手続の対象を広げ，詳細さを高めることで，申込者の大半が自行の与信基準を十分に満たしているという支店長自身の理解とすり合わせることにした。

　有効な内部統制とは，すべてのプロセスにおいて「最良の」統制手続が存在しなければならない，ということを必ずしも意味しない。これまでの事例では，取引の内容によっては，ある構成要素における統制手続に欠陥があっても，同じ構成要素または別の構成要素における統制手続がその分だけ有効に機能しており，また，その状態で内部統制全体が虚偽表示のリスクを望ましい水準にまで十分低減できることがある，ということを示したのである。

財務報告に係る有効な内部統制の達成に向けた原則の適用

　本ガイダンスは，内部統制に関する**COSOの枠組み**の5つの構成要素に関連づけられ，かつ，それから直接導き出された基本概念を表わす20の基本原則を提示している。各原則とその内容に関するより詳細な情報は，本ガイダンスの以下のページに示されている。

統制環境　　　　　　　　　　　　　　　　　　　　　　　　　　　ページ
1．誠実性と倫理観―健全な誠実性と倫理観，とりわけ最高経営層のそれが形成され，理解され，財務報告に係る行為の基準が設定されている。　　　　　　　　　　　　　　　　　　　　　　　　　　52
2．取締役会―取締役会は，財務報告およびそれに係る内部統制に関連する監督責任を理解し，遂行している。　　　　　　　　　　　　57
3．経営者の考え方と行動様式―経営者の考え方と行動様式が，財務報告に係る有効な内部統制の達成を支援している。　　　　　　　66
4．組織構造―会社の組織構造が，財務報告に係る有効な内部統制を支えている。　　　　　　　　　　　　　　　　　　　　　　　　　69
5．財務報告に関する能力―会社は，財務報告およびそれに係る監視機能に関して有能な人員を擁している。　　　　　　　　　　　　72
6．権限と責任―経営者と従業員は，財務報告に係る有効な内部統制を円滑化するためにしかるべき水準の権限と責任を割り当てられている。　　　　　　　　　　　　　　　　　　　　　　　　　　　　76
7．人的資源―人的資源に関する方針と業務は，財務報告に係る有効な内部統制を円滑化するために設定され，実施されている。　　80

リスク評価
8．財務報告の目的―経営者は，信頼しうる財務報告に対するリスクを識別できるように，十分な明確さと規準を備えた財務報告目的を明示している。　　　　　　　　　　　　　　　　　　　　　　　88

9. 財務報告に関するリスク―会社は，リスクを管理する方法を決定するための基礎として，財務報告目的の達成を脅かすリスクを識別し，分析している。 93
10. 不正リスク―不正に起因する重要な虚偽表示の可能性が，財務報告目的の達成を脅かすリスクを評価する際に明示的に検討されている。 101

統制活動

11. リスク評価との統合―財務報告目的の達成を脅かすリスクに対応するための措置が講じられている。 108
12. 統制活動の選択と整備―統制活動は，財務報告目的の達成を脅かすリスクを低減させるにあたっての費用と潜在的効果を検討した上で，選択され，整備されている。 112
13. 方針および手続―信頼しうる財務報告に関する方針が，対応する手続とともに設定され，全社に伝達されることで，経営者の指示が実行されている。 118
14. IT―ITによる統制手続は，適用可能な場合には，財務報告目的の達成を支援するために整備され，運用されている。 123

情報と伝達

15. 財務報告に関する情報―関連する情報が，会社のあらゆる階層で識別され，収集され，かつ，利用され，財務報告目的の達成を支援する形式および時間枠で配信されている。 138
16. 内部統制に関する情報―内部統制の他の構成要素の機能を促進するために必要な情報は，内部統制に携わる人々が内部統制に係る各自の責任を履行できるような形式および時間枠で，識別され，収集され，利用され，かつ，配信されている。 141
17. 内部における情報伝達―情報伝達は，組織のあらゆる階層において，内部統制の目的，プロセスおよび個々人の責任を理解し，実行することを可能にし，支援している。 144
18. 外部への情報伝達―財務報告目的の達成に影響を及ぼす事項につい

| | 概　要 |

　　ては，外部関係者に伝達されている。　　　　　　　　　149

モニタリング

19. 日常的および独立的評価—日常的および／または独立的評価により，経営者が，財務報告に係る内部統制の他の構成要素が長期にわたって継続的に機能しているかどうかを判断することができる。
　　　　　　　　　　　　　　　　　　　　　　　　　　154

20. 不備の報告—内部統制の不備は，識別され，是正措置を講じる責任を負う者と，必要に応じて，経営者および取締役会に，適時に伝達されている。　　　　　　　　　　　　　　　　　　　　161

▼属性

　原則を補足するのは属性であり，原則に関する性質を表わしたものである。各属性は一般的には社内に存在することが望ましいが，列挙した属性すべてが社内に存在していなくても，原則を適用することは可能である。

▼方法

　方法は，中小規模企業がどのように各原則を適用できるかについて説明している。本ガイダンスに掲載された方法の多くは，実際に中小規模企業の管理者が活用しているものである。それぞれの方法について，関連する属性が示されているので，原則を達成する際にどの方法を用いたらよいかを検討する際に役立つであろう。

　さらに，1つの統制手続がいくつかの属性を支援するために役立つ会社もあり，複数の統制手続がある1つの属性を支援するために必要とされる会社もあることから，特定の属性と関連する統制手続が1対1で対応すると考える必要はない。

　会社は，説明されている1つ以上の方法を用いることも可能であり，自社の文化，経営スタイルおよび原則を適用するプロセスに適した別の方法を採用することも可能であろう。多くの方法の説明においては，経営者が直接その方法の実行に関与していることを前提に述べているが，他の構成員に職務を割り当

てる場合も多いであろう。

▼事例

　事例では，原則を適用する際に方法をどのように利用するかについて述べている。方法の箇所と同じように，それぞれの事例について，関連する属性が示されているので，原則を最善の形で達成するにはどうすればよいかを検討する際に役立つであろう。各事例は，大半は実例をもとに，ある特定の会社を念頭において説明されている。

　事例は，説明目的で示されているので，経営者は自社の状況に適用できるかどうかを検討することが必要な場合もあるかもしれないが，「最善の実務」あるいは本ガイダンスの利用者すべてに解決策を提示していると解釈されることは意図していない。本ガイダンスの利用者は，事例の対象範囲が限られているので，特定の方法または関係する属性あるいは原則に関しては，必ずしも十分ではないということを認識すべきである。

　組織が置かれている状況に応じて，採用する方法はある程度異なるであろうし，また，会社によっては，状況の進展に応じて，採用する方法も変わるかもしれない。したがって，原則自体は不変であることが想定されるものの，原則を適用するために講じられる方法は異なるであろう。

▼有効性の判断

　財務報告に係る内部統制の整備，運用，または評価の実施のいずれにおいても，本ガイダンスは，中小規模企業の経営者が，内部統制の構成要素が自社に存在し，かつ，有効に機能しており，その結果，会社は重要な虚偽表示を適時に予防または発見できるという合理的な保証を得ているかどうかを判断する際に役立つように作成されている。最終的に，経営者は，自社の内部統制システムを**COSOの枠組み**と関連づけて評価する必要がある。5つの構成要素がすべて存在し，有効に機能しているという有効性の規準は，**COSOの枠組み**で設定されており，この枠組みは，内部統制の有効性を判断するための決定番として最も信頼されている。

本ガイダンスに掲載されている20の原則はCOSOの枠組みの構成要素から直接導き出されたものであるので，基礎となる原則のすべてを適用することによって，会社は，中小規模の会社であっても，有効な内部統制を構築することができる。

　ある原則を満たしていない場合には，内部統制の不備が生じている。そのような不備は，講じるべき処置を決定し，最終的に内部統制の有効性を判断する際に，それらが重要な欠陥または重大な不備の水準に至っているかどうかを判断するために評価されなければならない。

　本ガイダンスの末尾には，本ガイダンスを利用する経営者を支援するための図解が掲載されている。この図解は，内部統制の有効性を判断する経営者を支援するために，内部統制を20の原則とそれを補足する属性からなる1つのプロセスとしてみなす議論をまとめたものである。

結論

　中小規模企業は有効な内部統制を構築するにあたって固有の問題を抱えているが，そうした問題は対処可能である。本ガイダンスでは，信頼しうる財務報告および資本市場へ参加することから得られる便益が，内部統制のコストを常に上回るために，中小規模企業の経営者が内部統制の整備，運用および評価に関連するコストの増加額を最小限にとどめる上で役立つ方策を提示している。

　とはいえ，本ガイダンスは，財務報告に係る有効な内部統制を構築するための近道といった「処方箋」を提供するものではない。**COSOの枠組み**は，各構成要素が内部統制の有効性に寄与し，存在し，かつ，有効に機能するために統合化され，設計されている。しかしながら，本ガイダンスは，構成要素相互間で，また，同じ構成要素の中で，一部重なり合う部分があることを指摘している。会社に特有の構成要素の構造が，有効な内部統制を構築するために十分であるかどうかを決定する際には，判断を下さなければならない。

　経営者が内部統制の有効性を減じることにより内部統制のコストと便益を合わせようという誘惑に勝って，単なる法令遵守を超えた有効な内部統制に対する投資から得られる多大の便益を経営者が認識し，かつ，受け入れる時に，利

害関係者に最も報いることができる。こうした便益は，一般に，本当の意味での費用効果的な方法によってこそ享受することができる。

Ⅰ．統制環境

　統制環境の構成要素は，内部統制の他のすべての構成要素の基礎となる基盤であり，組織の気風を決定するものである。

　中小規模企業は，強力な統制環境を設定するにあたって特有の利点をもちうる立場にある。多くの中小規模企業の従業員は，最高経営層とより密接に相互交流を図っており，経営者の行動から直接影響を受ける。日常的な業務や行動を通じて，経営者は会社の基礎となる価値観や規則を効果的に強化することができる。さらに，より密接な職場関係により，上級経営者は，従業員の行動に是正が必要な箇所を即座に認識することが可能となる。

以下の7つの原則が統制環境という構成要素に関係する。
1．誠実性と倫理観―健全な誠実性と倫理観，とりわけ最高経営層のそれが形成され，理解され，財務報告に係る行為の基準が設定されている。
2．取締役会―取締役会は，財務報告およびそれに係る内部統制に関連する監督責任を理解し，遂行している。
3．経営者の考え方と行動様式―経営者の考え方と行動様式が，財務報告に係る有効な内部統制の達成を支援している。
4．組織構造―会社の組織構造が，財務報告に係る有効な内部統制を支えている。
5．財務報告に関する能力―会社は，財務報告およびそれに係る監視機能に関して有能な人員を擁している。
6．権限と責任―経営者と従業員は，財務報告に係る有効な内部統制を円滑化するためにしかるべき水準の権限と責任を割り当てられている。
7．人的資源―人的資源に関する方針と業務は，財務報告に係る有効な内部統制を円滑化するために設定され，実施されている。

　第3部に掲載されている追加的な具体的ガイダンスとともに，原則の整備，運用またはその適用の評価において有用なガイダンスは，本章において後述されているとおりである。

原則1 誠実性と倫理観

健全な誠実性と倫理観，とりわけ最高経営層のそれが形成され，理解され，財務報告に係る行為の基準が設定されている。

本原則の属性

価値観の明確化—最高経営層は，会社のすべての階層で理解されている，倫理観を明確に述べた文書を作成している。

遵守状況のモニタリング—健全な誠実性と倫理観に関する原則の遵守状況についてモニタリングするプロセスを設定している。

逸脱への対処—健全な誠実性と倫理観からの逸脱を，適時に識別し，社内のしかるべき階層で適切に対処し，是正している。

本原則の適用方法

▼誠実性と倫理観の明示および表明
　　価値観の明確化
　　遵守状況のモニタリング
　　逸脱への対処

　CEOおよび最高経営層の主要メンバーは，以下の方法を通じて，従業員に健全な誠実性と倫理観の重要性を明示し，表明している。

- 自らの日常的な活動と意思決定
- 公正かつ正直な関係を反映する仕入先，得意先および他の外部関係者との相互関係
- 財務報告目的に合致しない誘因を減らす業績評価および動機づけ
- いかなる程度の倫理違反をも許容しないこと

Ⅰ．統制環境

▼誠実性と倫理観についての従業員への情報提供
　　価値観の明確化
　　遵守状況のモニタリング

　経営者は，誠実性，倫理観および関連する会社の目的を，新入社員に情報提供し，既存の従業員に思い出させる仕組みを導入している。こうした仕組みには，以下のものが含まれる。

- 新規に採用した従業員に健全な誠実性と倫理観の重要性に対する最高経営層の見解を明確にした情報を提供すること
- 従業員に健全な誠実性と倫理観を維持するために適切な最新情報を定期的に提供すること
- 倫理に関するガイドラインを簡単に入手可能であり，理解できるようにすること
- 現行および新規の倫理方針を検討するための定期的な研修あるいはその他の双方向の情報伝達
- 従業員が主要な原則を理解しているかについての定期的な確認
- 健全な誠実性と倫理観を反映した従業員の行動を認識し，報奨を与えること

▼誠実性と倫理観への関わりの表明
　　価値観の明確化
　　逸脱への対処

　経営者は，違反の可能性が認識された際に，規定された調査プロセスに従い，適切で適時の是正行動をとることにより健全な誠実性と倫理観に対する関わりを表明している。たとえば，経営者は以下のことを行っている。

- 違反が発生する可能性を調査し，課題と状況を完全に理解すること
- 適切な文書化
- あらかじめ設定された社内ガイドラインに従って，一貫性をもって適時に状況を是正すること
- 適切な調査と是正措置がなされていることを従業員に周知させること

● 継続して遵守させるよう事後措置を講じること

本原則の適用事例

▼社内のニュースレターによる誠実性と倫理観の補強
　　価値観の明確化
　　遵守状況のモニタリング

　航空業界を得意先とするある企業は，毎月発行する従業員向けのニュースレターで健全な誠実性と倫理観を守ることの重要性を強調している。ニュースレターは毎号，倫理に関わる意思決定についてのコーナーを設けており，そこでは，企業方針と会社の倫理観を強調し，推奨される解決法のついた倫理問題の事例を掲載している。また，ニュースレターにより，毎年実施する業績レビューの一部として，企業方針および行為規程を読み，かつ，それらの方針を遵守していることを各従業員が明言しなければならないことを従業員は認識している。

▼倫理的行為の自覚の促進
　　価値観の明確化

　従業員650名を擁するある建設資材会社は，定期的に開催する従業員会合の一環として会社が倫理的行動を期待していることを自覚するよう促している。行為規則の主な内容が議論されており，重要な点については強調すべく文書により伝達している。

▼誘因と倫理観および価値観との整合
　　価値観の明確化

　従業員250名を擁するある木材加工業者は，会社の中心的な価値観を表明することに直接関係する奨励賞にボーナス制度の30％を割いている。経営者が会社の価値観を反映しているかどうかに関する明確な情報は，従業員からの意見によって把握されている。また，従業員の業績レビューおよび業績評価のプロセスにおいて，健全な誠実性と倫理観に関する会社の中心的な価値観に従業員

Ⅰ．統制環境

がどの程度準拠して業務を行ったかについての評価結果を示している。

▼倫理観へのかかわり合いの促進
　　価値観の明確化
　　遵守状況のモニタリング

　年商1億2,500万ドルのあるスポーツ・ウェアのデザインおよびマーケティング会社は，全従業員と第三者が会社の行為規則をウェブサイトで簡単に入手できるようにすること，行為規程の閲覧を従業員に要請すること，行為規程を閲覧し，その内容を遵守していると表明する確認書に署名することを要請することにより，会社の倫理観への関心を高めている。この行為規程には，規程に抵触する行為の報告方法についての明確な情報が含まれている。

▼違反行為の発見への従業員参加の促進
　　価値観の明確化
　　遵守状況のモニタリング
　　逸脱への対処

　年商4億ドルのある食品流通会社では，600名の従業員が報復を受けるおそれなく，不正の可能性が高いできごとや他の倫理問題を報告することを可能にする，匿名で報告可能なヘルプ・ラインを設けることで，違反行為の報告を促している。会社は，ヘルプ・ラインを確実に運用するために第三者の業者と契約している。ヘルプ・ラインから報告を受けた違法の可能性の高い行為や財務報告上の不正は，同社の顧問弁護士および監査委員会に直接伝達されている。

▼逸脱に対する是正措置
　　価値観の明確化
　　逸脱への対処

　14カ所の拠点を有するある靴製造業者は，重大な不正に対処するための方針を設けた。それによると，特定の状況下（たとえば，現金の横領）では，従業員が施設やITシステムを利用する権利は一時的に停止され，徹底した調査が実

施されている。不正が確認された場合，同社は該当する従業員を解雇し，施設利用の権利をすべて永久に無効にし，しかるべき当局に正式に告訴することとなっている。不正の概要とその顛末について文書化した後，人事責任者は，不正の根本的な原因を分析し，同様の事態が起きないようにするために必要な追加の是正措置を講じなければならない。

Ⅰ．統制環境

原則 2

取締役会

　取締役会は，財務報告およびそれに係る内部統制に関連する監督責任を理解し，遂行している。

　コーポレート・ガバナンスの強化によって，監査委員会が以下に示した活動のほとんどを実施するようになっている。さらに，中小規模企業の取締役会では，独立取締役から構成される監査委員会が増加しつつある。監査委員会を設置しないと取締役会が決めている場合には，以下で記述される活動を実施する取締役会には，十分な人数の独立取締役がいなければならない。

本原則の属性

権限の特定—取締役会は，取締役会が有する権限および経営者に委託する権限を定め，伝達している。

独立的に機能—取締役会には，独立取締役であるメンバーが必要人数だけいる。

リスクのモニタリング—監査委員会は積極的に，経営者が内部統制を無効にするリスクを評価，モニタリングし，財務報告の信頼性に影響を与えるリスクを検討している。

財務報告の専門能力の保持—複数の監査委員が，財務報告に関する専門能力を有している。

品質および信頼性の監督—監査委員会は，財務報告および財務諸表作成に係る内部統制の有効性を監督している。

監査活動の監督—監査委員会は，内部監査人および外部監査人の作業を監督し，必要な場合，法定監査人と相互に協力している。監査委員会は，外部監査事務所との契約，交代，報酬の決定の専属的権限を有している。監査委員会は内部監査人および外部監査人と関連する課題を話し合う非公式な会合をもっている。

本原則の適用方法

　多くの場合，以下の方法は取締役会内の監査委員会が実施し，主な問題を取締役会に伝達することになるであろう。

▼取締役会の審議事項の作成
　　権限の特定

　取締役会は，審議の日程表に加えて，取締役会での審議または承認を必要とする特定の決定事項または事象に関する正式な方針を作成している。

▼独立性を有する取締役候補者の特定
　　独立的に機能

　取締役会は，以下のように中小規模企業が利用できる情報を使って，独立性を有する取締役会および監査委員会のメンバーの候補者を探している。
- アメリカ公認会計士協会（AICPA）では，取締役および監査委員に関心を有する公認会計士の一覧表を作成している。
- 国際財務担当経営者協会（FEI）も取締役候補者の一覧表を作成している。
- 全米会社取締役協会（NACD）も同様の一覧表を作成している。
- 会計事務所を退職したパートナーや，主任内部監査人の経験者には取締役への就任に関心がある人が多い。
- 会計学研究者は，これまでほとんど打診を受けたことのない人々であるが，取締役として企業に価値をもたらすかもしれない。
- 他の中小規模企業や大規模企業のコントローラーやCFOも，有能な取締役および監査委員として役立つであろう。

▼取締役会の役割および責任の設定
　　権限の特定

　取締役会は社内規程を通じて，また，監査委員会は委員会規程を通じて，それぞれの役割および責任を設定している。

Ⅰ．統制環境

▼監査委員会による内部統制の有効性の検討
　　リスクのモニタリング
　　品質および信頼性の監督

　監査委員会は，(存在する場合には) リスク，重要な欠陥および重大な不備も含めた財務報告に係る内部統制の有効性を定期的に検討している。

▼監査委員会と監査人との会合
　　リスクのモニタリング
　　監査活動の監督

　監査委員会は内部監査人および外部監査人と，非公式な会合も含めて，定期的に会合をもっている。監査委員会は監査範囲，監査計画，監査のための予算および人員，ならびに監査で発見した重要事項についてレビューをしている。

▼監査委員会による会計方針および手続のレビュー
　　品質および信頼性の監督

　主要な仮定を含む重要な会計上の見積りを決める際に経営者が用いる会計方針および手続を，監査委員会がレビューしている。

▼監査委員会における懐疑心の維持
　　品質および信頼性の監督

　財務報告に影響を与えるような経営者の主張や判断に対し，監査委員会は適度な懐疑心を保ち続け，経営者に詳細かつ深度ある質問をしている。

▼監査委員会による内部通報情報の検討
　　リスクのモニタリング

　監査委員会は，内部通報プログラムならびに従業員による不適切な行動および経営者が内部統制を無視するリスクを含む財務報告における虚偽表示のリスクをモニタリングするための，不正対応ないし同様のプロセスから入手した情報を検討している。監査委員会は重大な事項に関する報告をレビューし，財務

ガイダンス篇

報告に対する潜在的影響や是正措置の必要性を検討している。

▼取締役会による**監査委員候補者のレビュー**
　　　財務報告の専門能力の保持

　取締役および監査委員会委員の候補者が会社および経営者からの適切な独立性を有するかを確認し，また，候補者が有能な取締役であるための能力を有しているかについて確認するために，取締役会は候補者に十分注意している。そのための手続としては，以下のものがある。
- 身元調査
- 本人以外への身元の問い合わせ
- 現在の近親関係および他社の取締役であるかどうかに関する調査
- 会社，外部監査人あるいは最高経営層との財務的およびその他の関係について情報を調査する
- デュー・デリジェンスの手続を監督するための独立性を有する指名委員会または調査機関の利用
- 独立取締役によるデュー・デリジェンスの手続遂行のモニタリング

▼**監査委員会による遵守の証明**
　　　リスクのモニタリング
　　　品質および信頼性の監督

　監査委員は，毎年，自分が会社の倫理ガイドラインおよび独立性規則を遵守している旨を監督している。

▼**取締役会および監査委員会と経営者との会議**
　　　リスクのモニタリング
　　　品質および信頼性の監督
　　　監査活動の監督

　取締役会および監査委員会は，毎回の会合の一定時間を経営者抜きで審議している。また，外部のアドバイザー，内部監査人，外部監査人および外部の弁

護士とそれぞれ会合をもっている。

本原則の適用事例

▼取締役会の主な活動のレビューおよび文書化
　　リスクのモニタリング
　　品質および信頼性の監督
　　監査活動の監督

　ある電力会社の監査委員会は，予算に対する実績報告書と重大な差異に対する経営者の説明をレビューし，合併，巨額の支出，および賞与と報奨制度といった，事業上の重要な決定事項の承認に参加している。また，監査委員会は外部監査人と契約し，監査計画をレビューし，また，財務報告に係る内部統制に対する経営者の評価結果もレビューしている。さらに，財務報告に重要な影響を与えるような新しい会計基準を会社がどのように採用するかについても，監査委員会は，経営者から適時に知らされている。毎年，監査委員会は，業績を自己評価している。

▼監査委員会の独立性および財務報告の専門能力
　　権限の特定
　　財務報告の専門能力の保持

　年商1億1,500万ドルのある電気機器・換気設備製造業者には，3名の独立取締役からなる監査委員会が設置されている。監査委員会は，委員会規程に基づいて会合の議題を設定している。委員会規程に定められた監査委員会のそれぞれの責任に対して，監査委員会委員長は，責任の対象となる議題を審議する会合を少なくとも年1回は設定している。

　監査委員会委員長は，財務報告の専門能力を有する（委員長は公認会計士であり，公開会社の会計業務の経験がある）。委員長は，次回の会合向けの議案を他の監査委員や外部監査人に配付し，他に議案が必要かどうかについて返答を求めている。監査委員会委員長は，主任外部監査人と率直かつ継続的にやり取りをするために，開かれた連絡方法をもっている。

▼財務諸表上の見積りのレビュー
　　品質および信頼性の監督
　　監査活動の監督

　2億ドル規模のある特殊ポリマー製品製造業の監査委員会は，財務諸表上の主な勘定科目および開示項目に関して経営者が行った見積りについて議論するために，経営者と定期的に会合をもっている。また，監査委員会は，重要な見積りを行う際に経営者が用いた仮定および判断の合理性をレビューし，経営者の見積りおよびそれが財務報告に与える影響に関して監査委員会が下した評価結果を議論するために外部監査人と非公式に会合をもっている。

▼監査委員会と外部監査人との相互交流
　　監査活動の監督

　ある海洋土木業の監査委員会は，外部監査人と四半期ごとに会合をもち，また，非公式会議（経営者抜き）を少なくとも年1回，監査の対象，監査計画，財務報告に係る内部統制，財務報告の質および監査における発見事項や勧告内容などといった幅広い問題について議論するために開催している。これらの必要に応じた臨時の会合で補完された相互交流を通して，監査委員会委員長は，監査委員会が外部監査人の活動をモニタリングし，また，外部監査人との契約内容を変更または打ち切る判断をするのに適した状況にあると認識している。

▼経営者が内部統制を無効にする可能性に対する監査委員会の検討
　　リスクのモニタリング
　　品質および信頼性の監督

　ある電力送配信業の監査委員会は，少なくとも年1回，経営者が内部統制を無効にする動機やそうした行動の隠匿の方法を含む，経営者による内部統制の無視に係るリスクの評価を非公式会議で議論している。さらに，監査委員会は，会社の内部告発プロセスや関係する報告書の機能をレビューし，また，時として（とりわけ営業担当，仕入担当および人事担当を含む）財務報告を直接管轄しない管理者を聴取して，倫理に関わる状況についての情報や，経営者が内部

Ⅰ．統制環境

統制を無効にする端緒を示す情報を入手している。

▼同族会社の取締役会構成の変更
　　　独立性的に機能
　　　財務報告の専門能力の保持

　「店頭」市場に上場しているある採掘業者の取締役会は長い間，CEOの親族3名と，外部者であるが独立性を有していない3名の取締役で構成されていた。親族以外の3名とは，同社の外部弁護士，ベンチャー・キャピタルの代表者，そして，CEOの友人である。

　統制環境を強化し，また，取締役会の有効性を高めるために，同社は，取締役会を以下のように変えた。すなわち，CEOの親族と友人は取締役を辞任し，独立取締役が3名就任した。独立取締役は全員，財務に関する素養があり，うち1名は財務報告の専門能力を有している。独立性を有するこの3名の取締役は，委員会規程に定められた委員会の責任を有する，新たに構成された監査委員会に任命された。

▼監査委員会による議案の設定
　　　権限の特定
　　　独立的に機能
　　　リスクのモニタリング
　　　財務報告の専門能力の保持
　　　品質および信頼性の監督
　　　監査活動の監督

　ある航空機制御装置専門の製造業の監査委員会は，次年度における審議日程を作成している。審議日程を作成することによって，監査委員会は対象とする責任すべてを履行することが可能となり，経営者は監査委員会の動きを見越してあらかじめ準備することができる。

ガイダンス篇

63

	審議の頻度			予定される四半期ごとの会合			
	年1回	毎回の会合	必要に応じて	1	2	3	4
監査委員会に関する事項							
年次独立監査の結果の取締役会への報告	✓			✓			
外部監査人の任命	✓			✓			
次年度の監査報酬の承認	✓			✓			
年次の委任状説明書向け監査委員会報告書のレビュー	✓			✓			
監査委員会規程の妥当性に関する評価	✓				✓		
次年度における監査委員会の会合開催予定の承認，会合の内容に関する経営者および監査人との了解	✓						
監査委員会による自己評価	✓				✓		
外部監査人による非監査業務の提供に関するガイドラインの承認（事前承認の方針）	✓			✓			
外部監査人による非監査業務の提供の承認			✓				
外部監査人についてあらかじめ承認された地位あるいはその制限に関する報告		✓		✓	✓	✓	✓
財務報告上の誤謬または不正への対応方法のレビュー	✓						
不正リスクの評価プロセスに対する監視	✓			✓			
前回の会合における議事録の承認		✓		✓	✓	✓	✓
取締役会（取締役会議長）への四半期ごとの状況報告		✓		✓	✓	✓	✓
監査委員会の非公開会議の予定			✓				
その他			✓				
財務管理に関する事項							
年次報告書，10-K報告書および委任状説明書に関する事項	✓			✓			
経営者および外部監査人との四半期報告書の利益のレビュー，外部監査人の業務に対する事前承認		✓		✓	✓	✓	✓
内部統制システムの評価	✓			✓			
主要な会計上の見積り，判断および特別事項（たとえば主要な取引，会計基準の改訂，SECに関する事項など）に関する状況報告			✓	✓			
その他（スタッフの能力，後任に関する計画など）			✓	✓			
最高経営層のその他のメンバーに関する事項							
法律に関する事項（顧問弁護士）			✓				
企業の利益と倫理方針が対立する問題	✓				✓		
訴訟および規制に関わる事項			✓				
情報システムに関わる事項（IT管理者）			✓				
リスク管理担当者に関わる事項			✓				
税務に関わる事項（税務管理者）			✓				
その他			✓				

Ⅰ．統制環境

外部監査人に関する事項							
必要な情報伝達を含む年次監査の報告	✓			✓			
必要な情報伝達を含む四半期報告書のレビューの報告		✓		✓	✓	✓	✓
内部統制の弱点および他の勧告と適用可能な場合，経営者からの回答の報告			✓				
年次監査の範囲	✓			✓			
監査人の独立性に関して規制に要求される文書による情報伝達と議論（SAS61およびISBS1）	✓			✓			
その他（後任に関する計画など）			✓				
外部監査人との非公式会議			✓				

内部監査人に関する事項							
次年度における内部監査計画の範囲	✓						✓
外部監査人，および内部監査をアウトソーシングした監査人との連携			✓				
使い込みや不正など，内部通報ホットラインの活動		✓		✓	✓	✓	✓
監査における主な発見事項と年次監査計画に関係する現在の状態		✓		✓	✓	✓	✓
内部監査に関するリスク評価についての非公開会議			✓				

原則 3　経営者の考え方と行動様式

経営者の考え方と行動様式が，財務報告に係る有効な内部統制の達成を支援している。

本原則の属性

気風の決定―経営者の考え方と行動様式は，信頼しうる財務報告を重視している。

会計方針の選択や会計上の見積りに対する態度への影響―経営者の態度は，会計方針を選択したり会計上の見積りを行ったりする際における規律ある客観的なプロセスに役立っている。

目的の明示―経営者は，財務報告に係る内部統制の機能を含む財務報告目的を設定し，明確に述べられている。

本原則の適用方法

▼リスク軽減の重視
　　気風の決定

　経営者は，顧客，仕入先，販売先および従業員との関係をとおして，財務報告のプロセスに関わっている人との相互連携において，財務報告に係るリスクを軽減することの重要性を重視している。

▼処理規定の重視
　　気風の決定
　　会計方針の選択や会計上の見積りに対する態度への影響

　会社の経営者の考え方に基づいて，会計上の仮定や見積りを反映する事項を含むすべての記帳は，適切に委任され，適正な文書により裏づけられ，しかるべき財務担当の上級経営者からのレビューを受けることが必要とされている。

Ⅰ．統制環境

▼十分に注意することの重要性の重視
　　気風の決定
　　会計方針の選択や会計上の見積りに対する態度への影響

　担当する業務の責任を果たす際に，適度に注意をして業務上の判断を下すことの重要性を従業員が認識するために，経営者は，十分な指示を与えている。

▼財務報告目的の設定と明示
　　気風の決定
　　目的の明示

　経営者は，財務報告プロセスの担当者とともに，網羅的で，正確かつ公正な財務報告に係る事項を含む財務報告目的を設定し，明示している。

本原則の適用事例

▼有効な財務報告に関する気風の強化
　　気風の決定
　　会計方針の選択や会計上の見積りに対する態度への影響

　年商1億7,000万ドルのあるオンライン広告サービス業者は，会社の短期目標を達成するにあたって事業を非常に積極的に経営しているが，同社の経営者は，こうした経営方法に伴うリスクを管理するための方策を講じている。すなわち，不適切な財務報告を行う可能性を最小にするために，上級経営者は事業担当の管理者の行動を積極的にモニタリングし，リスクの高い行動をレビューするために内部監査を会計事務所に外部委託し，さらに継続的な口頭での伝達と倫理にもとる行為は許さないとの内容の社内規程によって強化している。

▼内部統制強化のための提案の募集
　　気風の決定
　　会計方針の選択や会計上の見積りに対する態度への影響

　医療用スキャン機器の研究，開発，製造および販売を行うある会社では，495名の従業員に向けて，財務報告に係る内部統制を含む内部統制を向上させる提

ガイダンス篇

案をするよう奨励している。採用された提案を行った従業員には，報奨金が出ることになっている。

▼外部関係者へ向けた，自社の考え方の強調
　　目的の明示

　得意先などの外部関係者との標準的な契約プロセスの一環として，あるサービス職および技術職の人材派遣会社は，卓越性と倫理的行為への関わり合いを標準契約のなかで強調している。標準契約により，問題のある従業員の行為に疑念が生じた場合，明確な情報伝達手続が示されているため，外部関係者は同社の顧問弁護士に通報できるようになっている。

Ⅰ．統制環境

原則 4　　　　　　　　　　組織構造

会社の組織構造が，財務報告に係る有効な内部統制を支えている。

本原則の属性

財務報告のための役割分担の設定—経営者は，社内の個々の部署および業務単位に対して，財務報告における適切な役割分担を設定している。

構造の設定—経営者は，財務報告に係る内部統制に関する有効な報告およびその他のコミュニケーションを促進するような組織構造を設定している。

本原則の適用方法

▼**組織フローチャートの作成**
　　財務報告のための役割分担の設定

　経営者は組織フローチャートを作成する。それは，財務報告に携わる従業員も含めた全従業員を対象として，役割と報告経路を設定している。

▼**役割とプロセスとの整合**
　　財務報告のための役割分担の設定

　社内の各業務単位または各部署は，自らの役割を財務報告目的を支える主なプロセスと整合させている。

▼**業務記述書の維持管理**
　　財務報告のための役割分担の設定

　経営者は，主要な担当者向けに業務記述書を作成し，事情や状況に応じてその内容を更新している。

▼組織構造の設定
　　構造の設定

　経営者は，CFOと財務報告のプロセスに直接携わっている人との間にわずかに3層のスタッフが存在するような構造を採用している。

▼内部監査のための構造の設定
　　構造の設定

　内部監査部門は，財務報告に関して独立性を維持するために，監査委員会と直接に連絡を取ることができ，CEOに直接報告できる。

本原則の適用事例

▼業務記述書の作成と責任の設定
　　財務報告のための役割分担の設定

　ある中古自動車用部品製造業者のCEOは，各業務単位の責任者に対し，業務単位内の担当者すべてに関して文書による最新の業務記述書を作成し，維持管理していくことを求めている。また，業務単位内の配置や報告経路を示した組織図が作成され，定期的に内容が更新されている。

▼内部統制の構造を補強するための組織再編
　　財務報告のための役割分担の設定
　　構造の設定

　1億3,000万ドル規模のある不動産会社では，上場以前においては，さまざまな階層の従業員がオーナーとCEOに報告を行っていた。上場計画の際，CEOは取締役会からの指導の下，業務目的および財務報告目的の両方により良く役立てるために，同社の組織構造を補強する方策を講じた。同社の主な事業活動を監視するために経営者は，営業・顧客サービス部門，購買・保管部門および製造部門の3部門を立ち上げた。各部門を担当する責任者と上記の主要な補助部門の責任者は，内部統制の現状をレビューし，必要に応じて補強した。また，主要なリスクと関係する統制手続および各業務プロセスに所属する者の責任に

ついて明確にするために，業務プロセスが文書化された。各自が自分の役割を完全に理解できるよう，内部統制に関する責任をも記載した業務記述書を作成した。こうした構造的な面での改善に加えて，CEOは，開かれた社風の長期継続を求め，従業員に社内に自由に情報が流れるようにする「開かれた」方針が存在するということを確約している。

原則 5　財務報告に関する能力

会社は，財務報告およびそれに係る監視機能に関して有能な人員を擁している。

本原則の属性

専門能力の識別—信頼しうる財務報告を支えるような能力が識別される。
人員の確保—財務報告に関して必要な能力を有する人員を採用するか，または，確保している。
専門能力の評価—必要とされる能力について，定期的に評価し，維持管理している。

本原則の適用方法

▼必要な知識，技能および能力の設定
　　専門能力の識別

　財務報告に携わる主な担当者を採用する前に，経営者は財務報告に伴う責任を有効に遂行するために必要な知識，技能および能力（さらに関連する資格）について了解している。

▼専門能力の補強
　　人員の確保

　会社は，外部の専門家と契約することにより，必要に応じて財務報告に関する社内の専門能力を補強している。

▼研修の実施
　　専門能力の評価

　財務報告のプロセスに携わる従業員に対し，経営者は社内で，または外部の

Ⅰ．統制環境

研修機関を利用して研修を実施している。

▼財務報告における主な役割に関わる専門能力の評価
　　専門能力の評価

　取締役会または監査委員会は，CEOやCFOといった財務報告における主な役割に携わる者の専門能力を評価している。

▼専門能力のレビューおよび評価
　　専門能力の評価

　従業員の技能が現在担当している業務の責任に見合っているかどうかについて，経営者は，定期的に，従業員を割り当てられた役割に応じてレビューし，評価している。

本原則の適用事例

▼外部の専門家の利用
　　人員の確保

　クレジット・カード企業に本人認証の保護と与信管理に関するサービスを提供している従業員500名を擁するある会社は，給与と401(k)プランの管理を自社で行うか外注するかについて検討していた。その結果，外注先がこうした機能を担当することで大きな経済的便益が生まれ，また，第三者を利用することで職務の分離状況が改善され，さらに，しかるべき専門家との接触が増えることが判明した。給与などの管理を外注先に任せた現在では，同社は，適切な統制手続が外注先に存在しているかどうかを評価するために外注先の監査人により作成された監査基準書(SAS)70号に基づく内部統制報告書を入手し，検討するようになった。

▼財務報告に携わる主な担当者と専門能力の整合
　　専門能力の識別
　　人員の確保

1億4,000万ドル規模のある無線データ通信コンサルティング会社の人事担当副社長は，年1回，従業員の職務記述書および業績評価についてレビューしている。また，社内のニーズが変化していることを認識した上で，従業員の専門能力がその役割や責任と整合し続けているかどうかを判断している。ここ数年，売上が倍増し，同社での事業上の取引とその処理が複雑となったが，同社のコントローラーは，当初基本的な会計および簿記を担当するために就任していたため，現状に適した財務報告の責任を果たすのに必要な専門能力を有していないと判断された。同社は，コントローラーを技能に見合った職に異動させ，必要な専門能力を有する者を新任のコントローラーとして雇った。

▼税務に関する外部支援の確保
　　専門能力の識別
　　人員の確保

　1億6,000万ドル規模のある分析用ソフトウェア開発業者には，税務会計に関する高度な専門能力をもつスタッフがいない。財務担当副社長は，税務会計に関する基本的な知識を有し，簡単な法人税申告書を作成しているが，同社はこの副社長を補助する方法として，第三者たる（監査人以外の）会計事務所に申告書をレビューするよう依頼している。経営者は，第三者の会計事務所がこの業務を受注するに足る技能とスタッフをもっていると確信している。会計事務所によるレビューを受けて必要な修正を行った後，同社のCFOは申告書をレビューし，実績を，前期の実績に基づく予測や，予算および事業活動の知識と比較している。

▼財務報告に携わる主な人員の評価
　　専門能力の評価

　1億8,000万ドル規模のある投資銀行兼機関投資家向け証券会社は，財務報告に携わる主な人員について現在の事業活動に効果的に対処する能力を評価するプロセスを年1回実施している。財務担当部門のメンバーとの交流や監査委員会委員長の助言から得た知識を利用することにより，経営者は，財務報告に携

わるチームの主要メンバーの専門能力，一連の技能および業績を検討し，検討の結果，研修，異動あるいは他の変更に関する判断を下している。

原則 6

権限と責任

経営者と従業員は，財務報告に係る有効な内部統制を円滑化するためにしかるべき水準の権限と責任を割り当てられている。

本原則の属性

責任の明確化―責任の割り当てと権限の委譲は以下のものを含むすべての人員のために明確に特定化されている。

- 取締役会―監査委員会は，重要な財務報告上の役割に関する責任を明確にする経営者のプロセスを監視している。
- 最高経営層―CEOおよび最高経営層は，内部統制システムの導入と維持管理を含む財務報告に係る健全な内部統制に対する責任を負っている。
- 上級経営者および部長級の管理者―上級経営者と部長級の管理者は，内部統制の方針および手続を遵守することで財務報告の目的を達成するという従業員各自の責任を，すべての従業員に理解させることに責任を負っている。

権限の制限―権限と責任の付与にあたっては，相応の制限がある。

本原則の適用方法

▼目的および責任の明確化
　　責任の明確化

　財務報告に係る有効な内部統制に対する経営者の責任を強化するため，経営者は事業および経営に関する目的と業務記述書を説明している。

▼監査委員会による主要な担当者のレビュー
　　責任の明確化

　財務報告に携わる主な担当者に関して，監査委員会は，経営者が作成した担

Ⅰ．統制環境

当者の責任と権限に関する記述書をレビューし，担当者が財務報告に係る内部統制をどのように強化するかについて検討し，必要な場合には再度評価を行っている。

▼権限と責任の付与
　　責任の明確化
　　権限の制限

　権限と責任を付与する際，経営者は統制環境の効果に与える影響と効果的な職務の分離を維持管理する重要性について考慮している。経営者は，「担当業務を遂行する」ために必要な権限と，主要なプロセスにおける適切な内部統制を維持管理する必要性との適切なバランスを図っている。

▼従業員への権限の付与
　　権限の制限

　経営者は，従業員の業績の適切なモニタリングと均衡を保つ一方で，必要に応じて，割り当てられた業務プロセスにおいて問題を修正あるいは改善策を遂行する権限を従業員に付与している。

▼責任および権限と担当者との整合
　　責任の明確化

　経営者は，責任をある従業員に付与する場合，または，ある程度の権限を担当者に割り当てる場合に，社内における従業員の担当箇所の性質を考慮している。

本原則の適用事例

▼経営者の役割に対する監査委員会のレビュー
　　責任の明確化

　1億1,500万ドル規模のある鉛製品製造業の社内規程では，財務報告の管理の重要な役割と責任をレビューすることに対する取締役会の責任を明記している。

このことは，管理者の役割，責任および業績をレビューするために監査委員会委員長が年1回，自社の人事担当取締役，内部監査部門の長，弁護士および外部監査人と会合をもつことにより達成される。レビューには，管理者各自の責任を，会社の組織図と各自の責任を遂行する際の管理者の専門能力と経験と整合させることに集中することが含まれる。

▼内部監査計画のレビューおよび承認
責任の明確化

ある不動産会社の内部監査担当取締役は，CEO，CFOおよび監査委員会に，役割と責任を明確にする社内規程に関する必要な改訂に加えて，次年度における内部監査の対象，実施計画，人員配置および予算に対するレビューと承認を行っている。

▼最高経営層による報告経路の再編
責任の明確化

従業員400名を擁するあるゲーム・ソフトウェア開発会社の上級経営者は，自社が近年大きく成長したために，最高経営層に対する今までの役割と責任が適切でないと考えた。すなわち，コントローラーとCFOとの責任が重複しており，新規の販売経路で販売する製品に関するシステムが十分にレビューされておらず，さらにはCEOが了解している新たな決定と合意に関する情報が上級経営者全員に明確かつ適時に情報が伝達されていなかった。そこで，新しく文書化された業務記述書により支援される明確な報告経路を使って財務報告の目的を適切に支援できるよう，最高経営層の中で責任を再調整するためにプロジェクトが発足した。

▼役割を明確化する際のCEOと取締役会の関与
責任の明確化

会社自体と業界が著しく変化したために，ある物流会社のCEOは，社内の中間管理層およびその上層部における各担当者の役割を再編することにした。会

社の事業目標や事業目的をレビューし，財務報告のプロセスに関わるものも含めた管理者各自の役割および責任を再編するために，所属を離れての会合が開催された。会合には取締役2名が周知係として参加し，出席者すべてが今後どのように機能しお互いに連携していくかについて共通の理解を得た。会合の結論は，会社のイントラネットで簡単に閲覧できる規程に組み込まれた組織経路，責任および伝達手続によって社内の管理者全員に伝達された。

▼経営者による権限段階の割り当て
　　権限の制限

　1億2,000万ドル規模のある住宅建設業者は，565名の従業員を擁していたが，財務部門を新設し，同部門の特定の担当者に，必要性や技能に応じた特定の担当者に権限と責任を付与した。人材配置図は各担当者に付与した責任をすべて表示し，また，全従業員向けの業務記述書を参照しやすくしている。そのような責任に関する業績に応じて，各従業員は，評価を受けている。

原則 7　人的資源

人的資源に関する方針と業務は，財務報告に係る有効な内部統制を円滑化するために設定され，実施されている。

本原則の属性

人的資源に関する実務の設定—経営者は，誠実性，倫理的行動および能力に対する取り組みを明示するような人的資源に関する実務を設定している。

採用と確保—財務報告において重要な職位を占める人員の採用と確保は，誠実性の原則と当該職位に関係する必要な能力に基づいて行っている。

十分な研修—経営者は，財務報告上の役割を遂行するために必要な手段と研修を提供することで，従業員を支援している。

業績の評価と報酬—最高経営層に影響を与えるものも含め，人員の業績評価と報酬制度は，財務報告目的の達成を支援している。

本原則の適用方法

▼担当者の業務記述書の作成および維持管理
　　人的資源に関する実務の設定

　経営者は，自社の価値観を反映し，また，担当職位の業務を遂行するために必要な価値観と能力を反映する業務記述書を作成し，維持管理している。

▼人的資源に関する方針および手続の設定および維持管理
　　人的資源に関する実務の設定

　人事部門は，人的資源に関する自社の方針および手続の概要を示した資料を作成し，定期的に更新している。

Ⅰ．統制環境

▼履歴書のレビューおよび経歴照会
　　人的資源に関する実務の設定
　　採用と確保

　財務報告に携わる重要な担当者の候補について検討する際，経営者は履歴書をレビューし，経歴を照会している。責任や権限が大きい担当者については，身元調査も行っている。

▼研修および啓蒙活動の実施
　　十分な研修

　人事部門は，社内で倫理的な行動を推進するために，研修および啓蒙のプログラムを実施する。財務報告に直接または間接的に携わっている従業員全員を対象とした，財務報告に関する研修プログラムも別途行っている。

▼レビューおよび評価に関するプロセスの設定
　　業績の評価と報酬

　社内における従業員各自の業務進捗状況や地位に関する情報を確認するために，経営者はレビューおよび評価に関するプロセスを設定している。

▼退職者向けのインタビューの実施
　　人的資源に関する実務の設定

　退職者向けのインタビューを実施するための会社のプロセスには，会社の財務報告や内部統制に関する問題も含まれている。

▼報酬制度の設計
　　業績の評価と報酬

　上級経営者向けの報酬制度には，財務と関係のない目標（たとえば，顧客満足度，従業員の離職率およびシステム導入の成功）の達成と結びつく重要な部分を含み，財務諸表に反映されるような短期間の結果と過度に結びつけられていない。

▼報酬制度のレビュー
　　業績の評価と報酬

　取締役会は，賞与やストック・オプションなど，経営者用の報酬制度をレビューすることで，その制度が財務報告の虚偽表示について不適切なほど高いリスクをもたらすかどうかを判断し，必要ならばリスクを受容可能な水準にまで低減するような統制手続を導入している。

▼担当者の専門能力の評価
　　業績の評価と報酬

　経営者は，財務情報の記録および報告に携わる担当者の人数や専門能力が十分であるかについて評価している。担当者が問題点を把握する能力，関連する専門領域よって裏づけられた担当場所への適応能力，さらには，財務報告に関する最新の技術的な領域についていけるかといった点を最高経営層は評価している。財務報告に携わる担当者の適切性および専門能力について評価する際の検討には，担当者の技能全般，研修の性質および頻度，そして，財務報告に携わる人数が含まれている。

本原則の適用事例

▼人的資源に関する方針の設定
　　人的資源に関する実務の設定

　人事を専門に行う常勤者がいない高級品のインターネット販売やカタログ販売を行うある企業は，人的資源に関する実務および方針を作成するために，管理者数名によるタスク・フォースを設置した。作成した方針は，上級経営者および取締役会がレビューし，ライン部門の管理者が実施に移した。

▼方針の定期的なレビュー
　　人的資源に関する実務の設定

　ネットワーク技術のハードウェア環境を専門とするある企業の従業員は350名であるが，同社の人事担当者は，人的資源に関する方針とその有効性につい

I．統制環境

て，それらを社内に普及させるための方法も含めて，定期的にレビューしている。従業員が理解している内容，理解の正しさ，理解の適時性および理解の程度もレビューの対象である。新規に採用した従業員は，同社の方針および手続の最新版を受け取り，また，その他の従業員も最新版が作成され次第，受け取っている。今後の計画を向上させるという利用目的で，従業員が方針の最新版についてどの程度知っているかについて評価するために定期的に調査が行われている。

▼財務報告に携わる主な担当者の採用および確保
  採用と確保
  十分な研修

 年商2億5,000万ドルのあるガレージ扉の製造会社のCFOは，アメリカ合衆国における公開企業向けの報告に関するコンプライアンス規程と高水準の誠実性と健全な倫理観を含めた立場に見合う強力な能力を有するフランス支社の財務部長を探している。同社は，外部の転職斡旋企業を利用するコストを回避する代わりに（FEIやフランス内部監査人協会など）国際的な職業専門団体を通じて適切な候補者を探した。候補者の選定には，同社における主な機能領域の責任者の代表との面接なども含め，その後，CFOが候補者の推薦者を面接した。有能な資格を有する最終候補者から就任の回答をもらうために，他社に比肩し給料や厚生に加え，同社は業務記述書に年2週間の職業専門研修プログラムに出席できることを盛り込んだ。

▼採用のプロセスにおける誠実性と倫理観の評価
  採用と確保

 有望な従業員候補者を面接する際に，ある1億7,500万ドル規模のガス供給会社の人事担当責任者は，詳細な話し合いと前歴の調査を通じて，候補者の誠実性と倫理観に関係する点に非常に着目する。新規に採用した従業員はすべて，行為規程の写しを受け取った上で，その規程を受領し読んだ旨を，署名しなければならない。

▼技術に関する適切な研修の実施
　　十分な研修

　1億8,000万ドル規模のある化学工業では，3名の管理者を外部機関で専門研修を受けさせている。受講の後，各責任者はそれぞれの部門で，現場を利用した従業員向けの研修を取り仕切っている。こうした方法により，同社は費用効果的な方法で，関連性のある，最新の技術的な会計情報を広めることができる。さらに，従業員すべてが同社推奨による研修の機会を知ることができるよう，全従業員が研修の申込みや研修プログラムの概要を閲覧することができるようになっている。研修受講の記録は同社が追跡し，従業員関連情報に盛り込んでいる。

▼複雑な会計基準の適用
　　十分な研修

　ある採掘業者は上級の従業員に報いるために，ストック・オプションを頻繁に使っている。そして，同社のCFOは，コントローラーの役割も兼務している。GAAP（一般に認められた会計原則）のほとんどの要素を適用することがおおよそできるが，この個人は，CFOの専門能力にほぼ問題はないものの，株式関連報酬の会計処理に関する最近の会計基準の適用方法については，十分に理解していない。経営者は新しい会計基準の初度適用を第三者たる専門家に外部委託しようとも考えたが，現在のCFO兼コントローラーに必要な専門能力をつけさせるために研修を実施した方が，費用効果的で同社の目的を達成することができると判断した。その結果，外部監査人から得た情報によると，CFO兼コントローラーは，会計基準の適切な適用に関して事情に通じた判断を下せる十分な知識を有するようになった。

▼専門機関による研修
　　十分な研修

　8,000万ドル規模のあるベンチャー・キャピタルのCFOは，継続的専門研修を受講している。所属する職業専門団体によると年35時間受講しなければならず，

そして、このCFOは、日常的な責任に最も関連のある項目を選んで受けている。職業専門団体が発行する受講証明書が研修を受けた証拠となっている。

▼定期的な業績評価
業績の評価と報酬

　ニューヨークに本社を置く年商1億1,000万ドルのある衛星通信事業会社では、財務報告に関する統制手続を堅持、遂行、あるいは検証する責任のある従業員の業績を定期的にレビューしている。その際、各自の業績は、各四半期の終わりと年度報告サイクルに続くより正式な年次レビュープロセスにおいて、従業員とともにレビューされた必要とされた改善点の進捗状況を使って、年度始めに設定した予測との比較で評価されている。

Ⅱ. リスク評価

　信頼しうる財務報告の目的に係るリスク評価は，重要な虚偽表示のリスクの認識および分析からなる。

　重要な勘定に対する一連の財務諸表の主張に細分化される財務報告の目的の確立は，リスク評価プロセスの前提である。中小規模企業におけるリスク評価は大規模企業よりも有効であるかもしれない。なぜなら，たいていの場合，CEOなど上級経営者が会社の事業活動を深く理解することにより，どこにリスクがあるかという直接的な情報を得ることが可能になるからである。上級経営者は，従業員，顧客，仕入先などから情報を入手するといった，通常の責任内容を遂行するにあたって，ビジネス・プロセスに特有のリスクを識別することになる。上級経営者は，事業やコンプライアンスに関するリスクに着目するばかりでなく，信頼しうる財務報告に対する以下のようなリスクも検討する立場にある。

・すべての取引を把握し記録することができない
・存在しない資産や発生していない取引を記録する
・取引を誤った年度もしくは誤った金額で記録するか，または，取引を誤って分類する
・すでに記録した取引に関する情報を喪失または変更する
・信頼しうる会計上の見積りを行うために適切な情報を入手できない
・不適切な仕訳を記帳する
・取引または会計上の見積りに関して不適切な会計処理を行う
・公式または計算式を不適切に適用する

以下の3つの原則がリスク評価という構成要素に関係する。
8．財務報告の目的―経営者は，信頼しうる財務報告に対するリスクを識別できるように，十分な明確さと規準を備えた財務報告目的を明示している。
9．財務報告に関するリスク―会社は，リスクを管理する方法を決定するための基礎として，財務報告目的の達成を脅かすリスクを識別し，分析している。
10．不正リスク―不正に起因する重要な虚偽表示の可能性が，財務報告目的の達成を脅かすリスクを評価する際に明示的に検討されている。

　第3部に掲載されている追加的な具体的ガイダンスとともに，原則の運用またはその適用の評価において有用なガイダンスは，本章において後述されているとおりである。

原則 8　財務報告の目的

経営者は，信頼しうる財務報告に対するリスクを識別できるように，十分な明確さと規準を備えた財務報告目的を明示している。

本原則の属性

GAAPの遵守—財務報告の目的は，GAAP（一般に認められた会計原則）と矛盾しない。選択された会計方針は，企業の状況において適切である。

有益な開示の支援—財務諸表は，それを利用，理解および解釈に影響を与える事項に関して有益である。開示された情報は，詳細すぎず，また，簡潔すぎず，合理的な方法で分類および要約される。

企業活動の反映—財務諸表は，認められた範囲内での同社の財政状態，経営成績およびキャッシュ・フローの状況を表示する方法で，財務諸表の基礎となる取引や事象を反映している。

適切な財務諸表の経営者の主張による支援—財務報告目的は，会社の財務諸表の基礎となる一連の財務諸表の主張によって，状況に応じて適合するように支援されている。

- **実在性**—資産，負債および資本が特定の日に存在し，また，記録した取引は特定の期間に実際に発生した事象を表わしている。
- **網羅性**—特定の期間に発生したおよびその期間に認識しなければならないすべての取引その他の事象や状況が記録されている。
- **権利と義務の帰属**—資産は特定の日における会社の権利であり，負債は特定の日における会社の義務である。
- **評価または配分**—資産，負債，収益および費用の項目は，適合性があり，かつ，適切な会計原則に準拠して，適切な金額で計上している。取引は数学的に正しく，適切に要約され，会社の会計帳簿に記録される。
- **表示および開示**—財務諸表上の項目を適切に記述し，並べ替え，かつ，分

類している。
重要性の考慮——適正な財務諸表を表示する際に重要性概念を考慮している。

本原則の適用方法

▼財務諸表上の経営者の主張の識別
　　適切な財務諸表の経営者の主張による支援
　　重要性の考慮

　財務諸表における適切な経営者の主張を識別するために，経営者は開示項目を含めた財務諸表から検討を始め，重要性に関する自らの判断に基づいて，財務諸表の重要な勘定科目を識別している。次に，これら勘定科目および開示項目について，経営者は適切な経営者の主張，主張の裏づけをなす取引や事象およびこうした財務諸表上の勘定科目を支援するようなプロセスを識別している。

▼評価活動の対象の検討
　　企業活動の反映

　経営者は，監査委員会のレビュー結果を踏まえて，企業活動をすべて適切に財務諸表において把握しているかに関して評価するために企業活動の対象を検討し，財務諸表が利用者に向けて有用な形で経済的な実態を伝達しているかについても検討している。

▼会計方針の比較
　　有益な開示の支援

　経営者は会社の会計方針と，自社と似た規模や同業の企業が採用した会計方針とを比較している。経営者はまた，会社の財務諸表の内容や詳細さについても比較する。大きな相違は経営者により検討され，要約されて取締役会によるレビューを受けている。

本原則の適用事例

▼財務諸表の会計方針のレビュー
  GAAPの遵守
  適切な財務諸表の経営者の主張による支援

　1億ドル規模のある教材開発業者は，以下の点を検討することで会社の会計方針をレビューしている。

- 報告の目的適合性と質の支援に焦点を当てた，財務報告方針の適切性
- 管理者が複数の会計方針の中からある会計方針を選択する動機
- 業界内で用いられている問題のある会計方針との関連性
- 同業他社が採用している会計方針との違い

▼財務報告プロセスの検討
  GAAPの遵守
  有益な開示の支援
  適切な財務諸表の経営者の主張による支援
  重要性の考慮

　ある家庭用浄水器・冷水機の製造業者は，どのサブ・システムが関連する勘定科目残高を支援しているかを判断するために，販売プロセスをレビューした。経営者は，財務報告に直接影響を与えるものか，主に会社の事業活動の収益性に貢献するものかによってサブ・プロセスを分類した。経営者は，製品の出荷，請求および現金回収は前者にあたり，与信調査および顧客サービスは後者にあたると判断した。後者のサブ・プロセスのレビューにおいて，債権の貸倒れや顧客の減少を食い止めるような機会を識別できるかもしれないものの，経営者は，こうしたサブ・プロセスは財務報告目的に含められる財務報告との十分な関連性があるわけではないと判断した。与信調査のサブ・プロセスが不良債権に対する引当金に及ぼす限定された潜在的影響は，期末時点の売掛金の詳細な分析によって補完されている。

Ⅱ．リスク評価

▼勘定科目，経営者の主張およびリスクの結びつき
　　GAAPの遵守
　　有益な開示の支援
　　適切な財務諸表の経営者の主張による支援
　　重要性の考慮

　従業員900名を擁するある頑丈なトランスミッション部品の製造会社の経営者は，財務諸表の勘定科目や開示項目に関係する経営者の主張を決定した後に，リスク評価のプロセスを開始する。経営者は重要性の程度を設定し，主要な問題のすべてを把握したかどうかを判断する際に，企業活動や中間報告書をレビューする。こうした情報は，識別され，注意深く評価された成果に対する一連の経営者の主張およびリスクに基づく財務諸表の勘定科目および開示項目のそれぞれに関する詳細なリスクに注目する際，ガイドラインとして利用される。その方法は次ページに図示したとおりである。

```
                          10-K
                         財務諸表
                            │
              ┌─────────────┴─────────────┐
              勘定科目および開示項目を経営者の主張に結びつける
                            │
        ┌───────────────────┴───────────────────┐
        ▼                                       ▼
┌─────────────────────┐                 ┌─────────────────────┐
│ 財務諸表の勘定科目を業務プ │                 │ 財務情報以外の開示  │
│ ロセスごとに配置，業務プロ│                 │ 項目を業務プロセス  │
│ セスを事業単位ごとに配置 │                 │ ごとに配置          │
└─────────────────────┘                 └─────────────────────┘
```

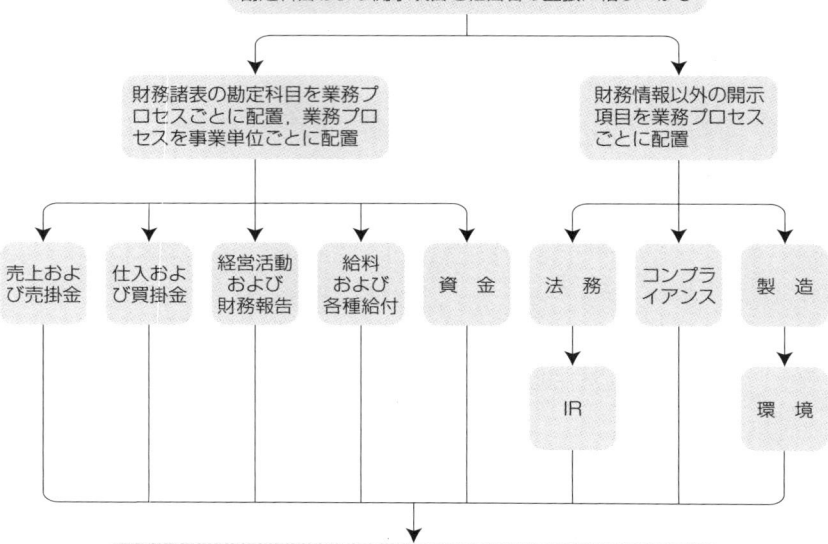

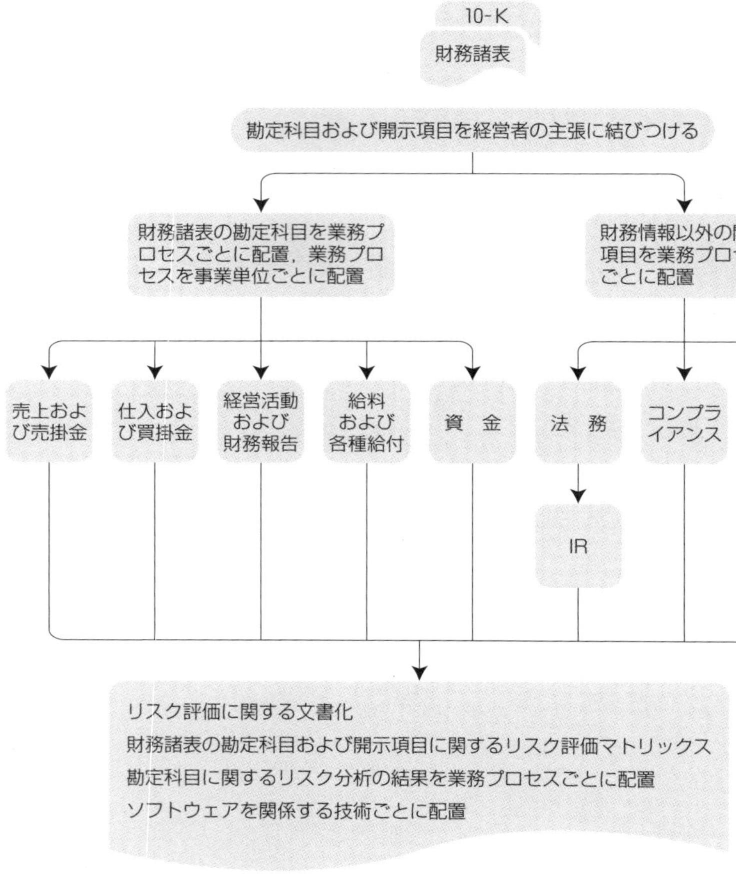

| 売上および売掛金 | 仕入および買掛金 | 経営活動および財務報告 | 給料および各種給付 | 資 金 | 法 務 | コンプライアンス | 製 造 |

- 法務 → IR
- コンプライアンス → 環境

リスク評価に関する文書化
財務諸表の勘定科目および開示項目に関するリスク評価マトリックス
勘定科目に関するリスク分析の結果を業務プロセスごとに配置
ソフトウェアを関係する技術ごとに配置

Ⅱ．リスク評価

原則 9　財務報告に関するリスク

会社は，リスクを管理する方法を決定するための基礎として，財務報告目的の達成を脅かすリスクを識別し，分析している。

本原則の属性

業務プロセスの包含―リスクの識別には，財務諸表上の勘定科目や開示項目に影響を与えるようなビジネス・プロセスに対する検討が含まれる。

担当者の包含―リスクの識別と評価の際，財務報告目的を支援する担当者の能力が検討される。

ITの包含―財務報告の目的を支援するITのインフラとプロセスは，財務報告に関するリスク評価に含まれる。

適切な階層の経営者の関与―組織は，適切な階層の経営者が関与する有効なリスク評価機構を実施している。

内部と外部の諸要因の検討―リスクの識別において，内部と外部の諸要因と，さらに，それらが財務報告の目的の達成に及ぼす影響をも検討している。

発生可能性と影響度の見積り―リスクの発生可能性と当該リスクの潜在的な影響度を見積ることを伴うプロセスを通じて，識別したリスクが分析されている。

再評価の作動―経営者は，財務報告の目的に影響を与える可能性のある変化が発生するたびにリスクを再評価することとなるような仕組みを設定している。

本原則の適用方法

▼リスクを認識するプロセスの適用
　　業務プロセスの包含
　　ITの包含
　　適切な階層の経営者の関与

　経営者がリスクを認識するプロセスでは，たとえば，以下のようなものを認

識している。
- 重要な勘定科目および開示項目それぞれに関する財務諸表上のしかるべき経営者の主張
- 財務諸表の勘定科目および開示項目を支援する業務プロセスや業務単位
- 財務報告の目的に関係する主要な業務プロセスを支援するITシステム

▼統制手続の配置
　　業務プロセスの包含

経営者は統制手続を，5つの内部統制の構成要素ごとに，フローチャートに配置している。フローチャートには，企業活動の統制目的およびリスクを記した見出しがある。この方法は，会計上の誤謬をもたらす可能性のある企業活動に着目している。

▼外部関係者との相互交流
　　内部と外部の諸要因の検討
　　再評価に対する誘因

リスクを認識する一環として，経営者は，仕入先，投資家，債権者，株主，従業員，顧客，メディアおよび同業他社といった，会社の財務報告に影響を与える可能性のある外部関係者と情報交換している。

▼外部要因の検討
　　内部と外部の諸要因の検討
　　再評価の作動

経営者は，たとえば，経済状況，競争環境，所属する業界の状況，規制および政治的要因，技術，仕入先，顧客または債権者が求める条件の変化といった財務報告の目的を達成する能力に影響を与えるような外部要因を検討している。また，経営者は，内部要因およびその変化が，財務報告の目的を達成する能力にどのように影響を与えるかについても検討している。内部要因の例としては，勘定科目の性質，業務プロセスの性質および全社的な要因などがある。

Ⅱ. リスク評価

▼リスク評価の更新
　　内部と外部の諸要因の検討
　　発生可能性と影響度の見積り
　　再評価の作動

　経営者は四半期ごとにリスク評価の内容を更新し，その際，以下の点を検討している。
- 新たに認識したリスクのうち，重要であると判断したもの
- 以前に認識したリスクの危険性が高くなること
- 重要なリスクを軽減するために講じた是正措置の現状

　このようなリスク評価においては，リスクの潜在的な影響度と発生可能性に基づいて，リスクを評価する。評価の結果は，必要な統制活動を判断する際，重要な情報として扱われている。

▼社内の人員との会合
　　業務プロセスの包含
　　担当者の包含
　　ITの包含
　　適切な階層の経営者の関与

　財務報告に携わる主要な人員は，以下の者と定期的に会合をもっている。
- 財務報告に関するリスクに影響を与えるような新しい構想，取組みおよび活動を識別するために，執行経営者と会合をもつ。
- 財務報告に関するリスクに影響を与える可能性のあるITの変化をモニタリングするために，IT担当者と会合をもつ。
- 財務報告に係る内部統制にとって必要な専門能力に対し，従業員の異動がどのように影響を与えるかについて識別し評価するために，人事担当者と会合をもつ。
- 法律および規制の改正についていくために，弁護士と会合をもつ。

本原則の適用事例

▼複数の部門にまたがるリスクの分析
　　　業務プロセスの包含
　　　担当者の包含
　　　ITの包含
　　　適切な階層の経営者の関与
　　　内部と外部の諸要因の検討
　　　発生可能性と影響度の見積り

　1億2,000万ドル規模のある消火器製造会社のCFOは，マーケティング，製造，IT，人事および総務の各部門の責任者を招集し，部署ごとにリスクの評価を実施した。リスクには，財務報告に対する潜在的な影響度および発生可能性に基づいて，1から5までのランク（1はリスクが最小で，5はリスクが最大であることを表わす）を付けた。リスクの分析は，リスクの順位と順位づけに影響を与える要因とともに特定のリスクを概説する図表の形で文書化された結果をもとに，作業部会での議論という形式で行う。たとえば，収益の認識に関するリスクの情報は，以下のとおりであった。

- 収益がGAAPに準拠して認識していない可能性がある
- リスクの順位＝5
- リスクの順位づけに影響を与えた要因：
  - 収益の認識に関する規則の複雑性
  - 売上取引を記録する担当者の知識の程度
  - 販売促進および割引に関する取引の複雑性
  - 非常に高い売上目標
  - 奨励金とボーナスによる給与体系
  - 支援システムの限界

▼第三者に外注した業務に関するリスクの分析
　　　業務プロセスの包含
　　　ITの包含

Ⅱ．リスク評価

　ある金属商社は，会社の給与および従業員給付について分析した際，第三者であるサービス業者が維持管理する従業員データの網羅性および正確性に関するリスクを認識した。認識したリスクには，たとえば，給与担当者によるデータの漏れがあるまたは正確性に欠ける処理につながる，有効でないデータ入力手続に関するリスク，あるいは，虚偽表示のある財務報告をもたらす可能性のある，不誠実な従業員による不正な行為に関するリスクなどがあった。

▼ITに関するリスクの分析
　　業務プロセスの包含
　　ITの包含

　ある酒類製造・販売業者には3名のIT支援担当者がおり，リスクの評価は，財務報告のプロセスを支援するソフトウェアの数と複雑性に応じて実施している。このような方法により，経営者が財務報告においてどの情報システムに依拠するかを決定することができる。新しいシステムを導入する場合，または，既存のシステムに大規模な変更を加える計画を行った場合には，同社では，以下のような手順を踏んでいる。

1．IT担当の管理者は業務プロセスの責任者と，ITプロセスに関するリスクを検討するために会合をもつ。会合では，財務報告のプロセスにおいてソフトウェアのデータをどのように利用しているかについて互いに理解し，不正確または不完全な処理のリスクを識別し，さらに，コンピュータの業務処理統制または関係するユーザーによる統制手続を強化する必要があるかどうかについて判断するために，コンピュータによる既存の全般統制について検討している。
2．IT担当の管理者は，関係するソフトウェアを業務システム，データベースおよび支援ITのプロセスに配置し，固有リスクならびに必要な改善点について検討している。
3．IT担当の管理者は効率性を上げるために，手動による統制手続を自動によるものに変える方法をレビューしている。

▼財務報告リスクの再評価を促す仕組みの設定
　　業務プロセスの包含
　　ITの包含
　　再評価の作動

　ある技術関連部品製造会社の経営者は，財務報告のリスクを再評価する必要性を促す規準を設定した。この規準では，報告に対する新しい規制事項，業界内における実務の変化，および社内における大規模な変化に関連するリスクを対象としている。その中には，以下のようなものも含まれる。

- 社内における，IT関連の大規模な変化（たとえば，大規模なシステム変更あるいはシステムの一部の変更）
- 収益，粗利益および／またはコスト要素を中心とする財務業績の変化
- 主な部門責任者の交代（たとえば，研究開発部門，製造部門，製品品質管理部門の責任者または主要担当者の退職）
- 大規模な会計基準の改訂
- 合併，買収，デリバティブの使用など，複雑な会計規定が関わる事項

このような変化のいずれか1つでも発生する可能性があれば，各部門の責任者は「予測」シナリオを作成し，リスクを軽減するための是正措置を設ける必要がある。

▼財務諸表上の主な勘定科目に関するリスク評価
　　業務プロセスの包含
　　内部と外部の諸要因の検討

　ある海洋品卸売会社の経営者は，財務諸表上の主な勘定科目および開示項目に関わるリスク要因を検討することで，財務報告の目的の達成に係るリスクを認識した。リスクの認識および分析のプロセスでは，不正のリスクも含め，定量的および定性的な要因の両方を検討した。その際に分析した要因は以下のようなものである。

- 財務諸表への影響度―財務報告の目的に対する潜在的な影響度を測るために，定量的な方法で測定している。すなわち，各勘定科目は，総資産や総

収益といったそれぞれの分類項目にしたがって評価されている。5％未満の勘定科目についてはリスクが低いと考えられるが，5％以上10％未満のものは中程度のリスクがあるとされ，さらに，10％以上の勘定科目は高いリスクがあると判断される。下位の勘定ごとにリスクが異なる場合，経営者はその水準でリスクを検討し，また，勘定科目によってはリスクが低く測定される可能性も考慮することになる。

- 勘定科目の性質―経営者は，ある勘定科目に関する取引の量，必要とされた判断事項および会計方針の複雑性といった，内部の要因について検討している。また，経営者は，経済状況，競争環境，所属する業界の状況，規制の状況，政治的要因，各勘定科目に影響を与える新しい法規，および技術，仕入先，得意先の需要または債権者の条件についての変化といった外部要因についても検討している。
- 業務プロセスの性質―経営者は，財務諸表の各勘定科目に関わる取引をもたらす業務プロセスについて認識し，業務プロセスの複雑性，権限の集中および分散の程度，業務プロセスを支援するITシステム，業務プロセスにおける変更の内容または新たに追加した業務プロセス，ならびに，納入業者，債権者，株主または得意先など外部関係者との情報交換といった要因について考慮している。
- 不正のリスク―疑わしい勘定科目については，経営者は不正による虚偽表示のリスクについて評価している。
- 全社的レベルの要因―経営者は，企業活動の性質，資産を従業員が利用できる程度，担当者の人数と能力，担当者に提供した研修の内容，情報システムの変更内容，および，主な担当者または責任の変更といった大規模な変更内容のような全社的レベルの内部要因について検討している。これらの要因は，勘定科目の性質，業務プロセスの性質および不正のリスクに与える影響との関連で検討されている。

▼リスクの順位づけの利用
　業務プロセスの包含

再評価の作動

　ある医療機関の経営者は，関連するリスクについて指標となるような順位づけのシステムを構築し，その順位を，どの業務プロセスに対してより詳細に注意しなければならないかを判断するために利用している。また，財務報告上の経営者の主張に関連する勘定科目について適合性も考慮に入れている。順位づけは，以下のように行っている。

- 高い―より詳細な文書化を必要とする重要な業務プロセス。文書化の中には，主要なリスクとリスクを軽減する統制手続について記述したリスク・コントロール・マトリックスも含まれる。プロセス・マップおよび記述による説明書も，取引の流れを説明し，統制手続のポイントを識別するために作成する。各統制手続は，予防的または発見的，手動またはコンピュータ制御とに分けられる。統制活動を適用するにあたって従業員の指針となる方針および手続が特定される。
- 中程度―経営者が文書化を行う業務プロセス。文書化の中には，主要なリスクと，リスクを軽減する統制手続について記述したリスク・コントロール・マトリックスも含まれる。プロセス・マップおよび記述による説明書は，高い水準で適用可能な場合に作成される。方針や手続も特定されるが，やや要約したものとなる。
- 低い―最小限の文書化のみを必要とする業務プロセス。中心となる方針，手続および適用可能な統制手続のみを設定する。

　これらのリスク評価情報は定期的に更新する。IT担当の管理者は財務報告の担当者と月1回会合をもち，財務報告に関係する各部署におけるプロセス，変更点およびプロジェクトについて議論する。また，会合は，チームのメンバーの更新とプロセスに対する問題や変更点についても議論するために利用される。さらに，経営者は外部の顧問弁護士と四半期ごとに会合をもち，財務報告に影響を与える可能性のある外部規制の改訂点すべてについて，その内容を議論している。

原則10　不正リスク

不正に起因する重要な虚偽表示の可能性が，財務報告目的の達成を脅かすリスクを評価する際に明示的に検討されている。

本原則の属性

動機およびプレッシャーの検討―経営者の不正リスクの評価においては，不正を犯す機会とともに，不正を犯す動機・プレッシャー，姿勢および正当化が検討される。

リスク要因の検討―会社の評価において，誰かが不正を犯す可能性および不正が財務報告に及ぼす影響度を左右するリスク要因を検討している。

責任および説明義務の設定―不正に対する方針と手続に係る責任および説明義務は，リスクが存在する事業単位または業務プロセスの管理を伴う。

本原則の適用方法

▼報酬制度に関連する動機およびプレッシャーについてのレビュー
　　動機およびプレッシャーの検討

　取締役会および経営者は，従業員が不正に関与する潜在的な動機およびプレッシャーを識別するために，会社の報酬制度および業績評価のプロセスをレビューしている。このレビューでは，財務報告に基づく目標の達成または未達成によって，従業員の評価，報酬および継続的研修がどのような影響を受ける可能性があるかについて検討している。

▼不正リスクの評価の実施
　　リスク要因の検討

　経営者は，不正および違法行為が起きるさまざまな場合を識別するために，不正リスクの包括的な評価を実施する。その際，以下の点を検討している。

- 所属する業種および市場において共通認識となっている不正への対応策および不正のシナリオ
- 事業を展開する地域
- 経営者からの影響を大きく受ける，例外的または複雑な取引
- 自動化の性質
- 財務報告における見積りおよび判断の程度
- 帳簿締切直前の取引
- 経営者による内部統制の無視に対する無防備さおよび現状の統制活動を回避する企ての可能性

これらの点を検討することにより，経営者は不正が起きる可能性のある領域，不正の発生可能性およびその潜在的な影響度について情報に基づいた評価を下すこととなる。

▼統制手続を回避するまたは無機能化する方法の検討
リスク要因の検討

不正に対処することを目的とした全社的レベルの統制手続の整備状況および運用状況の有効性について識別，評価および調査する際，経営者は，不正を予防または発見するために設けた統制手続を，どのように回避あるいは無視しようとするかについて検討している。

▼ITツールの活用
リスク要因の検討

実用的な場合，経営者は不正のリスクを識別し管理するために，セキュリティ・システム，不正発見のツール，モニタリングのツール，および不正リスクを管理するための事象追跡システムといった，ITツールを活用している。

▼不正の調査プロセスおよび是正プロセスの設定
責任および説明義務の設定

経営者は，事象の調査および是正のための体系的なプロセスを構築する。調

査の役割および責任は明確に示され，また，このプロセスには，経営者が重要な不正について報告できるようにするための追跡システムもある。

▼内部監査における不正リスクの検討
　　リスク要因の検討
　　責任および説明義務の設定

　内部監査部門の責任者は，不正リスクの評価結果を内部監査の監査計画に取り込む。経営者，内部監査の監査計画が関連するリスクに対処することをレビューし，確認している。

本原則の適用事例

▼不正または誤謬による売上計上の発見
　　動機およびプレッシャーの検討

　3ヶ所の事業拠点を有するある自動車ディーラーは，毎月販売した乗用車数に基づいて従業員に報酬を支払う。ここでは，最も高い売上をあげた販売員には賞与を支給している。また2ヶ月続けて売上が最下位だった販売員は，解雇される。こうした報酬体系により，従業員が虚偽の売上を行い，その売上をあとの期に入ってから計上するという事態が起きた。このようなリスクを軽減するために，以下のようなことを実施した。
- 管理者が，不適切な報告の兆候として，毎月初めと最後の5日間に記録された売上すべてをレビューする。
- すべての販売員は，会社の方針を理解し，売上高をシステムに適切に入力をした旨，毎年文書に署名をしなければならない。
- 監査手続のなかでも，特に売上仕訳を抜取りレビューすることを監査人と契約した。

　経営者は正確かつ適時な報告をより一層評価しうる立場にあり，賞与の内容を再計算することもあるし，場合によっては販売員を解雇することになる。

▼造船業における賄賂の防止
　　動機およびプレッシャーの検討
　　リスク要因の検討

　従業員750名を有するある造船業者では，軍艦および商用船舶の修理，改造および建設を行っている。同社が適用を受ける賄賂禁止に関する法令へのコンプライアンス状況の評価を容易にするために，同社の倫理方針では，何が賄賂にあたるか，また，贈答品の授受や，政府関係者などの得意先との個人的関係のうち何が容認され何が容認されないのかといった点について厳格かつ明瞭に記述している。同社では匿名で通報できる倫理ホットラインを設置して，従業員に対し，不正の疑いのある事項については，その報告書を直接，上級経営者に提出することにより，同僚が倫理方針に抵触した可能性があればすべて報告することを促している。すべての従業員は，採用時および年1回，会社の倫理方針を遵守している旨，署名しなければならない。

▼小売業における商品券の不正の防止
　　動機およびプレッシャーの検討
　　責任および説明義務の設定

　注文仕立ての洋服，アクセサリーおよびスポーツ・ウェアに特化しているある紳士服店チェーンの経営者は，顧客に商品券を提供している。あるとき同社では，店舗の販売員が顧客に無価値の商品券を販売し，本物の商品券を横領していたという事態を発見した。この不正に対処するために経営者は，店舗の販売員が商品券に関する取引をすべてレジに記録し，店長が取引について電子的に署名をする，という方針を導入した。署名をした旨の証拠は店長が保存し，毎月，CFOに提出している。

▼消費者金融業における不正の報告および調査
　　責任および説明義務の設定

　従業員160名を擁するある消費者金融業者では，不正の疑いのある事項を報告し調査するための標準化プロセスを設定した。同社には内部通報ホットライ

Ⅱ．リスク評価

ンがあり，このホットラインを通して，従業員は不正の疑いのある事項を報告している。通報に対しては，ホットラインを管理する外部の業者がまず審査し，次に3名からなるチームが調査をしている。この調査チームはコントローラーが監督している。コントローラーは調査状況を，本社にある事件管理システムを通して管理しており，このシステムでは，四半期ごとに最高経営層および監査委員会宛てに定期状況報告書を作成している。

ガイダンス篇

Ⅲ. 統制活動

　統制活動は，財務報告目的の達成を脅かすリスクを軽減するために，企業のさまざまな階層で実施される。

　高度かつ全社的なレベルで，経営者は実績を予算や予測と比較し，財務報告の内容をレビューし，業務および財務に関する業績指標を検討する。広範囲の統制手続によって，中小規模企業の経営者は，企業経営を行う上でこのようなタイプの報告を効果的に利用し，業務レベルの統制活動の運用に係る不備と，注意を要する事業上の変化を明らかにすることができる。経営者によって遂行される活動の中には，統制活動とモニタリング活動の両方に資するものがあり，統制活動の有効性を評価する際，利用者は第6章にあるモニタリングに関するガイダンスを検討したいと考えるであろう。

　高度かつ全社的なレベル以外の組織のさまざまな階層で，業務プロセスにおける手続によって情報は取り込まれ，会社の勘定に記録される。中小規模企業の統制活動は，上級経営者が直接他の従業員に伝える伝達経路に依存する場合が多い。経営者は，財務報告目的を支援する必要性に応じて，IT統制の構築も行う。職務分掌能力が資源の制約によって損なわれている部分では，多くの中小規模企業が目的の達成のために補完統制を利用している。

以下の4つの原則が統制活動という構成要素に関係する。
11. **リスク評価との統合**—財務報告目的の達成を脅かすリスクに対応するための措置が講じられている。
12. **統制活動の選択と構築**—統制活動は，財務報告目的の達成を脅かすリスクを軽減させるにあたっての費用と潜在的効果を検討した上で，選択され，構築されている。
13. **方針および手続**—信頼しうる財務報告に関する方針が，対応する手続とともに設定され，全社に伝達されることで，経営者の指示が実行されている。
14. **IT**—ITによる統制手続は，適用可能な場合には，財務報告目的の達成を支援するために整備され，運用されている。

　第3部に掲載されている追加的な具体的ガイダンスとともに，原則の運用またはその適用の評価において有用なガイダンスは，本章において後述されているとおりである。

原則11　リスク評価との統合

財務報告目的の達成を脅かすリスクに対応するための措置が講じられている。

本原則の属性

リスクの低減—統制活動はリスクに対応し，これらが財務報告目的に及ぼす潜在的影響度を低減している。

会社の総勘定元帳への記帳におけるすべての重要なポイントの検討—統制活動は，会計上の見積りや決算修正仕訳や締切記入を含む記録プロセスのあらゆる局面に関連するリスクを検討している。

ITの考慮—統制活動の選択にあたっては，関連するIT統制のリスクにまで及んでいる。

本原則の適用方法

▼全社的統制の検討
　　リスクの低減
　　会社の総勘定元帳への記帳におけるすべての重要なポイントの検討

　経営者は，統制活動が識別されたリスクへの対応に十分であるかどうかを検討する際，会社全体に浸透する全社的統制を検討する。それによって経営者は，どのプロセスが追加的なより詳細な統制手続を必要とするかについて，より見識のある決断を下すことができる。（全社的なものと詳細なプロセスに係るものの両方を含む）統制活動は，誤謬や不正が起こりうる部分，および個別にまたは全体として，同種の処理を進めるなかで財務報告目的に悪影響を及ぼすリスクの属性を考慮したものとなっている。

▼統制の識別および評価のための研修の利用
　　リスクの低減

　特定された財務報告の目的に係るそれぞれのリスクに対する適切な統制活動を識別するため，また，その統制活動の適切な実施について従業員を訓練するため，経営者は研修を利用している。

▼統制の識別および評価のためのマトリックスの利用
　　リスクの低減

　経営者は，財務報告目的の達成に向けて，リスクを低減するために必須とされる追加的統制の必要性を評価する「ギャップ分析」を実施するため，各業務プロセスにおけるリスクの評価および統制の整備のプロセスにおいて設定されたリスク・コントロール・マトリックスを利用している。

▼統制の識別および評価のための統制一覧の利用
　　リスクの低減

　経営者は，財務報告に対する具体的なリスクの代表的なものを列挙した統制の一覧を示すソフトウェアを利用している。業務プロセス別の一般的な統制に関して，あらかじめ用意された一覧を利用することは，関連する統制活動の識別，実施，および検証を容易にするものである。

▼SAS70報告書の利用
　　リスクの低減
　　ITの考慮

　財務報告機能のすべて，あるいは一部を外部委託するとき，CFOは，SAS70のタイプⅡ報告書を入手するか，第三者の外部受託業者が行う業務の重要な取引の開始，記録および処理に関する統制の評価手続を行っている。

本原則の適用事例

▼会計上の見積りおよび修正仕訳リスクと統制に焦点を当てること
　　リスクの低減
　　　会社の総勘定元帳への記帳におけるすべての重要なポイントの検討

　2億2,000万ドル規模のあるスポーツ用品製造会社は，リスク評価プロセスと関連して，財務報告目的，関連する会社側の主張，識別されたリスク，および，統制活動を並べたスプレッドシートを作成した。この取組みにおいて，総勘定元帳の保全，見越額，経営者の見積りや引当，期末決算手続，連結手続，財務諸表作成，規制当局への提出書類と開示について検討した。経営者は，信頼しうる財務報告のために適切なレベルへリスクを低減する統制活動の妥当性を検討する際，統制活動（発見的統制か予防的統制か，自動化された統制か手作業による統制か，誤謬か不正か）の類型をレビューする。リスクおよび統制は，経営者やその他の者がその有効性を評価できるよう十分詳細に説明されている。

▼共通する統制活動に関するテンプレート使用
　　リスクの低減
　　ITの考慮

　医療用品とサービスを提供する市場時価総額7,000万ドルのある会社は，人的資源活動に関連して，共通するリスクおよび統制活動に関するテンプレートを利用している。経営者は，共通する統制活動のリストをレビューし，事業に適した方針および手続を構築するために，それらをリスク評価において識別されたリスクに関連づける。また，経営者は，従来は把握されていなかったあらゆる潜在的リスクを識別するため，および，必要であると考えられた追加的統制活動の実施のためにテンプレートを利用している。

▼給与支払手続の代行業者からのSAS70報告書の利用
　　リスクの低減
　　ITの考慮

III．統制活動

　有機栽培製品の包装と販売を行う従業員250名のある会社は，給与支払処理に代行業者を利用している。代行業者は，監査人との間で，取引の開始，処理，記録について監査し，SAS70のタイプⅡ報告書を発行する契約を結んでいる。会社は報告書を入手し，統制の目的，手続，および検査結果がニーズに合致しているかを検討する。なぜなら報告書は6ヶ月間のみを対象としており，かつ，会計年度の最後の3ヶ月間は対象としていないため，経営者は直接代行業者に連絡し，プロセスのあらゆる変更について尋ね，関連する情報を得るのである。結果に応じて，会社は3ヶ月間の情報に関連した給与支払のレビューを延長し，または代行業者の同意を得て監査人と監査範囲を拡大する契約を結んでいる。

原則12 統制活動の選択と整備

統制活動は，財務報告目的の達成を脅かすリスクを低減させるにあたっての費用と潜在的効果を検討した上で，選択され，整備されている。

本原則の属性

活動範囲の検討—統制活動には，状況に応じて費用と効果の点で異なるさまざまな活動がある。これらは承認，権限，確認，照合，事業の業績評価のレビュー，資産の保全および職務の分離を含んでいる。

予防的・発見的統制の包含—経営者は，財務報告目的の達成に対するリスクを低減するため，予防的統制および発見的統制，ならびに，手作業による統制および自動化された統制をバランスよく利用している。

職務の分離—職務は，リスクを低減し財務報告の目的を満たすように，要員やプロセスで論理的に分割されている。

費用対便益の検討—統制を代替的な選択肢から選ぶ際，経営者は，統制の改善によって予想される便益と統制活動の費用とを比較して検討している。

本原則の適用方法

▼同時に実施できない活動の分離
　　活動範囲の検討
　　職務の分離

　経営者は，異なった担当者への割当て，またはITアプリケーションの実行を通して，同時に実施できない活動を切り離している。たとえば，ITはデータまたはプログラムへのアクセスを制限するために使用され，その結果，職務の分離を推し進めたり，または，データまたはプログラムへのすべての未許可のアクセスを発見するために使用されている。

Ⅲ．統制活動

▼アクセス制限が実効的でない場合のモニタリング
　　活動範囲の検討

　会計帳簿へのアクセス制限を設けることが実効的ではない場所では，経営者，プロセス管理者，または内部監査人が，潜在的虚偽表示に備えて，詳細にそれらの記録を監視している。

▼SAS70報告書の提供
　　活動範囲の検討
　　費用対便益の検討

　経営者は，業務の一部を第三者に委託しており，その第三者は，契約上，関連する統制業務について報告する義務を負い，監査人によるSAS70報告書を提供している。

▼さまざまな統制方法の費用対便益の評価
　　予防的・発見的統制の包含
　　費用対便益の検討

　経営者は，さまざまな統制方法を使用することで識別されたリスクに対処するコストを評価し，それぞれのリスクを低減する統制の有効性とコストとを比較秤量している。経営者は，手動および／またはITに基づく予防的または発見的統制の適切な組合せによる統制の整備に焦点を当て，それらの統制に係る相対的な費用対効果を検討している。また，経営者は，各プロセスに関して，統制手続の組合せが財務報告目的を達成するためのリスクが適切に低減されるという合理的保証を提供するかどうかを確認している。

▼同時に遂行できない機能の識別のための組織図の利用
　　職務の分離

　経営者は組織図，業務プロセスのフローチャートまたは活動が文書化された他の手段の利用により，すべての両立しえない機能を識別し，そして適切な職務の分離を保持している。文書は最新の履行責任と活動を反映するように定期

的に更新される。

▼補完的統制の検討
　　職務の分離

　経営者は，資源の制約が財務報告目的を効果的に達成するための職務分離機能を損なう場合，虚偽表示の識別を可能にするように，十分詳細かつ適時に作成される報告書の周期的レビューといった補完統制を検討している。

本原則の適用事例

▼資産の保全のための予防的および発見的統制の利用
　　活動範囲の検討
　　予防的・発見的統制の包含

　ある貴金属採掘会社は，相当量の金を倉庫に保管している。その会社は金の在庫への未承認アクセスに対し，3段階の防護策を設計した。まず，予防的統制として，金は二重に施錠された金庫に保管され，加工担当の管理者と製造担当の管理者のみが，それぞれ組合せ錠の片方をもっている。2つ目は，これも予防的統制として，金庫は，金を入れ保管するためのみに使用される別の部屋に設置され，部屋へのアクセスは採鉱担当の管理者，生産担当の管理者，加工の管理者および採鉱保安担当の管理者に制限された。3つ目は，発見的統制として，金庫から出し入れしたすべての金は，検量し記録され，記録は採鉱担当の管理者の統制下に置かれる。さらに，金は毎週および各財務報告期末に，鉱山から金を出荷する前に内部監査人によって検量と記録との照合が行われる。

▼現金支払業務の分離
　　職務の分離

　数名の従業員で経営するレストランとパン屋の経営者は，記帳プロセスと現金支払業務を分離する最良の方法を検討していた。経営者はすべての小切手にCEOとCFO両者の署名を必要とすることを決定した。小切手を作成し支出を記録する者は，銀行の取引明細を開封することも照合することもなく，これらの

Ⅲ．統制活動

手続は他の者によって行われる。これに似た問題を抱える他の会社では，小切手に電子署名を印刷するソフトウェアを導入した。その会社のCEOとCFOは，システムに保留されている支払に対し，小切手作成前にレビューと承認を行うことが要求されている。

▼在庫へのアクセスの分離
　　職務の分離

　モダンデザイン家具と装飾品を総合的に取り扱うある業者は，施錠できる倉庫に，家具を組み立て，修理し，再仕上げする際に使用する材料および部品を保管している。その会社は倉庫へのアクセスと関連する会計記録とが分離されておらず，在庫が紛失したり横領されたりして発見されないリスクとなっている。補完統制として，材料と貯蔵品は定期的に無作為抽出検査され，購買担当の管理者により会計記録と照合され，取引の記帳と勘定残高に関連した修正を行う権限は，倉庫へアクセスしない個人に限定する。これらの補完統制は，在庫残高が正確に記録される合理的保証を経営者に提供している。

▼購買へのアクセスの分離
　　活動範囲の検討
　　職務の分離

　消費者用と工業用の光学製品を供給している1億ドル規模の製品の設計者，製造者，供給者は，購買部門に5,000ドルを上限とする購入依頼書作成の権限をもつ2人の社員を擁している。仕入先にこれらの購入依頼書が送られる前には注文内容がレビューされないため，過失による誤りや意図的な行為によって，在庫評価の誤り，陳腐化または発送ミスによる数量不足をもたらすリスクが存在している。リスクを受容可能な水準まで低減させるために，経営者は他の社員による以下の行動の組合せに頼ることとなる。

- 陳腐化を招く過剰注文のような異常な在庫の動きを評価し，文書化し，経営者に報告する検収係
- 在庫のすべてのレベルで文書化と追跡を行い，陳腐化のリスクを軽減する

ガイダンス篇

在庫係
- 総額が支払われる前に購入依頼書および納品書を請求書と突合し，発送ミスによる誤りのリスクを軽減する支払係
- すべての商品購入に関して，現在の平均コストより15％以上高い例外報告をレビューするコントローラー

これらを同時に実施することで，これらの統制によりリスクが受容可能な水準にあるという経営者の評価に至っている。

▼固定資産へのアクセスの分離
職務の分離

従業員340名の情報記憶装置を供給するある会社は，コンピュータとネットワーク設備からなる固定資産を所有している。会計係によって記録された，相当数の固定資産の取得，除却，および処分の取引記録がある。会計係は取引をスプレッドシートを使った資産台帳に記録し，関連する記帳を総勘定元帳に転記し，毎月2つの帳簿を照合する。職務の分離の欠如がもたらすリスク―固定資産の盗難と，プロセスにおける正確性あるいは完全性における誤謬または不正に関連するリスク―に対応するため，コントローラーは記帳を無作為に検査し，月次の照合をレビューする。また，コントローラーは設備投資支出と固定資産の変化の概略の予算対実績の分析を行い，業務活動について知っていることと異なる部分について質問する立場にある上級業務担当管理者に月次報告として提出している。これらの補完統制は，関連するリスクを十分に低い水準まで低減させるものである。

▼費用と効果の均衡
費用対便益の検討

海上輸送設備を鉱油や石油産業に供給するある業者は，四半期末に相当数の在庫を保有している。その会社は，仕入を追跡し，新しい装置が完成する際に完成品に費用を配賦する簡素な会計システムを保有している。会社のリスク評価プロセスの一部として，経営者は，在庫プロセス内におけるリスクと，財務

Ⅲ．統制活動

報告の信頼性への潜在的な影響度をレビューしている。記録されている在庫の数量が手元の量を反映しないリスクを低減するための対応として，経営者は，年4回，広範囲に在庫の棚卸しを行い，あるいは代替手段として定期的に循環棚卸の実施の厳格なプロセスを検討した。経営者は周期的な循環棚卸はリスクを受容可能な水準まで低減させるであろうという結論に至った。

ガイダンス篇

原則13　方針および手続

信頼しうる財務報告に関する方針が，対応する手続とともに設定され，全社に伝達されることで，経営者の指示が実行されている。

本原則の属性

業務プロセスとの統合—統制活動は，業務プロセスと従業員の日常の活動に組み込まれている。

実施責任と説明責任の設定—方針と手続の実施責任と説明責任の所在は，関連するリスクが存在する業務単位または業務機能の管理者にある。

適時な実施—手続は適時に行われている。

思慮深い実施—手続は業務全体にわたって思慮深く，誠実にかつ一貫して実施されている。手続は，機能，部署およびプロセスレベルにおいて生み出された属性に加えて，上級経営者のレベルで設定された方針も反映している。

例外事項の調査—手続を実施することで識別された諸条件は調査され，適切な措置が講じられている。

定期的な再評価—方針と手続は，引き続き妥当なものであるかを判断するため，定期的に見直されている。

本原則の適用方法

▼方針と手続の設定と文書化
　　実施責任と説明責任の設定
　　思慮深い実施
　　例外事項の調査
　　定期的な再評価

　経営者は，言葉による説明，フローチャートおよびコントロール・マトリックスといったさまざまな形式を用いて，すべての重要な財務報告に関連する活

Ⅲ．統制活動

動に対する方針と手続を設定し，文書化する。経営者は，下記の事項を含む方針に対して標準化された形式を設定している。
- 方針の根拠や目的
- 方針を適用する場所，組織単位，プロセス
- 方針の所有権，作成，実施，履行，維持に関する役割と責任
- 方針が扱う事項
- 方針の例外に対する手続の拡大
- レビューの日程

▼予防的統制と発見的統制の検討
　　業務プロセスとの統合
　　適時な実施

　経営者は，予防的統制と発見的統制の両方を各プロセスに導入し，統制活動を記録し，伝達するために，プロセス・マップ，言葉による説明，スプレッドシート，またはその他の手段を利用している。

▼全社的適用のための方針の設定
　　実施責任と説明責任の設定
　　思慮深い実施

　集中管理によって，行為規範，権限の委任，資産の保全といった分野に対して全社的に適用する方針が設定されている。追加的に，経営者は全社的方針を支援し，それに沿う事業単位レベルでの方針を設定している。

本原則の適用事例

▼方針を文書化するためのテンプレートの利用
　　業務プロセスとの統合
　　実施責任と説明責任の設定
　　適時な実施
　　例外事項の調査
　　定期的な再評価

ある天然ガス会社は，方針を形式化するために標準化されたテンプレートを使用している。同社の与信および回収の方針は以下の事項を対象としている。

- 目的―企業間信用を一般の顧客に拡大する際に利用される必要な借入申込書と承認審査のプロセスを概説している。
- 場所―すべての地域や事業単位にわたって全社的に適用される方針の地理的な境界を具体化している。
- 主要な対策―方針は，借入申込書の提出から与信の承認と与信限度の承認までの各ステップを扱っている。
- 役割と責任―完了までの時間枠を含む借入申込書と承認審査のプロセスにおける，すべての役割と責任が示されている。これには営業担当（借入申込書を提出），信用調査担当（信用調査を実行し，与信限度を提言），コントローラー（信用調査の内容をレビューし，与信限度を承認）および顧客サービス担当の管理者（顧客ファイルに与信限度を記入）が含まれる。これらの責任が同じ人物によって履行される場合，業務単位または業務部署を統率する管理者は，そうした責任がどう分離されるべきか，または，補完統制を設置すべきかを検討する必要がある。
- 例外に対する手続の拡大―与信方針に対する例外措置の要求は，特定の基準額に応じてコントローラー，CFO，CEOまたは取締役会へと上げられなければならないということを明らかにしている。
- レビューの日程―低リスクの勘定よりも頻繁にレビューを必要とする高リスクの勘定に関する方針において，いつ方針がレビューされるべきか具体化している。

▼重要な業務プロセスの文書化と承認
思慮深い実施

ある企業向けメディアの会社は，重要な業務プロセスに関する方針を，方針書として正式に文書化した。その方針書は委員会が承認し，会社のイントラネットを通じて従業員へ伝えられる。この方針書は支出権限，収益認識，経費請求，行動規範，内部通報プロセス，固定資産の取得，減価償却および処分に対

応している。（リスク分析プロセスで評価された結果）危機的ではないが重要なリスクのある請求，配送，回収といったプロセスについて，手続と統制は経営者により承認され，リスク・コントロール・マトリックスに文書化される。

▼現金支出に関する方針
　　適時な実施
　　思慮深い実施

　ある健康管理と栄養補給の製品の販売業者は，支払いが行われる前に，すべての支出が適切に承認されていなければならないという方針を設定している。その方針によって，個人やグループの権限について承認の限度が設定され，会社のすべての階層で適用されている。500ドルを上限とした少額の現金支払を伴う取引は支払係によって承認できるが，支払額が高額な場合は，2,500ドルを上限としてコントローラーに，2万ドルを上限としてCFOに，10万ドルを上限としてCEOに，10万ドルを超える場合は取締役会によって，それぞれ承認されなければならないという方針が設定されている。

▼統制活動の文書化のためのソフトウェアの利用
　　業務プロセスとの統合
　　適時な実施

　ある国際的な受注処理会社は，「既製品の」ソフトウェアを利用して統制活動をフローチャート化している。フローチャートとそれに付随する記述による説明は以下の便益をもたらす。
- 統制手続の性質は，業務プロセスの背景として明確に記録される。
- 統制手続の実施に係る実行責任が示され，伝達を強化している。
- 統制の文書化は，それらの有効性を検査する基礎を提供している。

　次ページで提案されているフローチャートは会社の売上サイクルの一部を示している。

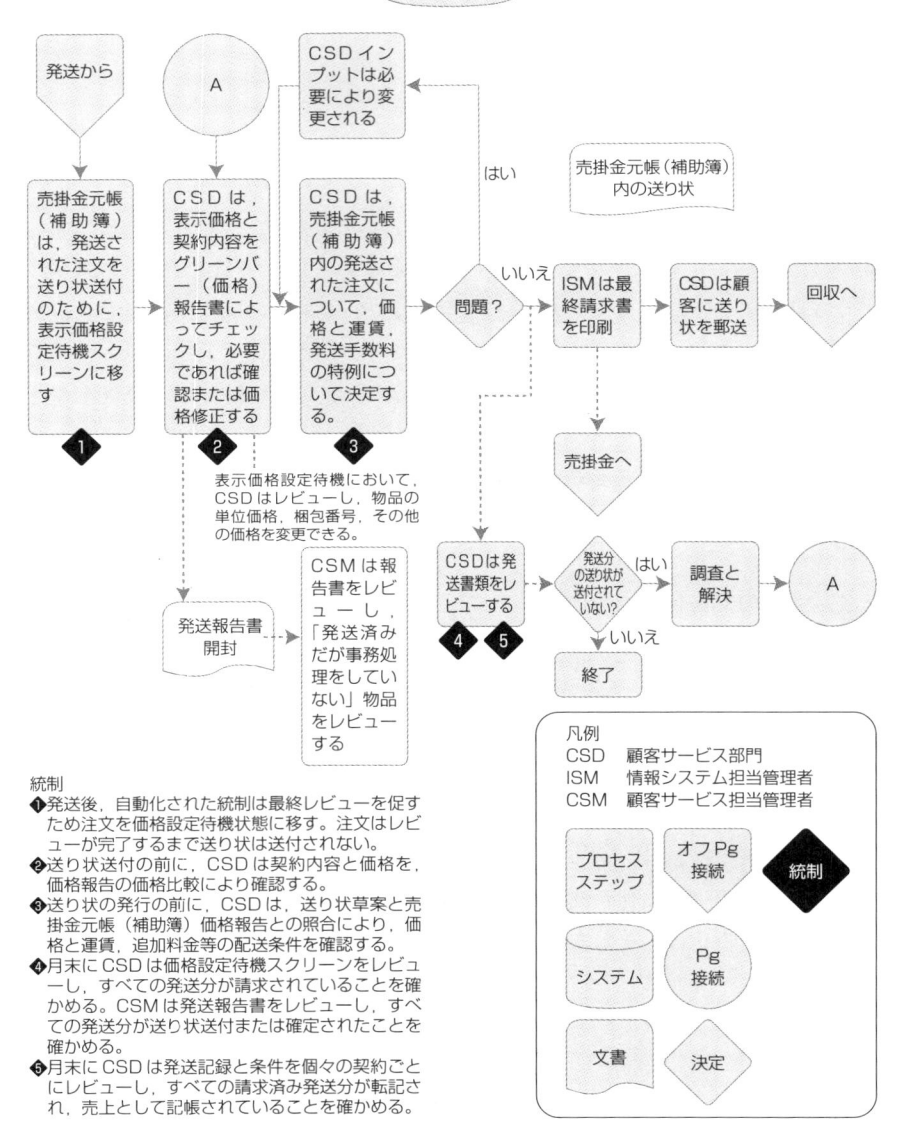

売掛金元帳（補助簿）

```
発送から
   ↓
┌─────────────┐
│売掛金元帳    │
│（補助簿）は，│
│発送された注文│
│を送り状送付の│
│ために，表示価│
│格設定待機スク│
│リーンに移す  │
└─────────────┘
      ❶
```

A → CSDは，表示価格と契約内容をグリーンバー（価格）報告書によってチェックし，必要であれば確認または価格修正する ❷

CSDインプットは必要により変更される

CSDは，売掛金元帳（補助簿）内の発送された注文について，価格と運賃，発送手数料の特例について決定する。 ❸

売掛金元帳（補助簿）内の送り状

問題？ — はい → （CSDインプット変更へ）
      └ いいえ → ISMは最終請求書を印刷 → CSDは顧客に送り状を郵送 → 回収へ

→ 売掛金へ

表示価格設定待機において，CSDはレビューし，物品の単位価格，梱包番号，その他の価格を変更する。

発送報告書開封 → CSMは報告書をレビューし，「発送済みだが事務処理をしていない」物品をレビューする

CSDは発送書類をレビューする ❹ ❺

発送分の送り状が送付されていない？
 ├ はい → 調査と解決 → A
 └ いいえ → 終了

統制

❶ 発送後，自動化された統制は最終レビューを促すため注文を価格設定待機状態に移す。注文はレビューが完了するまで送り状は送付されない。

❷ 送り状送付の前に，CSDは契約内容と価格を，価格報告の価格比較により確認する。

❸ 送り状の発行の前に，CSDは，送り状草案と売掛金元帳（補助簿）価格報告との照合により，価格と運賃，追加料金等の配送条件を確認する。

❹ 月末にCSDは価格設定待機スクリーンをレビューし，すべての発送分が請求されていることを確かめる。CSMは発送報告書をレビューし，すべての発送分が送り状送付または確定されたことを確かめる。

❺ 月末にCSDは発送記録と条件を個々の契約ごとにレビューし，すべての請求済み発送分が転記され，売上として記帳されていることを確かめる。

凡例
CSD　顧客サービス部門
ISM　情報システム担当管理者
CSM　顧客サービス担当管理者

- プロセスステップ
- オフPg接続
- 統制
- システム
- Pg接続
- 文書
- 決定

原則14

IT

ITによる統制手続は，適用可能な場合には，財務報告目的の達成を支援するために整備され，運用されている。

本原則の属性

業務処理統制の包含―業務処理統制は，
- コンピュータプログラムに組み込まれると同時に手作業による対応も行われる。
- 財務報告プロセスの誠実性に欠かせない情報処理の完全性と正確性を提供すべく設計されている。

コンピュータ業務全般の考慮―コンピュータの全般統制は，広範なものであり，アクセス，変更および事故管理に関する統制，システムの設定および配備，コンピュータ処理，データのバックアップと復旧，第三者たるベンダーの管理，ならびに，財務報告プロセスの誠実性に不可欠な論理的および物理的な保全を含んでいる。

エンドユーザーコンピューティングの包含―スプレッドシートおよびその他のユーザーが設定したプログラムを含む，エンドユーザーのコンピュータ・プロセスは，プロセスの誠実性を確保するために記録され，保護され，保存され，定期的にレビューされる。

　必要とされるIT統制の範囲は，財務報告を支援するプロセスとシステムについての経営者による識別と評価から導かれる。これらのITシステムの典型は，リスク評価の章で例示されているように，リスク評価プロセスの一部として識別される。一旦，関連するITシステムの範囲が決定されると，経営者はそれらのシステムの複雑性を検討することとなる。

▼複雑性

IT関連統制の性質は，トランザクション処理，ソフトウェアの設定およびそれに関連する要因の複雑性の程度を大いに反映するものである。

	複雑性が低い	複雑性が高い
トランザクション処理	処理とは，インプットの統制が迅速にシステムのアウトプットへと調整されることである。処理の信頼性はユーザーの手動による統制を経由して達成される。	トランザクションは演算，または，データやフォーマットを使用した処理の演算や操作により支配され，インプットがシステムのアウトプットに調整しえない複数の下位構造があることが多い。処理の信頼性は利用者の手動統制，IT全般統制と共に業務処理統制への組み込みを経由して達成される。
システム設定	いくつかの処理オプションが付属している簡易機能版や標準的なもの，オプションや統制をプログラム設定可能な，パッケージ化された会計ソフトウェア。信頼性は，ベンダーの選択およびパッケージの導入に係る統制を通じて達成される。	カスタマイズされたソフトウェア，または，企業の処理のニーズに合致させるために補強され，改良されたパッケージ・ソフトウェア。ソフトウェアは企業やユーザーのニーズの変化に応じて追加的な機能が提供されるなどの改良が必要になるであろう。信頼性はプログラムの設定と統制の変更を通じて，達成される。
接続性	外部ネットワークまたはインターネットへの接続性，またはその両方が電子メールアプリケーションに限定される。	送受信される取引データにおけるインターネットを含む外部接続への信頼性。
エンドユーザーコンピューティング	スプレッドシートは電子情報の保管場所として機能する。場合によっては，単純な公式を用いた簡単な演算を行う。	スプレッドシートは複雑な演算，評価と作成のツールを支援する。マクロの使用や，複合的スプレッドシートの連結を行うこともある。

▼複雑性の低いITの具体例

ある靴の小売業者は店舗の売上や在庫を管理するために，評価の高いパッケージ化されたシステムを使っている。そのソフトウェアは，すべてにおいて，

評判の良い一般的な帳簿システムに統合されている。帳簿システムは日々の支払や給与支払を含む報告および管理機能を遂行するものである。会社は，社内でこれらのパッケージ・ソフトウェアを相互作用するアプリケーションを開発することはなく，企業や構成員がパッケージ・ソフトウェアを改良する権限や能力をもっているわけでもない。

▼複雑性の高い情報技術の具体例

ある金融会社は，多くの複雑なシステム，複数のパッケージ・ソフトウェアをともに運営しているが，カスタマイズされたものや社内で開発されたソフトウェアが大多数を占めている。これらのシステムは複雑な演算を実行し，金利収入や歩溜まりの算出等のために外部データベースを利用している。

本原則の適用方法

下記のIT統制の区分は，統制の整備状況の検討，または，それらの有効性を評価するうえで有用であると思われる（最初の4つの区分はIT全般統制から構成される）。区分の説明に続く部分は，前述の複雑性の程度に基づいた方法を示している。

- システム開発―システムのデザインと実施の統制であり，システムが適切に開発され，設定され，承認され，生産へと移行する上で役立つ。
- システムの変更―システムの修正の統制であり，アプリケーション，支援データベース，オペレーティング・システムであっても，変更が承認され，適切に検査され，実施されるようにする（複雑性の低い環境においては，実施，訓練，日常的メンテナンスの容易さのため，変更とシステム開発の手続は，一緒に行われる場合が多い）。
- セキュリティーとアクセス―重大なアプリケーション，支援データベースおよびネットワークの統制であり，アクセス権限が適正か，データは適切に使用され，整備され，報告されていることを経営者が確かめる上で役立つ。
- コンピュータ業務―日常の業務の統制であり，処理のエラーや不適切事項

が適時に識別され，訂正されるようにする上で役立つ。
- 業務処理統制—アプリケーションに組み込まれた統制であり，関連するユーザーの手動による統制と同様に，取引の承認，妥当性および処理についての完全性および正確性を確保する。
- エンドユーザーコンピューティング—スプレッドシートや他のユーザーが開発したアプリケーションの統制であり，潜在的なインプット，ロジック，そして，インターフェースの誤りに対処する。

システム開発

複雑性の低い環境では，処理をめぐって一般的に重要な変更が行われることはほとんどなく，長期間，何ら変更を経験することがないかもしれない。オペレーティング・システムのパッチやパッケージ化されたアプリケーションの更新のみの変更にとどまるかもしれない。

▼複雑性の低い環境におけるシステム設定の適用
　　コンピュータ業務全般の考慮

複雑性の低い環境下において，経営者は新しいパッケージを選択している。そうしたパッケージでは，業務処理統制，セキュリティー機能，データ変換の必要性，検査，代替計画などが考慮されている。

　　コンピュータ業務全般の考慮
　　エンドユーザーコンピューティングの包含

複雑性の低い環境下において，経営者は，製品形態への変換作業も含む，更新のためのシステム変更の手続に依存している。一部のIT管理者は迅速に更新を実行するが，更新内にあるバグがエンドユーザーのコミュニティで活動しているかどうかをより良く評価するため，他の者はインストールを数ヶ月間待つのである。主要な更新が発行されると，更新が統制プロセスの包括的なシステム変更を目的としている場合，一般に，広範囲にわたる検証が一層必要となる。

▼複雑性の高い環境におけるシステム開発の適用
　　コンピュータ業務全般の考慮

　複雑な環境下においては，経営者はさらに，広範囲にわたるシステム設定の方針と手続を利用しており，財務報告に関するアプリケーションが，適切に統制された方式に則って，デザインされ，開発され，検証され，インストールされるようにする上で役立つものである。

変更管理

　変更管理の統制はソフトウェアのアプリケーション・プログラム，システム・ソフトウェア，データベース管理，ネットワークとセキュリティーの設定，および，業務計画を含むさまざまなITの問題に対処している。

▼複雑性の低いコンピュータ環境における変更管理の適用
　　コンピュータ業務全般の考慮

　アプリケーション，データベース，業務管理の変更は，適切な更新の導入に係る統制に限定されるであろう（その他の要素，たとえば，ネットワークのインフラはこれには該当しない）。
　パッチ管理のプロセスは，パッケージ化されたソフトウェアの更新，またはアプリケーションやシステムパッチを検証する第三者との契約に先立って検証することも含めて，利用されるかもしれない。詳細な検証のレベルは，変更の複雑性と性質により決まる。

▼複雑性の高いコンピュータ環境における変更管理の適用
　　コンピュータ業務全般の考慮

　複雑性の高い環境においては，業務からの要請またはITグループによる先導のもとに，多種多様な変更がなされるのが通例である。これらの環境下において経営者は，

- 有効な統制手続を伴う変更と事故管理プロセスの設定は，変更が適切に行われるようにする上で役立つものである。オペレーティング・システムの

変更と，ベンダーが発行するパッケージ化されたアプリケーションの更新は，効果的に統制された変更プロセスに従って実施されるのである。
- 企業がユーザー認証や，顧客の注文といったデータ受信のためにネットワークを利用する場合，報告目的が達成されるという点において，変更がいかに適切に行われたかを測定するために，適切な統制が必要とされる。

セキュリティーとアクセス統制

これらの統制はアプリケーション，システムソフトウェア，データベース，ネットワーク等の適切なITの要素を利用することを対象とするものである。

▼複雑性の低いコンピュータ環境におけるセキュリティーとアクセス統制の適用
コンピュータ業務全般の考慮

複雑性の低い環境下でのアクセス統制はネットワークへのアクセスとアプリケーション・ソフトウェアへのアクセスに焦点が当てられている。パッケージ化されたアプリケーション・ソフトウェアによって利用されるデータベースの技術はインターフェースとアプリケーション・ツールを使って保持される。アクセス統制はIT業務またはセキュリティー管理者によって監視されている。

セキュリティー管理者は，たとえば，
- 初期アカウントを利用不能にすることを含む，経営者により定義されたレベルにおけるアクセス権を付与し，維持している。
- アカウントを認証している。
- システムの初期パスワード，IT業務との共同によるセキュリティー・パッチの実施，不要な業務の停止を含む，全般的なシステムのアクセス統制を確立している。
- セキュリティーに関する問題をITの管理者と情報所有者へ報告し，監視している。
- 再認証を実行している。

Ⅲ．統制活動

▼複雑性の高いコンピュータ環境におけるセキュリティーとアクセス統制の適用
　　コンピュータ業務全般の考慮

　ユーザー認証および／またはデータ受信（例：顧客の注文）のためにネットワークを利用する複雑性の高い環境においては，ネットワーク統制が必要である。複雑性の高い環境において経営者は，
- 重要なアプリケーション，データベース，オペレーティング・システムとネットワークへの利用手段を保護している。
- 適切な識別と認証によって人員の認証を制限している。サーバー，電話，ネットワーク，電力供給設備は保護された部屋や棚で保管している。
- セキュリティーとプロセスの両方の問題についての報告を受け取り，レビューしている。そして，設置された問題追跡プログラムによって適切な個人を特定し，伝達している。

コンピュータ業務

▼複雑性の低いコンピュータ環境におけるコンピュータ業務の適用
　　コンピュータ業務全般の考慮

　複雑性の低い環境下においては，経営者は重大な財務データやプログラムをバックアップし，保持し，保管している。バックアップに用いられたメディアは企業内部および外部双方の保護された場所で保管される。バックアップ用メディアは復元可能性を確かめるために定期的に検査されている。

▼複雑性の高いコンピュータ環境におけるコンピュータ・オペレーションの適用
　　コンピュータ業務全般の考慮

　複雑性の高い環境下では，経営者はさらに，追跡事項をバックアップ目的で外部に移転させる，公式の承認プロセスを設置している。

　企業の経営者やITオペレーションにより，正規に，定期的にオペレーションの問題を報告するプロセスを確立している。問題点は是正措置を確定するために分析され，企業における影響度によって優先順位がつけられる。緊急の問題は，解決を図るため早急に最高経営層のトップへ上申されている。

業務処理統制

▼複雑性の低い環境における業務処理統制の適用
　　業務処理統制の包含

　経営者は，処理が認証されるかどうか，処理が正確に完全に進行しているかどうか，そして，不適格事項が収集され，究明されているかを確信するためのデータのインプットを統制している。

　ユーザーの行動を必要とする事項を適切に扱うための一助として，アウトプットの統制が実施されている。

▼複雑性の高い環境における業務処理統制の適用
　　コンピュータ業務全般の考慮

　複雑性の高い環境においては，経営者はさらに，コンピュータ・アプリケーションによるバッチ処理またはリアルタイムの処理のどちらかにおける，データの正確性，完全性，適時性に関してデータ処理統制を利用している。アプリケーション・プログラムおよび関連したコンピュータ業務に係る統制は，データがアプリケーションを通して正確に処理されているということや，処理している間にデータが付け加えられたり，削除されたり，改竄されたりすることはないとの判断を下すためにレビューされている。正式なデータの除外手続は，エラー処理のために存在し，そこでは，経営者は改善プロセスにおけるデータのすべての変更をレビューしている。

エンドユーザーコンピューティング

▼エンドユーザーコンピューティングのアプリケーションの識別と保全
　　エンドユーザーコンピューティングの包含

　スプレッドシートと他のユーザーによって設定されたプログラムを含む重要なエンドユーザーアプリケーションを識別している。重要なエンドユーザーアプリケーションは保護されたファイルサーバーに保全されている。永久データへの不注意または故意による変更を回避するために，データの誠実性はロック

業務の外部委託

▼外部委託された業務のレビュー
　　コンピュータ業務全般の考慮

　一部の企業は自社のIT管理について外部委託することを選択している。外部委託される業務は，コンピュータ業務，変更管理，セキュリティー，そして，アクセス統制に関連する業務を含むこともある。経営者は，重大な財務アプリケーションおよび／または情報技術の支援機能を主体的に担う，および／または，そのサポートを行う，重要な第三者のベンダーの全般コンピュータ統制をレビューしている。これらの統制はSAS70のタイプⅡ報告書のような独立した第三者のレビューと報告によって証拠づけられるであろう。

本原則の適用事例

　以下に示されているものは，これまでに述べられた6つの区分それぞれのための，1つまたは2つの具体的事例である。第3部には複雑性が低いIT環境と複雑性の高いIT環境の双方における追加的な具体例が含まれている。

システム設定

▼複雑性の高い環境における新しいソフトウェアの開発と実施の管理
　　コンピュータ業務全般の考慮

　ある農機具製造会社の経営者は，その在庫管理システムを社内で開発される新しいシステムと取り替えることを決定した。同社には，システムを開発し，検証するためのシステム・アナリスト1名とプログラマー2名しかいない。バージョン管理と生産への移行のための自動化コード促進ユーティリティが欠けてしまっている。この状況では，職務の分離に関連する適切な統制は，以下のように補完される。

● ユーザー担当の管理者とシステム・アナリストはシステムに求められる機能性とそれに伴うリスクを明確に識別した。

- １名のプログラマーは，ソフトウェアの開発の責任を負い，他のプログラマーは，改訂されたソフトウェアを検証し，生産へ移行するための責任を負った。
- IT担当の管理者はデザインやプログラミングをレビューし，以下の事項を含むプロセスの全体を管理した。
  - ・システムデザインの構成とコード化のレビュー
  - ・IT担当の管理者と同様に，ユーザー部門の担当管理者が実施した検証結果のレビュー。
  - ・開発環境におけるコード改訂の動き，そして，開発文書から検証環境へ，そして，生産への流れを追跡する。
  - ・システム・アナリスト，IT担当の管理者および実装中と実装後において処理を実行する担当者との厳格なレビュー。

変更管理

▼複雑性の低い環境におけるパッケージ・ソフトウェアへの変更管理
　コンピュータ業務全般の考慮

　従業員500名のあるプラスチック玩具製造会社は，帳簿システムのパッケージソフトウェアへの更新を提供する大手ベンダーに，以下の変更管理手続を行った。

- 変更とその理論的根拠，会社のセキュリティー環境への影響とユーザーのインターフェースへの影響についての説明を受ける。
- 更新が期待通りに機能しない場合の契約破棄制度の手続の概要を把握する。
- 編集および承認のルールが適切に機能すること，要求されたシステム機能が適切に稼動して要求どおりの結果を生むこと，望まない処理結果は防止されること，および，既存の技術的な能力が引き続き適切に機能することを検証する計画を策定している。
- 検証を実行し，結果を記録している。
- 変更管理記録を保持している。
- 製品の売出し前に，経営者およびエンドユーザーからテスト結果の承認を

Ⅲ．統制活動

得ている。

▼複雑性の高い環境におけるカスタムソフトウェアへの変更
　　コンピュータ業務全般の考慮

　電子，音響／熱および合成金属の部品に関する金属素材の問題解決策を提供する企業の経営者は在庫管理ソフトウェアに対する重要な変更を決定した。会社は，スタッフとして２名の開発者しか置いておらず，製品に対するソフトウェアの開発，検証，生産への移行のためには両人に頼るしかない。会社は，ソフトウェアのバージョンおよび生産環境への移行を統制する自動化コード促進ユーティリティをもっていないため，IT担当の管理者は，以下のことを行った。

- 必要となるであろう変更がもたらすリスクの識別と分析
- 各開発者が自らに割り当てられた変更のみについて作業を行うように変更を割り当てる。
- 変更の検証と生産への移行について，開発者が特定の変更責任を負わないような割当
- すべての重要な変更のレビュー
- ユーザーの検証受諾まで，公表前の追加的変更を禁止するためのバージョンの固定

　また，IT担当の管理者は，コードのバージョンおよび移行の管理のために手作業による統制も利用する。

- 日時に沿って，開発環境において利用されたコード・バージョンのリストを手作業で作成し，また，手作業で検証から製造まで追跡した作業の記録を作成する。
- 製造のためにコードを実行する前にすべてのバージョン統制手続のレビューをIT機能に責任を負う者が行うレビューと分離する。

セキュリティーとアクセス

▼複雑性の低い環境でのパスワードアクセスの利用
　　　業務処理統制の包含
　　　コンピュータ業務全般の考慮

　1億2,000万ドル規模の児童教育製品の開発，製造，小売を行う業者は，重要なアプリケーション，データベース，オペレーティング・システムおよびネットワークについてパスワード規格を設定している。そのためパスワードは，

- 少なくとも8文字の英数字である。
- 容易に推測されない。
- 90日ごとの所有者による変更が求められる。
- 3回連続誤入力した利用者を締め出す。
- 12回変更されるまでの間は再利用できない。

▼複雑性の高い環境における論理セキュリティーのレビュー
　　　業務処理統制の包含
　　　コンピュータ業務全般の考慮
　　　エンドユーザーコンピューティングの包含

　従業員920名の補償と給付のコンサルタント会社の経営者は，財務報告システムへの未承認のアクセスを防ぐため，論理セキュリティー統制をレビューしている。

- **ユーザーアカウント**―ユーザーアカウントの要求，確立，発行，停止，変更，削除のため，正式なユーザーアカウントの設定と保守の手続がある。ユーザーは，システムにアクセスしようとする任意の者（たとえば，従業員，派遣労働者，納入業者および契約者）として定義されている。
- **認証コントロール**―認証基準は，固有ユーザーIDとパスワード，ログイン試行の制限回数について最低限の要求を規定している。固有ユーザーIDは，経営者に監査のためのアクセスを可能にしている。
- **特権アカウント**―システムとアプリケーションの管理者（スーパーユーザ

ー）によるアクセスは，情報技術セキュリティー管理に責任を負う2名の従業員に制限されている。
- アプリケーションレビュー――重大なアプリケーションとシステムに関連するデータに誰がアクセスするか，プロセスは定期的にレビューされるよう適切な状態にある。すべての違反行為は発見され，経営者に報告されている。
- セキュリティーレビュー――アプリケーションとシステムは，セキュリティー記録を生成し，ユーザーの活動を監視し，セキュリティーへの違反行為を経営者に報告している。

コンピュータ業務

▼複雑性の高い環境における外部接続の制限に対するパラメータの設定
　コンピュータ業務全般の考慮

　高性能なコンピュータシステムのデザイン，開発，販売を行う会社のITグループは，以下の目的のためにファイアーウォールを設置し，維持し，監視している。
- ファイアーウォール管理担当に用意されるアカウントの数を制限している。
- すべてのルールに合わないパケットに対する「すべて除去」ルールを追加し，そのような情報を記録している。

管理者は，以下の基準でルーターを設定している。
- ルーターの作動パスワードは，安全に暗号化された形式によって保存されている。
- 特定のネットワークホストだけを通してルーターにアクセスできるユーザー数，およびアクセス可能数は制限されている。
- 下記を含む，不必要なオンライン上で指示された送信を制限している。
  ・無効なアドレスからもたらされるルーターへのパケット受信
  ・TCP（Transmission Control Protocol）のスモール・サービス
  ・UDP（User Datagram Protocol）のスモール・サービス
  ・すべてのソースの経路

- ・ルーター上で動くすべてのウェブサービス
- ルーターの不必要なポートは使用不可能にしている。
- SSID（Service Set Identifier）が送信モードではなく，パスワードが初期設定から変更されているように，ワイヤレス・アクセスポイント機器の構成が設定されている。

業務の外部委託

▼第三者ベンダーのレビュー
　　コンピュータ業務全般の考慮

　2億1,100万ドル規模の眼鏡とコンタクトレンズのある直販会社の経営者は，重要な財務システムのホスティングとサポートを第三者であるサービス提供業者に外部委託している。会社は，

- その第三者の能力をレビューおよび承認し，秘密保持契約を要求している。
- 関係を管理するための個人を任命している。
- 会社のユーザー統制の有効性を検討している。
- 第三者の情報技術コンピュータ統制に関して指摘されたいかなる不備をも識別する，第三者のSAS70のタイプⅡ報告書を毎年レビューしている。経営者は，報告書で指摘されたすべての顧客の検討事項に関して対応している。

Ⅳ. 情報と伝達

　情報システムは，財務報告目的の達成を支援する情報を識別し，収集し，処理し，そして，配信している。

　中小規模企業における情報システムは，大規模会社に比べて整っていない傾向があるが，情報システムの役割は大規模会社と同じ程度に重要である。多くの中小規模企業は，複雑な統合アプリケーションよりも，手動または独立のITアプリケーションに依存している。トップ経営者と従業員との効果的な内部伝達は，従業員の階層と人数が少なく，CEOが把握可能でありかつ利用可能であるために，中小規模企業の方が容易かもしれない。内部伝達は，頻繁に開催される会議や，CEOと他の経営者が関与する日常的な活動を通じて行うことができる。

以下の4つの原則が情報と伝達という構成要素に関係する。

15. **財務報告に関する情報**—関連する情報が，会社のあらゆる階層で識別され，収集され，かつ，利用され，財務報告目的の達成を支援する形式および時間枠で配信されている。
16. **内部統制に関する情報**—内部統制の他の構成要素の機能を促進するために必要な情報は，内部統制に携わる人々が内部統制に係る各自の責任を履行できるような形式および時間枠で，識別され，収集され，利用され，かつ，配信されている。
17. **内部における情報伝達**—情報伝達は，組織のあらゆる階層において，内部統制の目的，プロセスおよび個々人の責任を理解し，実行することを可能にし，支援している。
18. **外部への情報伝達**—財務報告目的の達成に影響を及ぼす事項については，外部関係者に伝達されている。

　第3部に掲載されている追加的な具体的ガイダンスとともに，原則の運用またはその適用の評価において有用なガイダンスは，本章において後述されているとおりである。

原則15　財務報告に関する情報

関連する情報が，会社のあらゆる階層で識別され，収集され，かつ，利用され，財務報告目的の達成を支援する形式および時間枠で配信されている。

本原則の属性

データの収集—財務諸表の基礎となるデータは，完全に，正確に，かつ，適時に，収集（原始資料のままが最適）されている。

財務情報の包含—情報は，すべての財務上の取引と事象について，識別および収集される。情報は，記録された取引の合理性を監視するほかに，他の目的でも利用されるが，特に仕訳の修正や会計上の見積りのために利用される。

内部および外部の情報源の利用—情報は内部および外部の情報源を利用して作成される。

業務情報の包含—会計および財務情報を作成するため利用される業務情報は，信頼しうる財務報告の基礎として役立つ場合が多い。

品質の維持—情報システムは，適時に，最新の，正確で，利用可能な情報を提供している。

本原則の適用方法

▼詳細な情報の流れに関するマトリックスの利用
- データの収集
   財務情報の包含
   品質の維持

　プロセス管理者は，財務報告に影響をもたらす各プロセスに対して，報告全般にわたって情報を収集した時点から情報の流れを詳細に示すマトリックスを有している。これらのマトリックスは，情報が収集され，以下の事項を含むプロセス内でいかに利用されていたかを示すものである。

Ⅳ．情報と伝達

- 情報は，完全性，正確性，システムによって生成された情報のバッチ処理耐性といったインプットとアウトプットの適時性について監視し，確認する必要がある。
- 情報は，完全性，正確性，システムによって生成される情報を含む処理の適時性について監視し，確認する必要がある。

▼外部の情報源からの情報の入手
　　内部および外部の情報源の利用

　経営者は，産業の動向，仕入先，顧客，競争相手，および，経済の傾向について影響する事象を識別するために，業界出版物，同業組合および協議会といった外部の情報源から情報を入手している。

▼他の業務領域の担当者との面談
　　業務情報の包含

　財務報告に責任を負う経営者は，財務報告に影響を及ぼすかもしれない情報を得るために，定期的に他の業務領域―業務，コンプライアンス，人事または製品開発など―の担当者と面談している。

本原則の適用事例

▼情報の流れを記録するためのマトリックスの利用
　　データの収集
　　財務情報の包含
　　品質の維持

　ITホスティング・サービスのコントローラーは，財務報告を支援する情報を収集するプロセスにおいて，情報の流れを記録するためにマトリックスを利用している。それぞれのプロセスと補助プロセスにおける情報を作成し，修正し，承認し，利用し，監視する責任を負う人物または部署に関する情報もマトリックスには含まれている。マトリックスの例示は原則16とともに，「買掛金の情報マップの利用」という題で例示されている。

139

▼重要な想定の承認および文書化のための経営会議の利用
　　内部および外部の情報源の利用
　　業務情報の包含

　生鮮食料品の調達と販売を行う会社のCEOは，会社の引当金と発生額を左右する重要な想定の承認および文書化のために，年4回，CFOおよび部門長と会合をもっている。四半期ごとの評価の正確性は議論され，追跡されている。

▼業務情報の財務報告への利用
　　内部および外部の情報源の利用
　　業務情報の包含

　電気設備および部品の製造会社の従業員は，環境およびその他の規制に関するコンプライアンスに責任を負っており，これらの活動に関する適切な財務報告を可能にするためのコンプライアンスとそれに関連する改善コストについて議論するために，定期的に財務担当の経営者と会っている。

Ⅳ．情報と伝達

原則16　内部統制に関する情報

内部統制の他の構成要素の機能を促進するために必要な情報は，内部統制に携わる人々が内部統制に係る各自の責任を履行できるような形式および時間枠で，識別され，収集され，利用され，かつ，配信されている。

本原則の属性

データの収集—内部統制の各構成要素を遂行するため必要となるデータは，完全，正確かつ適時に，法規を遵守して収集されている。
決定および更新の契機—報告は，必要に応じて，迅速な例外的取扱いの決定，原因分析および内部統制の更新をもたらす契機となっている。
品質の維持—情報システムは，適時，最新，正確かつ利用可能な情報を提供している。システムの情報の品質は，企業の内部統制の目的を満たすための信頼性および適時性を評価するため，定期的に見直されている。

本原則の適用方法

▼情報マップの設定と維持
　　データの収集
　　決定および更新をもたらす引き金となる
　　品質の維持

　プロセス・オーナー（業務プロセス責任者）は情報マップを開発し，維持する。情報マップは行に特定の財務諸表項目と関連する情報を示し，列に個々のまたは機能によってまとめられた情報を示すマトリックスである。マトリックスの図内の情報は，会計情報における実行責任の所在を描いている。

▼議論による情報の識別
　　データの収集

情報ニーズを評価する際，経営者はさまざまな人々との議論を通して，日常業務の管理や統制に利用される情報を識別し，これらの情報が会計および財務報告にどのように関連しているのか識別する必要がある。

原則の適用例

▼買掛金の情報マップの利用
　　データの収集
　　決定および更新をもたらす引き金となる
　　品質の維持

　年間収益2億5,000万ドルのある自動車部品製造業の会社は，情報マップを利用することによって，買掛金プロセスについての情報を収集している。承認はコントローラーが申請し，CFOが承認し，会計および買掛金管理，情報技術，資材管理，購買，検収の際に利用されることを示している。モニタリングの実行責任もまた記載されている。

　情報マップは，情報の利用について説明し，内部統制の一部として利用され，

情報の要素	部署／機能							
	財務	買掛管理	CFO	コントローラー	IT	資材管理	購買	検収
会計								
勘定科目の説明	C	U	M	M	U	U	U	U
勘定コード	C	U	M	M	U	U	U	U
承認								
役割	U	U	A	C	U	U	U	U
氏名	U	U	A	C	U	U	U	U
購買								
商品コード	U	U	M	A	C	M	U	U
商品の説明	A	U	M	U	U	C	U	U
商品の数量	U	U	M	U	U	U	C	U
商品の価格	U	U	M	A	U	U	C	U
納入業者								
納入業者住所	U	U	M	M	U	U	C	U
納入業者コード	U	U	M	A	C	U	U	U
納入業者名	U	U	M	A	U	U	C	U

役割　　（C）作成／修正，（A）承認，（U）利用，（M）監視

統制の業務を監視し，検証する基礎でもある。経営者は，更新のさまざまな点やモニタリングの主要な点といった，信頼しうる情報のリスクが最も高いプロセスの，主要な部分を決定することができる。

▼プロセス，統制，システム文書化の統合を可能とするソフトウェアの利用
　　データの収集
　　品質の維持

　年間収益5,000万ドルのサービス・プロバイダーのコンプライアンス担当の管理者（専任の役割ではなく，CFOに割り当てられた任務）は，プロセスの明確な理解と評価，文書化の効率を促進する文書化ソフトウェアツールを利用している。そのソフトウェアは，プロセス，関連する統制，システム文書化，プロセスへのインプットの識別，処理活動，統制，および，情報支援システムの完全な描写を容易にする。

▼リスク評価における情報システムの変更の考慮
　　決定および更新をもたらす引き金となる

　9ヶ国に事業展開するある樹脂専門会社のCEOは，継続的に会社に対するリスクをレビューしている。毎月の主任会議でCEOは上級経営者に，システムの変更に関連したもの，個人の処理または活動を含む，彼らが識別した新たなリスクについて述べるよう求めている。CEOは，会社が直面する財務報告に影響するリスクに対する見識を議論し，同時に必要とされるリスクへの対応が設定されている。

原則17　内部における情報伝達

情報伝達は，組織のあらゆる階層において，内部統制の目的，プロセスおよび個々人の責任を理解し，実行することを可能にし，支援している。

本原則の属性

組織内の人々との意思伝達—経営者はすべての者，特に財務報告に影響を及ぼす役割を担う者に，財務報告に係る内部統制を真剣に受け止めるように伝えている。

取締役会との意思伝達—財務報告の目的に関して自己の役割を遂行するために必要な情報を双方が有するよう，経営者と取締役会との間で相互に伝達している。

独立した伝達経路の包含—独立した伝達経路が設定され，通常の経路が無効または実効性のない場合には，「安全装置」の仕組みとして機能している。

情報へのアクセス—取締役会は，定期的かつ必要に応じて，外部監査人，内部監査人および（規制当局などの）他の関係者の利用を含め，経営者以外の情報源を利用できる。

本原則の適用方法

▼財務報告目的に係る情報伝達
　　組織内の人々との意思伝達

　経営者は会社の財務報告目的，適切な内部統制の方針や手続，それらがどのように機能しているか，そして，個々人の実行責任に関する情報について情報を伝達している。そのようなメカニズムは次の事項を含んでいる。

- 経営者からのボイスメールおよび／または電子メールの発信は，内部と外部双方の事項の更新を含む財務報告に係る内部統制への会社の関与を強化している。
- 同様の事項に対応する，通常の，全組織的な電話会議やネット配信。

Ⅳ．情報と伝達

▼イントラネットを通じた伝達
　　　組織内の人々との意思伝達

　経営者は利用しやすいイントラネットをすべての適切な従業員に対して構築し，保持している。それは，財務報告に係る企業の内部統制のプロセスに関しての情報を普及させるためのものである。経営者は行動規範，誠実性および倫理観に関連する内容を扱う規約が明確にそのイントラネットに提示されているということをレビューし，確認している。

▼監査委員会との財務情報のレビュー
　　　組織内の人々との意思伝達
　　　取締役会との意思伝達

　定例監査委員会会議において，CFOは財務情報，分析および関連する内部統制をレビューし，取締役が関心を有するすべての事項に関して，公開討論を行っている。

▼取締役会と内部監査人との間の伝達
　　　取締役会との意思伝達

　取締役会と内部監査部門長は，定期的に，あるいは，何らかの事象や状況に正当な理由があるときはいつでも，面談を行っている。これらの面談は，オープンな環境で，財務報告に係る会社の内部統制に関する内部監査人の見解について議論するために行われている。

▼会社の構成員への内部通報プログラムの伝達
　　　独立した伝達経路の包含

　会社は従業員が違法行為を伝達することを可能にする内部通報プロセスを維持している。その事項には財務報告の信頼性に関するものも含まれている。従業員の認知を高めるために，ホットラインの目的とその電話番号が，従業員手帳，企業のイントラネットおよび／または事業所の人通りの多い場所の至る所に掲載されている。そのホットラインは社内で管理されているか，または，第

ガイダンス篇

三者によって運営されている。

▼代替的報告経路の伝達
　　独立した伝達経路の包含

　経営者は，指導または助言のプログラム，専門的または技術的な報告経路のいずれかを，ライン担当の管理者への代替的報告手段として提供し，それにより従業員は理解されていると確信している。

▼取締役会への伝達のためのガイドラインの策定
　　取締役会との意思伝達

　取締役会は，取締役会において取り上げられると予測される議題のために，ガイドラインを策定している。経営者は，取締役が質問をレビューし，熟慮するための十分な時間を与えるために，まとめられた議題を少なくとも10日前に提出している。加えて，経営者は3ページを超える議題の概要を提出している。

▼外部相談役とのコンサルティング
　　情報へのアクセス

　監査委員会は，委員会のメンバーが，経営者は重要な問題に対して十分に対処する能力を欠いているかもしれないと感じたとき，または，GAAPの範囲では明確に定義されていないとき，外部相談役と協議している。

本原則の適用事例

▼内部統制を強化する伝達プログラムの利用
　　組織内の人々との意思伝達
　　独立した伝達経路の包含

　ある健康管理サービス会社のCEOは，ニュースレター，ならびに，従業員の配置場所および訓練所への個人的な訪問を通じて伝達を行っている。CEOはこれらの状況を利用して，財務報告に係る内部統制の意義，それがどのように法規に関連するか，組織および全従業員に対し何が期待されているかを伝達して

Ⅳ．情報と伝達

いる。

▼内部統制を議論し強化するための財務会議の利用
　　組織内の人々との意思伝達

　従業員300名を擁するブロードバンドのインフラ業者は，半期に1度の会議をCFOと経理部長の主導の下に開催している。事業単位の財務スタッフはこの会議に参加している。CFOはこの会議を業務に関する最新情報を提供する場として利用している。議論される論題には，以下の事項が含まれる。
- 今後6ヶ月の主要な事項
- 倫理観および誠実性に関わる企業の方針の補強
- 内部統制の重要性
- 内部統制構造の変更

▼CEOと取締役会間の伝達の促進
　　取締役会との意思伝達

　1億3,000万ドル規模のある中・高速印刷ソリューションを提供する製造会社のCEOと取締役会会長は，少なくとも毎月話し合い，もし必要であればさらに頻繁に話し合っている。取締役は前もって質問を出し，これを取締役会会長が取りまとめCEOに示している。CEOは経営陣にそれを指示している。管理者は直接対応し，CEOの指示の下で，必要とされる追跡調査を識別している。取締役は必要とされる情報を入手し，主要な管理者は取締役会との接触を密にしている。

▼上層部への伝達を促進する社内指導教育プログラムの確立
　　独立した伝達経路の包含

　2億ドル規模のあるスポーツアパレルのデザインと卸売業者は，社内指導教育プログラムを構築しており，各従業員がコーチに任命されている。彼らは，従業員の業績や目標といったことについて具体的な議論が必要となったとき，定期的に，または，必要に応じて会合を行っている。財務報告プロセスに従事

するすべての従業員は，財務報告や内部統制の経験を有する指導者に任命される。この社内指導教育プログラムは，従業員が報酬，業務または統制についての議論や報告を行う従業員の属するラインの監督者に代替案を提供している。

▼上層部への伝達を促進する従業員協議会の利用
独立した伝達経路の包含

　交通，建築，設備市場のための鉄鋼製品製造会社は，四半期ごとにタウンホール・ミーティングを開催しており，そこでは，CEOとその他の上級経営者が従業員と会い，企業に影響を及ぼしている「最新の議題」を議論している。上級経営者はこれらのミーティングを，倫理観および誠実性へのコミットメントを強調し，業務に関する最新情報を簡潔に提供し，変更が検討される方針についてのフィードバックを求める場として利用している。従業員は彼らの実行責任の範囲内において，従業員から受け取った疑問や懸念を口頭で表明し，プロセスを改善するための提案や，フィードバックを提供することができる。そして，経営者は，スタッフの所見がどのように財務報告に係る内部統制に影響を及ぼすかについて，より良く評価をすることが可能となる。会議の議事録は，毎月，すべての従業員に向けて発信される会社のニュースレターによって公表されている。

▼補助のための第三者へのアクセス
情報へのアクセス

　ある採掘会社には，いくつかの開発計画があるが，稼動している鉱山は1つだけであり，毎期ジョイント・ベンチャーに参加しているが，その一部は潜在的な持分変動のある事業体である。経営者は，そのような事業体の適切な会計処理を確立するために常勤の社員を雇ったり，既存のスタッフを訓練する道を選択せず，その代わりに，持分投資に関する適切な会計処理を経営者に助言する契約を専門家と結んだ。会社の経営者は，第三者の助言を検討し，示された勧告を評価し，詳細な情報に基づいて実施に関する決定を下した。その勧告および経営者の行動は，レビューされるべく監査委員会に提供された。

原則18 外部への情報伝達

財務報告目的の達成に影響を及ぼす事項については，外部関係者に伝達されている。

本原則の属性

情報の提供―開かれた伝達経路は，顧客，消費者，仕入先，外部監査人，規制当局，財務アナリストおよびその他の者からの情報提供を可能にし，財務報告に係る内部統制の有効性に関して重要な情報を経営者および取締役会に提供している。

独立的評価―財務報告に係る内部統制が外部監査人の評価を受ける場合，評価に関する情報は経営者および取締役会に伝達されている。

本原則の適用方法

▼内部通報制度の外部者への伝達
　　情報の提供

　経営者は顧客，仕入先およびその他の外部関係者からのフィードバックを容易にするために内部通報用の電話番号または電子メールアドレスを利用している。接触のための情報は企業のウェブサイトと顧客への送り状を通じて周知されている。これによって，会社とともにビジネスをしている当事者―公平に扱われていないと感じている，リベートへの圧力を受けている，不正にさらされている，財務報告の不正に気づいた納入業者など―からの重要な情報の受取りが可能となっている。

▼外部者の調査
　　情報の提供

　経営者は顧客，納入業者，その他の人々の誠実性と倫理観に関する認識度を

調査する。この調査のプロセスは，主な顧客／納入業者との接点から独立した人員によって統制されている。

▼外部監査との間の伝達のレビュー
　　情報の提供
　　独立的評価

　経営者の認証プロセスと内部統制の有効性の独立的評価に対する外部監査人のレビューに続いて，経営者はそうした任務の過程において認識された重要な事項の備忘録を受け取っている。当該事項は，次の監査委員会の会議の場で議論され，経営者と外部監査人が発見事項について言及し，問題の解決策を提示している。

本原則の適用事例

▼顧客との伝達の促進
　　情報の提供

　心肺機能の維持・強化をする器具の製造および販売を行うある会社では，少なくとも2名の，最も重要な顧客窓口から独立した経営陣が，必要に応じて，しかし，少なくとも年に1度は，顧客それぞれとコミュニケーションを図るという方針を立てた。これらの議論によって，会社は，顧客に対する広報手段が得られるだけでなく，顧客の事業と顧客に影響を及ぼす外部要因に関する理解を新たにすることができる。このことは，売上および売掛金に関する情報の正確性と適時性を改善するための情報の共有化につながり，さらに，顧客関係の強化にも役立った。これらの議論は，顧客との接触，日付，関係者や彼らの解決策から得られたあらゆる要処理事項などについて議論された内容を含む会話のメモを通して証拠づけられる。

▼外部関係者との伝達の促進
　　情報の提供

　あるブランド化された標号をもつビタミンと栄養剤の製造小売業者は，疑問，

Ⅳ.情報と伝達

懸念，苦情などについて電話することができる番号を，同社のウェブサイトに掲載している。報告された事項は記録され，対処される。記帳の記録および不法行為または不適切な財務報告に関する重大な問題の報告は，監査委員会に提供され，レビューと議論が行われる。

▼規制当局との伝達
　　情報の提供

　規制当局の検査の結果として，ある登録投資アドバイザーは，その事務所がいくつかのコンプライアンスの方針および手続の文書化を求める規則を遵守していないと通知された。規制当局は，事務所のコンプライアンス手続は漠然としており概略的過ぎると考えた。外部専門家との協議の後，CFOは規制当局と問題を議論し，そして，適切なコンプライアンスの方針および手続のマニュアルを構築するための事務所の計画とその実施時期について合意するに至った。

V．モニタリング

　システム・パフォーマンスの品質を長期にわたり評価するために，内部統制システムは監視される。これは日常的モニタリング活動，独立的評価，または，その2つの組み合わせによって遂行される。

　日常的モニタリングは通常の経営活動のサイクルにおいて行われる。多くの中小規模企業の管理者は，企業活動の直接的経験に基づく高いレベルの知識を有しており，業務への深い関与から，報告された財務情報における予想との相違や誤りの可能性を識別する立場にある。

　一部の中小規模企業は内部監査部門を備えており，そこでは，通常の業務の一部として他の内部統制の構成要素の機能状況を判断するのに役立つ手続を実施している。内部監査部門が存在しなければ，事業単位や部署に責任を負う管理者は，自らの責任範囲内のいくつかの統制について有効性の評価を実施するかもしれない。

　会社がSOX法404条に準拠して財務報告に係る内部統制を評価する場合には，モニタリングの構成要素，特に実施される独立的評価は，どのように評価プロセスを構築し，整備するかの判断において有用であるかもしれない。

以下の2つの原則がモニタリングという構成要素に関係する。

19. 日常的および独立的評価—日常的および／または独立的評価により，経営者が，財務報告に係る内部統制の他の構成要素が長期にわたって継続的に機能しているかどうかを判断することができる。
20. 不備の報告—内部統制の不備は，識別され，是正措置を講じる責任を負う者と，必要に応じて，経営者および取締役会に，適時に伝達されている。

　第3部に掲載されている追加的な具体的ガイダンスとともに，原則の運用またはその適用の評価において有用なガイダンスは，本章において後述されているとおりである。

原則19　日常的および独立的評価

日常的および／または独立的評価により，経営者が，財務報告に係る内部統制の他の構成要素が長期にわたって継続的に機能しているかどうかを判断することができる。

本原則の属性

業務との統合—日常的モニタリングは，企業の業務活動に組み込まれている。
客観的な評価の提供—評価は財務報告に係る内部統制に客観的な検討材料を提供している。
知識の豊富な人材の利用—評価者は，評価される構成要素および当該構成要素が財務報告の信頼性を支える活動にどのように関係しているかを理解している。
評価結果の検討—経営者は財務報告に係る内部統制の有効性に関する評価結果を受け取っている。
範囲と頻度の調整—経営者は，独立的評価の範囲と頻度を，統制されているリスクの重要性，当該リスクを低減する際の統制の重要性および日常的モニタリングの有効性に応じて変更している。

本原則の適用方法

▼実績の追跡における測定基準の利用
　　業務との統合

　経営者は，プロセスに係る統制についての測定基準を記録することから構成される監督活動を確立し，それによって現在の実績を追跡したり，目標と比較することができる。

▼統制チャートの設定と実施
　　業務との統合

V. モニタリング

　　知識の豊富な人材の利用
　　評価結果の検討

　経営者はレビューを行う者（通常はプロセス，活動およびそれらの統制に関して直接の説明責任を負う者の監督者）のために統制チャートを作成し，実行している。レビューは，統制が期待どおりに遂行されているか，適切な測定基準が監視されているか，逸脱が検出され，解決されたかどうかの検討において利用している。

▼財務報告に関する測定基準
　　業務との統合

　経営者は，監視されている業務の測定基準が，財務報告に対して合理的な相関を有し，ゆえに，財務報告における潜在的不備を示す指標として利用しうることを確認している。

▼自己評価の利用
　　知識の豊富な人材の利用
　　評価結果の検討

　経営者は，統制の実行に携わる人員によって利用されるように，業務プロセスに関する自己評価質問表を作成している。

▼コンピュータ・ネットワークによる評価の利用
　　客観的な評価の提供
　　評価結果の検討

　外部の接続性に関しての内部統制の欠陥を識別するために，侵入レビューを行うことにより，経営者は，コンピュータ・ネットワークを定期的に検証している。財務データのアクセスに関して識別された安全上の問題は，適時に対処され解決されている。

▼内部監査の利用
　　客観的な評価の提供
　　知識の豊富な人材の利用
　　評価結果の検討

　経営者は，内部監査機能を，内部統制システムの主要な各要素に関する客観的な見方を提供するものとして利用している。内部監査報告は，上級経営者と監査委員会に提出されている。

▼独立的評価の頻度と範囲の決定
　　範囲と頻度の調整

　経営者は，財務諸表項目を高・中・低の各リスクによって分類している。経営者は，リスク管理における統制活動のこれまでの有効性と，関連するプロセスにおける日常的モニタリングの範囲を検討している。このことから，経営者は特定のプロセスおよび統制活動についての独立的評価を実行するための計画を作成するが，相対的にリスクの高いプロセスは内部監査機能によってレビューされている。

本原則の適用事例

▼業績モニタリングを改善するための主要指標の識別
　　客観的な評価の提供
　　評価結果の検討

　統合マーケティング会社のCFOは5つの主要な業績／統制の主要指標—売掛金，支出，価格設定，雇用契約，人員の生産性の管理を扱う指標—を識別した。これらは，財務報告の結果と高い相関を有するものである。それらの使用は，統制の改善と企業業績における本質的な改善につながった。

▼業務に組み込まれた運用基準と主要統制指標の利用
　　客観的な評価の提供
　　知識の豊富な人材の利用

Ⅴ．モニタリング

評価結果の検討

　年間収益7,500万ドルの食品製造会社のCFOは，売掛金，給与支払，買掛金，財務諸表作成の処理を含む主要な経理および財務プロセスについて，運用基準および主要統制指標（KCIs）を使用している。たとえば，買掛金KCIsは，証拠資料としておよび小切手作成のために受け取った書類の正確性，適時性，完全性，準拠性に焦点を当てており，業績は目標に向けて追跡されている。結果は最高経営層と共有され，業績評価や関連する開発プログラムに利用されている。

▼統制の有効性の指標としての日常的モニタリング
　　客観的な評価の提供
　　知識の豊富な人材の利用
　　評価結果の検討

　ある乳製品加工業者は日々循環棚卸を実行している。これらの棚卸は包装資材が短期的な生産計画に見合うか確認するものであり，その資材と各原料の使用は生産報告によって合意されている。棚卸チームは膨大な量をチェックし，一貫して使用される物品を頻繁にチェックするため，予測された使用のタイミングにおいて，系統立てられたプロセスに沿っている。これらの循環棚卸は，年間にわたって四半期ごとの棚卸を支援している。すべての棚卸は「遮蔽されながら」実行されており，そこでは，棚卸チームは永続在庫システムの残高にアクセスすることはできない。循環棚卸が終了した時，在庫担当の管理者は永続在庫システムの残数量と結果を比較し，差異を調査し，必要とされる修正記帳を行う。原価管理係と経理担当者は在庫統制業務に欠陥があるかを検討し，是正措置を提案している。

▼モニタリングにおける業務情報の利用
　　客観的な評価の提供
　　知識の豊富な人材の利用
　　評価結果の検討

157

農業機械を輸入，製造しているある企業のコントローラーは，売上目標報告書を作成している。コントローラーは，毎週，地域の営業担当の管理者の支援を受けて行う調査によって検出された重要な変動とともに，会計システムを通じて報告された実際売上高と目標数値を調整している。

▼業務情報に関するマトリックスの利用
　　知識の豊富な人材の利用
　　評価結果の検討

　7,500万ドル規模の，ある工業機械部品の製造会社は，業務プロセスによる業務マトリックスを利用しており，各マトリックスには適切な管理者に割り当てられた一連の職務が含まれている。たとえば，製品在庫プロセスにおけるマトリックスは，倉庫担当の管理者が製造工程における機械設備使用を監視している場合の，機械設備に関連したコストも含んでいる。どのくらいの頻度で機械設備を必要としているか，誰がそれらを依頼したか，どこからそれらを購入したかなどである。そして，管理者はこの情報を在庫の中に含まれている機械設備の費用をレビューする際に考慮している。職務の責任者とともに，マトリックスをレビューする毎月の会合では，CFOと社長は直近の推移と次月に予測される変化を議論する。CFOは，マトリックスに追加またはそこから削除される職務を決定している。

▼ビジネスの直接的体験から得た知識の利用
　　知識の豊富な人材の利用
　　評価結果の検討

　多品種の燃料製品とシステムを交通市場へ供給する製造企業は，労働組合所属の人員，監督者，管理者，執行経営者から構成される720名の従業員を有している。すべてのプラントは，週6日，2交替制で運営されている。そして，2つのプラントはほぼ同数の従業員を抱えている。CFOは，10年間にわたって同社に勤務しており，給与支払のプロセスを含む一連の業務プロセスを完全に理解して，集中化された会計機能によって準備された給与支払の概要報告書を

週ごとにレビューしている。企業がフラットな組織デザインおよび小規模であること，CFOの企業における経歴，繁忙期，営業サイクルおよび業務フローについての理解，予算と報告プロセスに対する深い理解度などにより，CFOは，すべての適切でない給与支払の兆候とその裏に潜んだ原因—特定のプロジェクトに関連したものか，超過時間によるものか，雇用によるものか，レイオフによるものか，その他に関連するものであるのかどうかなど—を即座に識別している。CFOは，誤りや不正行為が起こっていたかどうか，何らかの内部統制が有効に実行されていないか，および，是正措置を講ずるかどうかを決定するために必要に応じて調査を行っている。

▼独立的評価の範囲と頻度の決定
　　業務との統合
　　知識の豊富な人材の利用
　　評価結果の検討
　　範囲と頻度の調整

　精密部品のデザイン，製造，供給，および，航空宇宙での使用のための組立てを行う会社の取締役会は，時折，会社の内部監査部門に，特定の高いリスクの業務プロセスに対する独立的評価を実行するよう指示している。その範囲と頻度は，主として，関連するリスクの重要性，および許容水準までリスクを引き下げるための統制の重要性によって決められる。内部監査責任者は，内部監査人または他の選ばれた従業員がレビューされる業務プロセスに関して十分な客観性をもっているか，プロセス，内部統制の構造全体およびレビューの目的を十分に理解しているかを判断している。
　内部監査の終了時に，内部監査の責任者は，以下の事項を含むプロセス統制に関する報告書を上級経営者および取締役会に提供している。
- 評価した統制の識別を含む職務の範囲
- 主要なリスクと統制の適合性に関する記述
- 識別された不備，経営者の対応および提案された是正措置

▼事業単位を超えたレビュー
　　業務との統合
　　知識の豊富な人材の利用

　1億2,000万ドル規模のある動物食料製品の製造・卸売会社は，財務報告に係る内部統制の評価をするため，異なる事業単位から人員を登用している。たとえば，事業単位Aから来た会計要員が，定期的に，事業単位Bの内部統制を評価している。レビューはIIAによって設立された「内部監査の専門職的実施の国際基準」に準拠して，実施されている。レビューのチームは検出事項と提案事項を経営者と監査委員会に報告している。

▼内部監査の外部委託
　　業務との統合
　　知識の豊富な人材の利用
　　評価結果の検討
　　範囲と頻度の調整

　1億8,000万ドル規模のある洗濯設備の操業を行う会社は，自社の内部監査活動を外部委託している。外部委託された機能を統制，監視することで，CEOと監査委員会委員長は，四半期ごとに外部委託契約のリーダーと会合をもっている。議論で取り上げられるのは，実行された職務，検出事項，計画または提案された追加的職務，および，契約を指示した者が関連する提案とともに抱くであろうリスクまたは懸念についてである。

Ⅴ．モニタリング

原則20

不備の報告

内部統制の不備は，識別され，是正措置を講じる責任を負う者と，必要に応じて，経営者および取締役会に，適時に伝達されている。

本原則の属性

検出事項の報告—内部統制の不備に係る検出事項は，当該プロセスおよび関連する内部統制を管理し，是正措置を実施すべき立場にある者と，少なくともプロセス管理者の1段階上のレベルの管理者とに報告されている。
不備の報告—重大な不備は，最高経営層と取締役会または監査委員会に伝達されている。
適時の是正—内部および外部の双方の情報源から報告された不備は，検討され，適時に是正措置が講じられている。

本原則の適用方法

▼代替的経路からの情報報告
　　検出事項の報告
　　不備の報告

　経営者は，不法行為や不適切な行為といった性質上，取り扱いのむずかしい不備の報告のために代替的経路を構築している。そのような報告は，関与する人員や事項の性質によって，上級経営者または取締役会に報告されている。

▼会社内のさまざまな階層への不備の報告
　　検出事項の報告
　　適時の是正

　経営者は，重要性にかかわらず，すべての財務報告の不備を，責任者および少なくとも1段階上のレベルの管理者という，是正措置を実施すべき立場にあ

る両者へ報告する実務手順を設定している。問題の性質と重要性により，不備が報告される階層が決まることになる。

▼不備の報告のガイドラインの設定
　　検出事項の報告
　　不備の報告

　経営者は財務報告の信頼性に重大な脅威となる統制の不備のリストを設定し，不備が発生した場合には，取締役会および上級経営者へ報告することが必要とされる。この基準に該当するタイプの不備には，不法行為その他の不適切な行動，資産の重大な損失，不適切な外部財務報告に関連する不備が含まれる。

本原則の適用事例

▼経営者への統制の不備の報告
　　検出事項の報告
　　適時の是正

　23の店舗を抱えているある家電機器の小売会社は，異なる機能の実行責任をもつ従業員でチームを組織し，経営者の1人をチームリーダーにすえた。それぞれのチームは，月に約30分を，とりわけ内部統制構造の改善や統制の不備への対応方法を議論することに費やしている。チームリーダーは事項の性質と重要性に基づいて，不備と勧告をしかるべき管理者に報告している。

▼取締役会への統制の不備と解決策の報告
　　検出事項の報告
　　不備の報告
　　適時の是正

　570名の従業員を擁する家屋改修のための特殊工具の製造および販売を行う会社の取締役会は，経営者の統制の不備の追跡を監督し，定期的に不備と解決策の記録を受け取っている。取締役会は，責任を有する関係者および彼らの監督者が知らせてくる情報ならびに前期の活動状況とともに，講ずべき是正措置

Ⅴ．モニタリング

を含む記録をレビューしている。

▼取締役会への不備の報告
　　検出事項の報告
　　適時の是正

　航空輸送のサービスを供給する会社の経営者は，重大な不備と重要な欠陥に関する報告書を定期的に作成し，軽微な不備の要約とともに取締役会に提出してレビューを受けている。

付　　録

A．方法論
B．コメントの検討
C．重要用語集
D．謝辞

付　録

付録A
方法論

背　景

　企業がサーベインズ＝オックスリー法において要求される内部統制報告にどうすれば最善の準拠ができるかを考慮しはじめた直後に，中小規模公開企業が固有の問題に直面していることが明白となった。中小規模企業を取り巻く問題を検討したSEC主任会計官は，サーベインズ＝オックスリー法404条の要求に準拠することに関連して中小規模企業がCOSOの『内部統制の統合的枠組み』を利用する際に役立つように設計されたガイダンスを策定するプロジェクトに着手することを提案した。COSOはこれに同意し，2005年1月にプライスウォーターハウスクーパースと本プロジェクトを実行し，本報告書を執筆する契約を締結した。

　本報告書は，財務報告に係る内部統制の有効性と効率性を保持する際に固有の問題に取り組む中小規模企業の経営者に役立つように設計されている。本ガイダンスはCOSOの枠組みに代わるものでも，またそれを修正するものでもなく，むしろ財務報告目的を達成するためのCOSOの枠組みの費用効果的な利用方法を理解する際に経営者を支援するものである。

プロジェクトの構造

　このプロジェクト全体を通して，重要な情報は，最高経営責任者（CEO），最高財務責任者（CFO），コントローラーおよび内部監査人を含む多くの中小規模企業の経営執行者から得られた。情報は投資家，立法機関，規制当局，法律家，外部監査人，コンサルタントおよび学者からも得られた。また，このプロジェクトを通して，プライスウォーターハウスクーパースのプロジェクトチームはCOSO理事会に報告義務を負う諮問タスク・フォースおよびCOSO理事会から助言と勧告を受けた。タスク・フォースは中小規模企業に勤務経験を有す

る16名のメンバーで構成されている。

　補足として4段階のプロジェクト計画を下記に記す。
- 中小規模企業が財務報告に係る内部統制の整備，運用，評価に際して直面する固有の問題をプロジェクトチームおよびタスク・フォースやCOSO理事会がよりよく理解することができるように，広範な中小規模企業から招待者を招き，フォーラムが開催された。
- タスク・フォースのメンバーとCOSO理事会のメンバーの多くは，サーベインズ＝オックスリー法404条の適用に関する情報を求める内部統制報告の要件に関するSECの円卓会議に参加した。
- 本ガイダンスの草案は中小規模企業に従事する管理者と個人によってレビューされた。
- 本ガイダンスの予稿は中小規模企業業務専属の15の大手監査事務所からなるAICPAの主要監査事務所グループを含む多くの組織によってレビューされた。

　本プロジェクトの重要な節目ごとに，プロジェクトチームはタスク・フォースおよびCOSO理事会と意見交換し，フィードバックを受けた。

方　法

　本プロジェクトは4段階からなる。

　　研究—この段階では文献レビューと公開フォーラムを通して，中小規模企業がCOSOの枠組みを利用する際に直面する問題を識別した。この段階において，プロジェクトチームは情報を分析し，方法を対比させ，重要な問題と懸念事項を識別した。

　　構築と設計—プロジェクトチームは財務報告に係る内部統制の有効性と効率性に関連する原則，属性，方法，事例を含むガイダンスを策定した。ガイダンスは主要な利用者や利害関係者のグループによってレビューされ，改善のための回答と提案が得られた。

　　草案の公表準備—プロジェクトチームは数社の会社とともに本ガイダンスの草案をレビューし，内容を改善するためにフィードバックを利用した。

完成—この段階にはコメントを求めて本ガイダンスの草案を60日間公表した期間が含まれている。プロジェクトチームは受理したコメントをレビューし，分析し，修正が必要かを見きわめた。プロジェクトチームはそれから，内容を修正してCOSOのタスク・フォースおよびCOSO理事会の最終レビューと承認を受けた。

　予想されたとおり，プロジェクトの各段階や段階相互間において，基本的な事項に関して多様なそして時には相反する意見が表明された。COSOのタスク・フォースとCOSO理事会の監視の下に，プロジェクトチームは，個別に，そして関連する問題をまとめて取り上げる形でも表明された見解の利点について慎重に検討し，適切で，論理的で，内的整合性のあるものは受け入れていった。

付録 B コメントの検討

　本文書の草案はコメントを求めるために2005年10月26日から2006年1月15日まで公表された。176件の多種多様な問題に関する数百項目のコメントを受け取った。それぞれのコメントは最終的なガイダンスへ向けた修正の過程で検討された。本付録では重要性の高い問題およびそれに関連して本最終報告書において反映されている修正事項を要約するとともに，その見解が受け入れられた理由を明らかにしている。

原則，属性，方法および事例

　COSOの枠組みの5つの構成要素ごとに，公開草案では4つの節—原則，属性，方法および事例—を設けていた。回答者は概してこの構成を支持していたが，原則の記述の拡充を求めたり，個々の原則が中小規模企業に固有のものであるかどうかに関して言及することを求める者もいた。また，回答者の中には原則同士で重複している部分があるとの考えを述べる者もいた。さらには，方法と事例が中小規模企業の財務報告に係る有効な内部統制のための要件と見られるのではないかという懸念を表明する回答者もいた。

　最終的な文書では公開草案を構成を踏襲しており，基本原則に関してさらに詳細な説明を加えることはしなかった。原則は説明資料も含めてCOSOの枠組みからもってきており，これに属性，方法および事例を加えており，これらを全体として見れば，読者に原則の本質を理解させるために十分なものであると考えられる。

　原則が中小規模企業に固有のものであるかどうかに関しては，それらは固有のものではないと判断された。むしろ，原則は**COSOの枠組み**において確立された重要な概念を反映するものであるので，中小規模企業を含むあらゆる規模の企業に適用可能なものである。それゆえ，本ガイダンスは中小規模の組織には内部統制のための指針となる固有の原則があるとの見解を反映するものでは

ない。

　重複する部分があることに関しては，いくつかの原則に重複があることを認めて，各構成要素内のいくつかの原則をひとまとめにできるかどうかを確認した。情報と伝達のセクションの3つの原則が統合され，また，モニタリングのセクションの2つの原則が統合され，さらに，役割と責任の下にある3つの原則については他の原則の中に組み込まれた。したがって，最終的な文書では公開草案の26の原則から減って，20の原則となった。

　方法と事例が「要件」と見られるかもしれないという可能性に関しては，方法と事例に固有のガイダンスは，中小規模企業の経営者が有効な内部統制を考えるためにどのように決定するのかについての単なる説明にすぎないということをさらに強調する文言を加えた。

財務報告に係る内部統制の有効性の評価

　回答者の中には，財務報告に係る有効な内部統制を構成するものについては，公開草案で提示されたものとは異なる見解を表明する者があった。これに関して，中小規模企業においては，有効な内部統制のために原則または属性のすべてを提示する必要はないと回答する者があり，その一部はいくつかの原則は他の原則よりも重要であるので，「重要性の乏しい」原則は提示する必要はないとの見解を表明していた。また，有効性の評価はSECと公開会社会計監視委員会（PCAOB）によって提唱されているトップダウンプロセスに従うかに依存すると回答する者もあった。

　有効性の規準─財務諸表が信頼性をもって作成されているという合理的保証を経営者が得る程度にまで，5つの各構成要素が存在し，有効に機能していること─は，**COSOの枠組み**において確立されており，この文書は内部統制の有効性を判断するための定説となっている。本ガイダンスに掲載されている20の原則は**COSOの枠組み**の構成要素から直接もってきたものであるので，すべての原則は会社の規模にかかわらず，有効な内部統制に関連するものであり，最終的なガイダンスにおいてもこの考え方を踏襲している。しかしながら，すべての原則を同等にすべての会社に対して適用するものではないことも承知して

いる。最終的なガイダンスでは経営者がCOSOの枠組みに関連づけて，会社の内部統制システムを評価する必要があり，その評価を行う際には，20の原則に焦点を当てることが有用であると記載している。最終的なガイダンスでは，特定の原則が欠落している会社は必然的に有効な内部統制がないとは記載していない。むしろ，原則が達成されておらず，内部統制の不備が存在する場合には，それらの不備が重大な不備または重要な欠陥のレベルに至るかどうかを判断するために，それらの不備を評価すべきであると述べている。

　原則は，関連する属性，方法および事例とともに，中小規模企業の経営者が，有効な内部統制に必要とされるもの，そして，その目標をより効率的に達成するための方法をより容易に理解するのに役立つように設計されている。本ガイダンスは，SECとPCAOBによって提案されている方法を内部統制の有効性を構成するものに関する新しい基準として見るよりはむしろ，内部統制の有効性を評価する際にリスクに基づいた方法に従う経営者にとって有用であろうと期待されている。

方法と事例の費用効果

　回答者の中には，公開草案の事例は整合性のあるコスト削減方法を描いておらず，ガイダンスはコスト抑制の点で利用者が期待できるものを明確化する必要があるとコメントした者がいた。

　公開草案の事例は，財務報告に係る有効な内部統制を達成するための費用効果的な方法を描くことが意図されていた。中小規模企業を含むすべての企業において，有効な内部統制は費用を伴うことは承知しており，ガイダンスは中小規模企業の経営者が，増分費用を管理することを可能にするように設計されている。たしかに，ある方法や事例の使用は，一部の会社にとっては他の会社よりも費用効果の高いものであろうが，経営者は1つまたは複数の方法を適用するかどうかや本ガイダンスに提示された事例を選択して利用することを決定することもできるし，また，原則の適用に関して独自の方法を開発するかどうかを決定することもできる。

　最終的なガイダンスでは，小規模企業は費用効果的な内部統制を実行できる

ことや財務報告に係る有効な内部統制は大きな便益をもたらすものであることを強調するとともに,経営者は費用のみに焦点を当てるだけでなく,費用と便益を一緒に検討すべきであることを強調している。本ガイダンスにおける説明は,中小規模企業がより効率的に有効な内部統制を達成しうる方法をより良く説明するように修正され,方法と具体例はそれがどのように行われるかをより良く描くように精緻化された。

全社的統制と経営者の監視

回答者の中には,全社的統制と経営者の監視の役割が,他の統制に適切にとって代わる方法に解してもっと強調する必要があるとコメントした者がいた。これとは反対に,全社的統制と経営者の監視の適切性が強調されすぎており,過信することのリスクを指摘する回答者もいた。

最終的なガイダンスでは,全社的統制を含む信頼を得られる複数のポイントから安心感を得られるかに関する議論を追加するとともに,第2部の統制環境とモニタリングの章および第3部において全社的統制の利用に関してかなりのページを割いている。

モニタリング

回答者の中には,モニタリングに関する議論のレベルが限定されすぎており,特に組織レベルのモニタリングについて追加的な指針を求める者がいた。内部統制のモニタリングと会社業績のモニタリングの区別において,混同している部分が残されているという回答者のコメントもあった。

公開草案のモニタリングの章は(会社業績のモニタリングではなく)内部統制のモニタリングを適切に扱っているとの結論に至った。しかしながら,モニタリングとは何か,そして経営者が効率的に会社の内部統制システムの他の構成要素を監視しうる手段を明確化するための議論が追加された。そして,前述のとおり,原則の数を削減する作業において,モニタリングの章の2つの原則が統合された。

経営者に焦点を当て続けること

回答者の中には,監査人の役割をあまり強調せずに,経営者を中心にもっと焦点を当てる必要があるとコメントした者がいた。一般的な,そして特に監査基準2号(AS2)に関する監査人の観点との整合性をいっそう求める回答者もいた。

最終的な文書ではこれを反映して有効な内部統制システムを構築し,実施するための,またはその有効性を評価するための経営者の行動をより明瞭に指示している。本ガイダンスは監査人にとっても有用ではあるものの,彼ら向けのものでも,AS2の解釈を意図したものでもない。最終的な文書はこの区別をより明確にするために設計されている。

回答者の中には,十分な文書化の内容について追加的なガイダンスが提供されるべきであると提案する者がいた。文書化に関する議論はいくつかの理由により拡張すべきではないと決断した。第1に,**COSOの枠組み**は内部統制における文書化のレベルに関してほとんど議論していないからである。第2に,適切な文書化の性質と範囲は会社の状況によって大きく異なるものであるからである。第3に,内部統制システムを監査する際に監査人によって検証されることになる文書の種類は,AS2において取り扱われているからである。

職務の分離

回答者の中には,統制のないところ,特に職務の分離に関連する統制を補完する方法について追加的な議論を求める者がいた。

問題の重要性に鑑み,職務の分離をめぐる問題は,最終的な文書において十分に認識されており,関連する統制についての議論と事例も最終的な文書において十分に展開されている。

IT(情報技術)

回答者の中には,ITは多くの中小規模企業が重大な関心を寄せている領域であり,追加的な指針が必要であるとコメントした者がいた。

最終的な文書では，IT環境の複雑性が高いか低いかの違いに関する議論を含むITに関する追加的な指針を含めている。この議論は本書においてすでに重要な論点として取り上げたIT統制を補足するものであり，第2部には多くの事例が含まれている。ITに関するセクションはすでに他のセクションと比べて長くなっており，バランスをとるために，これまで第2部にあったコンピュータの業務処理統制と全般統制に関する議論といくつかの事例は，現在では第3部におかれている。第3部には複雑性の低いまたは高いIT環境の双方におけるIT統制を評価するための追加的なツールが含まれている。

文書の長さ

　回答者の中には本文書の全体的な長さに懸念を表明し，中小規模企業の管理者には資料として膨大すぎるかもしれないと主張する者がいた。回答者の多くは，文書を削除するよりも，全体をいくつかの部に分けることを提案していた。

　文書を短くするのではなく，利用者の使い勝手のよいものにすることが決まった。より上層部の人々を対象としたセクションは簡素化され，その他の管理者のための資料は，より有用なものとなるように参考文書としてまとめられている。最終的な文書は3部から構成されている。第1部は概要であり，上層部向けの要約を求める取締役と上級経営者向けのものである。第2部は会社の内部統制システムの構築または評価に密接に関与する管理者向けのガイダンスを含んでいる。第2部の最初の章は，費用効果的な内部統制に関する逐語的なガイダンスを含んでいる。続く章では章ごとに内部統制の各構成要素について，関連する内部統制の原則，原則の属性，原則を達成するために用いることができる方法および理解を深めるための事例が列挙されている。第3部は詳細かつ具体的な評価ツールとテンプレートを含んでいる。第2部の構成要素の章および第3部の資料は，特定の領域における統制を検討する際に用いられる参照ツールとして利用するためのものである。

付録C

重要用語集

COSOの枠組みは付録に重要用語集を収録している。COSOの枠組みで用いられ，定義されている用語に加えて，本ガイダンスにおいては以下の用語が使われており，その定義は次のとおりである。

属性—原則に関連しそれを支持する特性

補完的統制—補完的統制は，信頼しうる財務報告を脅かす全体的なリスクの評価の過程において検討される。これらの統制は，リスクを受容可能な水準まで低減させるのに役立ち，適切に機能しなかった他の統制の目的の達成に資するものである。

全社的統制—会社の全社レベルで行われる統制で，組織全体に広範囲に影響を及ぼす。全社的統制は，内部統制の5つの構成要素いずれにおいても存在しうる。

財務報告に係る内部統制—会社の取締役会，経営者およびその他の構成員によって実施され，公表財務諸表の信頼性に関して合理的保証を与えるために設計されたプロセス

プロセス・レベルの統制—組織のプロセス内の統制であり，全社的統制に比べ，より低く，狭いレベルで実行される統制

原則—財務報告に係る内部統制の有効性に関連する基本的概念でCOSOの枠組みの5つの構成要素から直接もってきたもの

リスク—ある事象が起こり，（財務報告）目的の達成に悪影響を及ぼす可能性

SAS70報告書—業務提供先の組織の特定の内部統制に関して，AICPAのSAS70に準拠して独立監査人によって作成される報告書

証券取引所—アメリカン証券取引所（AMEX），ニューヨーク証券取引所（NYSE）または全米証券業者協会相場情報システム（NASDAQ）といったアメリカを本拠とする証券取引所

付　録

付録D　　　謝　辞

　COSO理事会，タスク・フォースおよびプライスウォーターハウスクーパースLLPは，多くの経営執行者，立法機関，規制当局，監査人，学者および本研究のさまざまな局面において時間とエネルギーを費やして参加され，貢献された方々に対して，謝意を表する次第である。また，ワークショップや会議に参加し，本ガイダンスの策定全般にわたってコメントとフィードバックをいただいたCOSO組織およびそのメンバーにも多大のご尽力をいただいた。管理会計士協会の代表として早くからご助力いただいたデニス・L.ニーダー氏に特別の謝意を表する次第である。

　リサ・ビュールガード氏，マイラ・クリアリー氏，カルロ・ディ・フロリオ氏，ロバート・フィッシュ氏，そして，ジョニー・フランク氏をはじめとするプライスウォーターハウスクーパースの多くのパートナーとスタッフは，本枠組みに重要な情報をご提供くださった。また，スタインバーグ・ガバナンス・アドバイザーInc.の創業者兼会長であり，プライスウォーターハウスクーパースの元パートナーであるリチャード・M.スタインバーグ氏のご助力にも謝意を表する次第である。

ガイダンス篇

財務報告に係る内部統制の誘導――中小規模公開企業向けガイダンス

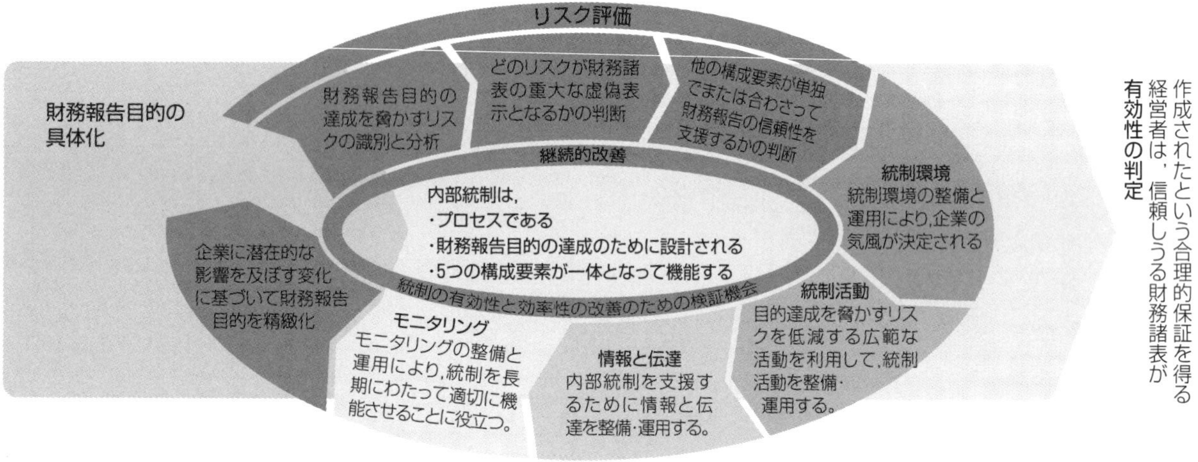

経営者は、作成された財務諸表が信頼しうるという合理的保証を得る

有効性の判定

財務報告目的の具体化
- 企業に潜在的影響を及ぼす変化に基づいて財務報告目的を精緻化

リスク評価
- 財務報告目的の達成を阻むリスクの識別と分析
- どのリスクが財務諸表の重大な虚偽表示につながるかの判断
- 他の構成要素の組合わせによって財務報告の信頼性を支援するかの判断

統制環境
統制環境の整備と運用により企業の気風が決定される

統制活動
目的運用を縮めるリスクを低減する広範な活動を利用して、統制活動を整備・運用する。

情報と伝達
内部統制を支援するために情報と伝達を整備・運用する。

モニタリング
モニタリングの整備と運用により、統制を長期にわたって適切に機能させることに役立つ。

内部統制は、
- プロセスである
- 財務報告目的の達成のために設計される
- 5つの構成要素が一体となって機能する
- 統制の有効性と効率性の改善のための検証機会

継続的改善

178

付　録

リスク評価

8. 財務報告目的の識別
   GAAPに準拠し，情報開示を支援し，会社の活動を反映することは，適切な財務諸表における主張と重要性の検討によって支えられている……………………88
9. 財務報告リスクの識別と分析
   業務プロセス，構成員の資質および情報技術を含み，適切な階層の経営者が関与し，内部と外部双方の要因を検討し，発生可能性と影響を見積り，再評価の契機となる…………………93
10. 会社に影響を及ぼす不正の識別と評価
    動機とプレッシャー，リスク要因を検討し，実行責任と説明責任を明確にする………………………101

統制環境

1. 誠実性と倫理観の形成と理解
   価値観を明確化し，厳守状況をモニタリングし，逸脱に対処する………………52
2. 取締役会が監督責任を理解し遂行する
   権限を定め，独立的に機能し，リスクをモニタリングし，財務報告の専門能力を保持し，品質と信頼性を監督し，監査を監視する…57
3. 経営者の考え方と行動様式が内部統制を支援する
   気風を決定し，会計原則および見積りに対する態度に影響を及ぼし，目的を明確化する………………66
4. 組織構造が内部統制を支えている
   財務報告の手順を定め，構造を確立する……………69
5. 財務報告に関する能力の維持
   専門能力を識別し，人員を確保し，専門能力を評価する……………………72
6. 権限と責任の割当て
   責任を明確化し，権限を制限する………………………76
7. 人的資源の方針と業務が内部統制を円滑化する
   人的資源の実務を設定し，人材を採用および確保し，適切な研修を行い，業績と報酬を評価する…………80

ガイダンス篇

統制活動

11. 統制活動とリスク評価の統合
    リスクを低減し，会社の総勘定元帳への記帳とITの入力のすべての重要なポイントについて検討する…108
12. 統制活動が選択され整備される
    活動の範囲を検討し，予防的統制と発見的統制を含み，職務を分離し，費用対便益を検討する………112
13. 方針が設定され，伝達される結果，経営者の指示が実行に移される
    業務プロセスに統合し，責任と権限を設定し，適時に実施され，思慮深く実施され，例外を調査し，定期的に再評価する………118
14. IT統制が整備され運用される
    業務処理統制を含み，コンピュータ業務全般を考慮し，エンドユーザーコンピューティングを含む…123

情報と伝達

15. 財務報告に関する情報が識別され，収集され，利用され，配信される
    データを収集し，財務情報を含み，内部と外部の情報源を利用し，業務情報を含み，品質を維持する…138
16. 内部統制に関する情報が識別され，収集され，利用され，配信される
    データを収集し，決定と更新の契機となり，品質を維持する…………………141
17. 内部伝達が内部統制の実施を支援する
    組織内の人々や取締役会と意思を図り伝達し，別個の独立した伝達経路を含み，情報にアクセスする…144
18. 目的の達成に影響を及ぼす事項が伝達される
    情報を提供し，独立的に評価する…………………149

モニタリング

19. 日常的および／または独立的評価により，経営者が内部統制の機能状況を判定できるようになる
    業務と統合され，客観的評価を提供し，豊富な知識を有する人材を利用し，フィードバックを考慮し，範囲と頻度を調整する……154
20. 内部統制の不備は識別され，伝達される
    検出事項を報告し，適時に是正する……………161

179

COSO
財務報告に係る内部統制
―中小規模公開企業ガイダンス

第3部：評価ツール篇

2006年6月

Ⅰ．はじめに

　本篇は，『財務報告に係る内部統制―中小規模公開企業ガイダンス』の第3部である。この3部作の報告書の目的は，トレッドウェイ委員会支援組織委員会（COSO）の『**内部統制の統合的枠組み**』を利用する中小規模公開企業に対して，財務報告に係る内部統制の有効性についての指針を示すことである。本報告書はこのような内部統制の目的を費用効果的な方法で達成する手法について述べている。

- 第1部は**要約篇**にあたり，企業の取締役会および上級経営者向けの大まかな要約である。
- 第2部では，企業の性質およびそれが内部統制に及ぼす影響，中小規模企業が直面する問題ならびに経営者の**COSOの枠組み**の利用方法ついて述べることで，中小企業の財務報告に係る内部統制について概観している。ここには，**COSOの枠組み**から導き出した20の基本的な原則が，関連する属性，方法および中小規模企業がこれらの原則を費用効果的な方法で適用するための事例とともに示されている。
- この第3部では，内部統制を評価するにあたって経営者を支援するツールの例を掲載している。経営者は，自社が有効に原則を適用しているかを判断する際に，これらのツールの例を用いることができるであろう。

　本書のツールは，純粋に説明のために示したものであり，そこで示していることは内部統制システムを評価する際にすべて検討する必要がある，あるいは，内部統制システムが有効であると結論づけるためにそのような事柄のすべてが整っていなければならない，ということはまったく意図していない。同様に，これらのツールが，評価の実施と内容の文書化に最適な方法というわけではなく，また，自社が財務報告に係る内部統制の評価に際して検討すべき一連の完全な規準を必ずしも意味するとは限らない。

　評価の方法および文書化の技術は企業ごとに異なる。したがって，企業によ

っては本書と異なる評価のツールおよび技術を用いるであろうし，またそのようなツールを用いようという企業にあっては，各社に特有の事象，状態，リスクおよびその他の状況等を反映するようにツールを調整することが望ましい。

マトリックス

　本書のツールは，マトリックスで示しているが，**COSOの枠組みのツール篇**にある一般的企業モデルに基づいている。一般的企業モデルが妥当である理由は2つある。第1に，本モデルは，モデルにおける企業の活動，取引および情報の流れと結びつけられているマトリックスの実例を支える構造を提示する。第2に，本モデルは，評価担当者が，自社の活動とそれら相互および外部との関係，ならびに各活動を管理する際に作成し利用される情報を理解するための叩き台として利用できる。このように利用する場合には，一般的企業モデルは自社の状況に合わせて調整しなければならない。自社の活動，取引および情報の流れをより良く表すようにするために，自社に特有の情報を用いて一般的企業モデルを修正もしくは補強しなければならない。換言すれば，このように理解することで，関連するリスクを識別し分析することが容易になり，また内部統制に影響を与えるシステム上のポイントを識別することが可能となる。一般的企業モデルの図表3および図表4は特に本書と関連性が高いので，容易に参照できるよう，以下に再掲した。

　経営者は，マトリックスの実例の一部もしくはすべてを用いて，以下の点を理解する際の助けとすることが可能である。すなわち，

- 全社的なリスクおよび統制手続
- 勘定科目と関連する経営者の主張との関係
- 重要な業務プロセス，支援技術，および関連する勘定に影響を与える情報の流れ
- プロセス・レベルのリスクおよび統制手続

　一般的企業モデルと同様に，マトリックスの実例を利用する場合には，マトリックスを自社に特有の環境に見合うように調整しなければならない。内部統制評価の担当者は，たとえば，統制手続の整備状況や運用状況の有効性に関し

Ⅰ．はじめに

て[1]，あるいは整備状況や運用状況に最初から不備があった統制手続における残余リスクの性質と水準について，記入欄を増やしたり，情報を組み込んだりすることにより，このようなマトリックスを修正することが可能となる。

マトリックスを用いることで以下のようなメリットがある。

- 業務プロセスおよび関連する統制手続を明示できる。
- 関係する財務諸表上の経営者の主張を，信頼しうる財務報告に対するリスクに結びつけることができる。
- 目的および統制手続をリスクに結びつけることができる。
- 統制手続の性質を識別できる（手作業あるいは自動化された統制，予防的あるいは発見的統制）
- 統制手続の識別によって，統制手続のうちどれを検査し，どのように検査するべきかについての重要なポイントが明らかになる。
- 業務プロセスや統制手続の明示によって適切に文書化を行うことができる。

図表3：一般的企業モデル—経営管理活動（概要）

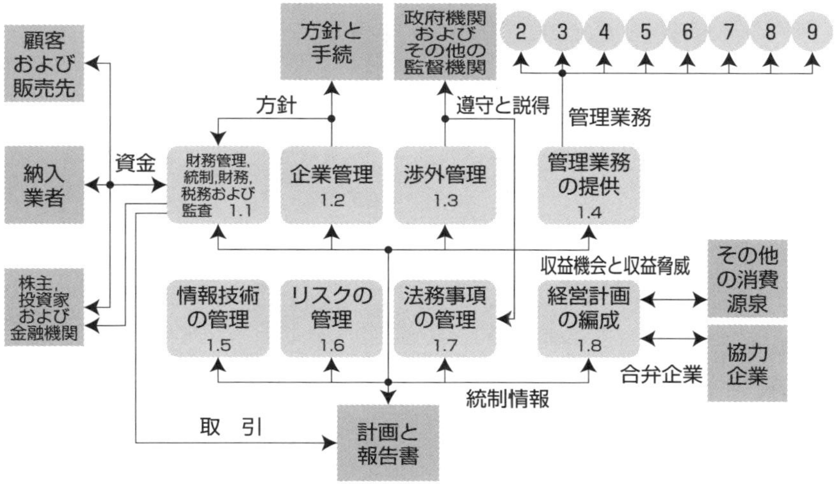

---

[1] これらの記入欄を本書のマトリックスの実例に含めると膨大な量となるため，割愛した。
注：数字は，ここでは示されていない企業モデルの他の部分を示している。

経営者が是正措置を必要とするような統制上の不備を識別したり，財務報告に係る内部統制の全体的な有効性を判断するにあたっては，マトリックスは役に立つであろう。

本書におけるマトリックスの実例は評価プロセスにおいて役立つであろうが，必要かつ適切な統制手続および評価を示した包括的もしくは統合的なモデルとして考えるべきではない。これらのマトリックスは，例示の企業におけるものであり，経営者がこれから用いようとしているツールについて考える際の叩き台としてあげた例にすぎない。ここで，本書があげたこの架空の企業（実際に

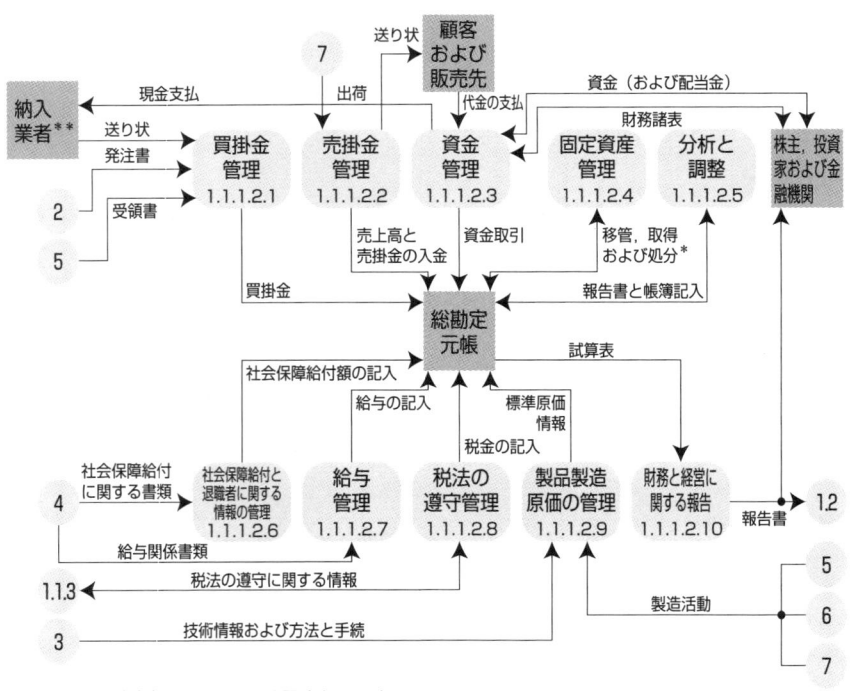

図表4：一般的企業モデル──経営管理活動（細目）

*内部的な補助書類で，ここでは示されていない。
**これには，従業員と退職者，および税務当局への支払が含まれる。
注：数字は，ここでは示されていない企業モデルの他の部分を示している。

（訳注）　原書の図表番号は図表3，4となっているが，これは『COSOの枠組みのツール篇』の図表3，4（原書54，55ページ）を再掲しているためである。

はいくつかの中小規模企業から得た情報を合成したものに基づいている）は，原材料を輸入し，自社および他社ブランド名で工具を製造および販売するものと想定している。同社の製品は，「日曜大工」向けのホームセンターで販売する軽量工具から業務用の大型工具にまで及ぶ。本社はコネチカット州にあり，支社がニュージャージー州とロードアイランド州にある。同社の年商は1億1,000万ドル，時価総額6,000万ドル，従業員数550名である。

　本書のマトリックスは，トップダウン型かつリスク指向型の評価アプローチを支援するよう構成したものであり，マトリックスの一部から得た情報で他のマトリックスを完成させる方法を採っている。実際のマトリックスは以下のような形式であり，各マトリックスは各章に分けて提示している。

総合評価

マトリックスに
おける発見事項
を統合し転送

経営者が発見事
項を総合する際
の根拠を形成

全社的統制手続

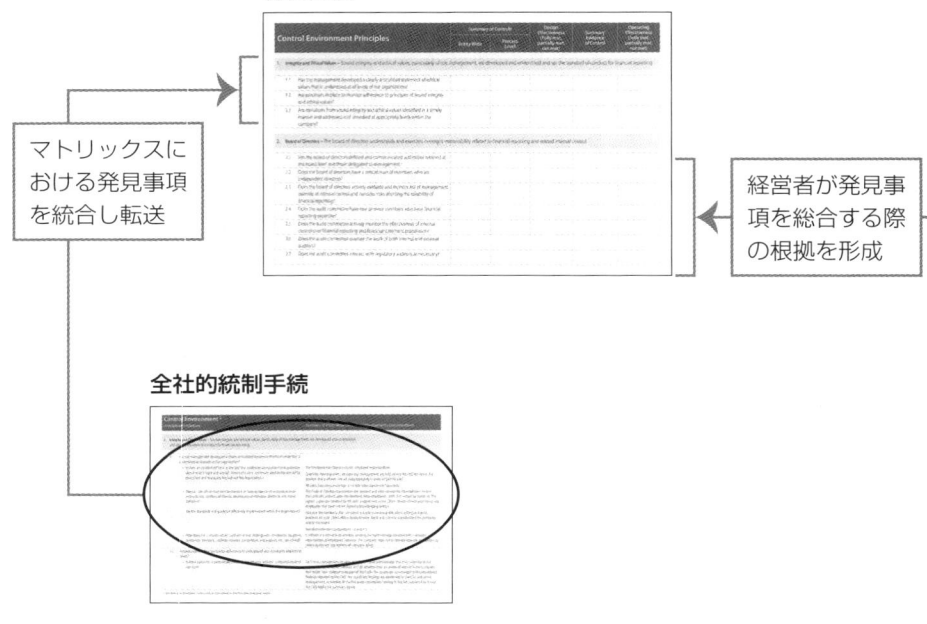

- **原則の評価（第2章）**―本マトリックスは，他のマトリックスから得た情報を総合するために使用し，5つの内部統制に関する構成要素の存在および機能を支援する20の原則の適用状況に対する評価の根拠をもたらす。このマトリックスでは，本書で述べている20の原則および関連する属性を並べており，それぞれについて，関連する全社レベルおよび／またはプロセス・レベルの統制手続，統制手続の有効性の評価，ならびに関連する支援方法と結びつけている。経営者は，属性の存在および原則の適用について評価する際に，全社レベルおよびプロセス・レベルの統制手続を総合した

Ⅰ．はじめに

勘定科目の見積り，決算整理仕訳およびお締切

プロセス・レベル

ＩＴ

リスク評価

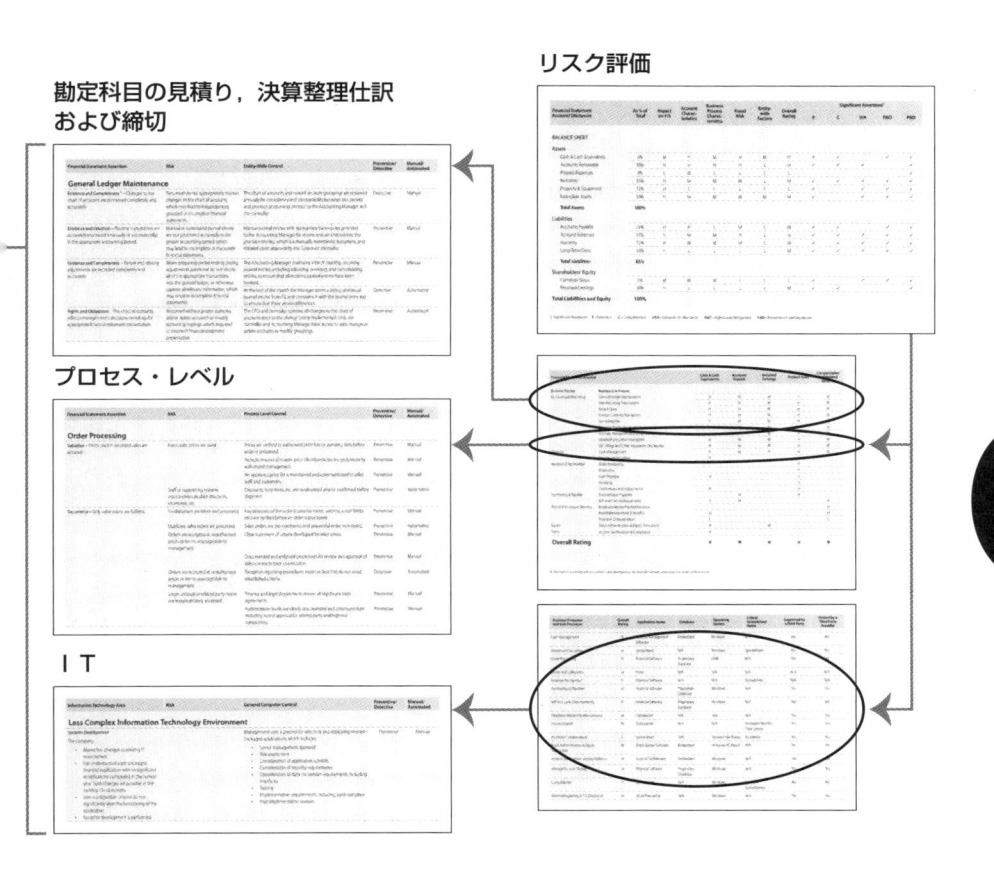

評価ツール篇

効果を検討する。各構成要素のセクションの最後には，原則の適用状況に関する評価について記入する欄がある。さらに，マトリックス全体の最後には，不備があればそれを記入し，またその不備が重大な不備もしくは重要な欠陥のレベルにまで達しているかについても記入する欄がある。なお，内部統制の整備状況の適切性とその運用状況の有効性に対する評価といった，例示の企業における他のマトリックスからの情報が得られていないため，第2章でのツール例にはまだ何も書き込んでいない。

● **全社的統制手続（第3章）**――本マトリックスは，全社的統制手続に対する

評価，とりわけ，統制環境，情報と伝達およびモニタリングの構成要素に固有の統制手続に対する評価を可能にする。ここには関連する原則および属性が記入してある，例示の企業内に設定され，属性を支えている統制手続も列挙されている。社内の統制手続について記入する欄もあり，その情報は原則評価マトリックスの「全社レベル」の欄に反映される。

- **リスク評価（第4章）**—第4章における3つのマトリックスは互いに関連し合っており，ここでは例示の企業が，財務諸表上の勘定科目を，関連するリスク要因，財務諸表上の経営者の主張，業務プロセスおよび使用ソフトウェアとその支援インフラに結びつけることで，信頼しうる財務報告に対するリスクの評価についてどのように文書化するかについて示している。
    - **リスク評価マトリックス1**では，財務諸表上の各勘定科目に対するリスク要因およびその格付けに加えて，関係する財務諸表上の経営者の主張との結びつきを示している。
    - **リスク評価マトリックス2**では，財務諸表上の勘定科目を業務プロセスやそのサブ・プロセスごとに配置し，その上でサブ・プロセスごとにリスク分析を行っている。本章のマトリックスの実例では，現金，買掛金，留保利益，売上および給与といったいくつかの勘定科目のみを示している。
    - **リスク評価マトリックス3**では，リスク評価マトリックス2で識別した重要な業務プロセスを，使用ソフトウェアとその支援インフラごとに配置することにより，例示の企業のITリスクに対する評価を示す。
- **勘定科目の見積り，決算整理仕訳および締切（第5章）**—本マトリックスは，勘定科目の見積り，決算整理仕訳および締切に関する統制手続のレビューの方法について示している。ここでは財務報告上の経営者の主張を関連するリスクおよび統制手続に結びつけ，それに加えて，統制手続の性質を識別し，その有効性を評価する。このマトリックスに記入すべき情報を決める際には，リスク評価マトリックス2における情報を用いる。さらに，このマトリックスに記入した統制手続に関する情報は，今度は，勘定科目の見積り，決算整理仕訳および締切を扱う原則評価マトリックスの各欄に

Ⅰ．はじめに

転送される。

- プロセス・レベルのリスクおよび統制手続（第6章および第7章）——ここに示した2つのツールは，プロセス・レベルのリスクおよび統制手続に関するものであり，これらはリスク評価マトリックス2と3で識別した業務プロセスおよびサブ・プロセスを例示の企業の経営者がレビューするための一助となる。第6章のツールは，プロセス・レベルの統制手続を，関連する財務諸表上の経営者の主張およびリスクに結びつけるマトリックスである。このマトリックスでは，収益に関する勘定科目についての例を説明しており，また統制手続の性質についても示している。第7章のツールは，給与に関するプロセスと関連する統制手続についてどのように文書化するのかを示している。これらのツールから得た情報は原則評価マトリックスの欄を，そのうち特にリスクの評価および統制手続の欄を記入するために利用される。
- IT（第8章）——本マトリックスにより，経営者は会社のITによる統制手続をレビューすることが可能になる。このマトリックスは2つのセクションからなっており，第1のセクションはあまり複雑ではないIT環境を，第2のセクションはより複雑なIT環境を扱っている。各セクションは，経営者が，自社のITによる統制手続や関連するリスクを文書化する方法に加えて，統制手続の性質および有効性の評価について文書化する方法を示している。例示の企業では，経営者がこのマトリックスを埋めるのにあたって有用な情報をリスク評価マトリックス3が提供し，さらに，本章のマトリックスにおける情報が，今度は原則評価マトリックスのリスク評価および統制活動の欄を埋めるのに役立つであろう。

マトリックス間の情報の流れは，以下のように図示（次ページ）することができる。

評価ツール篇

財務報告に係る内部統制の文書化および評価

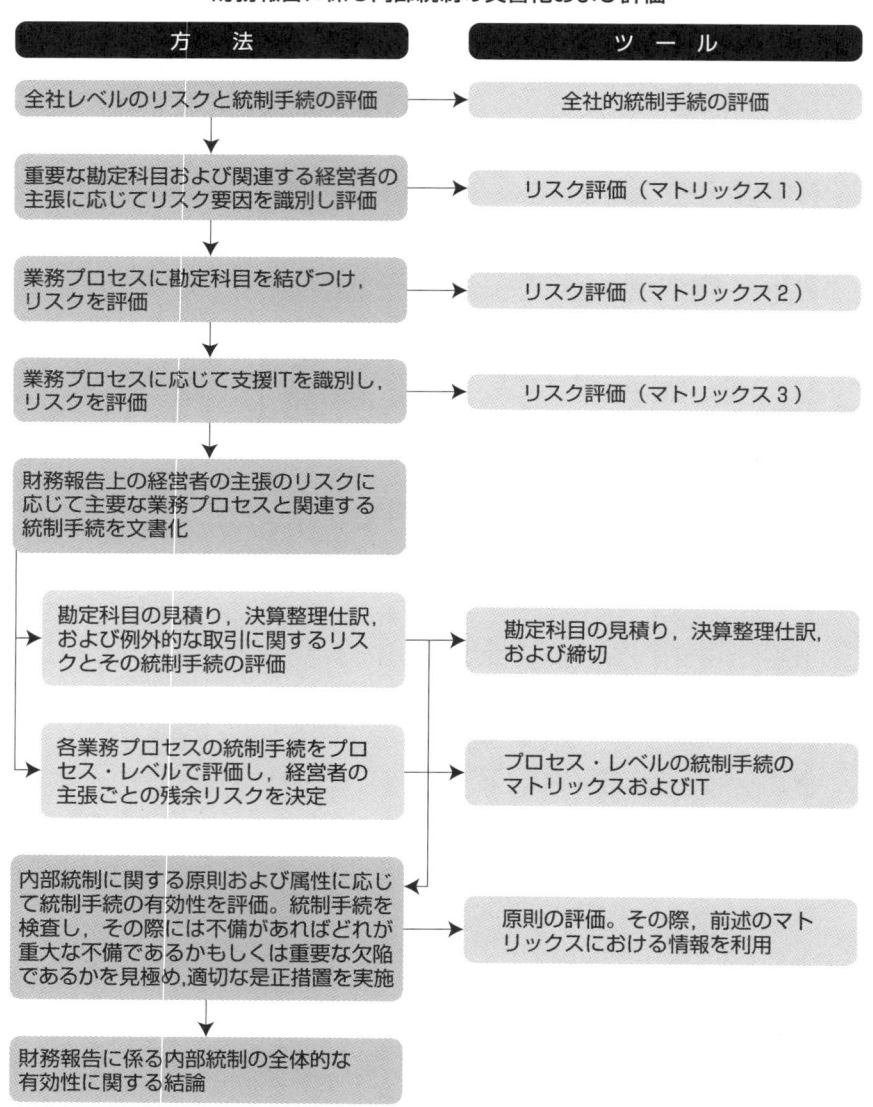

方　　法	ツ　ー　ル
全社レベルのリスクと統制手続の評価	全社的統制手続の評価
重要な勘定科目および関連する経営者の主張に応じてリスク要因を識別し評価	リスク評価（マトリックス1）
業務プロセスに勘定科目を結びつけ，リスクを評価	リスク評価（マトリックス2）
業務プロセスに応じて支援ITを識別し，リスクを評価	リスク評価（マトリックス3）
財務報告上の経営者の主張のリスクに応じて主要な業務プロセスと関連する統制手続を文書化	
勘定科目の見積り，決算整理仕訳，および例外的な取引に関するリスクとその統制手続の評価	勘定科目の見積り，決算整理仕訳，および締切
各業務プロセスの統制手続をプロセス・レベルで評価し，経営者の主張ごとの残余リスクを決定	プロセス・レベルの統制手続のマトリックスおよびIT
内部統制に関する原則および属性に応じて統制手続の有効性を評価。統制手続を検査し，その際には不備があればどれが重大な不備であるかもしくは重要な欠陥であるかを見極め,適切な是正措置を実施	原則の評価。その際，前述のマトリックスにおける情報を利用
財務報告に係る内部統制の全体的な有効性に関する結論	

Ⅰ．はじめに

有効性の評価

　内部統制の整備状況と運用状況の有効性を評価することには何らかの判断が伴う。たとえば，経営者は統制手続の有効性を，基準の達成あるいは未達成というように二分するのではなく，完全達成，一部達成および未達成といったように，より細かく評価しようと考えるかもしれない。本書の原則評価マトリックスはこの方法を採っている。

　原則の適用ができていないときには，統制手続において1つ以上の不備が存在することとなり，その際，今後の是正措置について決め，そしてその不備のレベルが重大な不備にあたるかまたは重要な欠陥のレベルにあたるかを決定しなければならない。該当する不備はトップ・マネジメントおよび取締役会に伝達しなければならない。そして，内部統制の5つの構成要素がしかるべく存在し，有効に機能しているかどうかに基づいて（これらの点は重要な欠陥の有無にもよる），財務報告に係る内部統制の有効性について全体的な判断を下す。

　以下の図表は，経営者が評価をする際に採用する方法について，そして，前述したマトリックスをどのように利用するかについて示している。

Ⅱ．原則の評価

統制環境に関する原則	統制手続の概要		整備状況の有効性（完全達成、一部達成、未達成）	統制手続に関する根拠の概要	運用状況の有効性（完全達成、一部達成、未達成）
	全社レベル	プロセス・レベル			
1．**誠実性と倫理観**—健全な誠実性と倫理観，とりわけ最高経営層のそれが形成され，理解され，財務報告に係る行為の基準が設定されている。					
1.1　最高経営層は，会社のすべての階層で理解されている，倫理観を明確に述べた文書を作成しているか。					
1.2　健全な誠実性と倫理観に関する原則の遵守状況についてモニタリングするプロセスを設定しているか。					
1.3　健全な誠実性と倫理観からの逸脱を，適時に識別し，社内のしかるべき階層で適切に対処し，是正しているか。					
2．**取締役会**—取締役会は，財務報告およびそれに係る内部統制に関連する監督責任を理解し，遂行している。					
2.1　取締役会は，取締役会が有する権限および経営者に委託する権限を定め，伝達しているか。					
2.2　取締役会には，独立性を有する取締役が過半数を占めているか。					

Ⅱ．原則の評価

2.3	取締役会は，積極的に経営者が内部統制を無効にするリスクを評価，モニタリングし，財務報告の信頼性に影響を与えるリスクを検討しているか。				
2.4	複数の監査委員が，財務報告に関する専門能力を有しているか。				
2.5	監査委員会は，積極的に財務報告および財務諸表作成に係る内部統制の有効性を監督しているか。				
2.6	監査委員会は，内部監査人および外部監査人双方の作業を監督しているか。				
2.7	監査委員会は，必要な場合，法定監査人と相互に協力しているか。				
2.8	監査委員会は，外部監査事務所との契約，交代，報酬の決定の専属的権限を有しているか。				
2.9	監査委員会は，内部監査人および外部監査人と関連する課題を話し合う非公式な会合をもっているか。				

3．経営者の考え方と行動様式—経営者の考え方と行動様式が，財務報告に係る有効な内部統制の達成を支援している。

3.1	経営者の考え方と行動様式は，信頼しうる財務報告を重視しているか。				
3.2	経営者の態度は，会計方針を選択したり会計上の見積りを行ったりする際における規律ある客観的なプロセスに役立っているか。				
3.3	経営者は，財務報告に係る内部統制の任務を含む財務報告目的を設定し，明確に述べているか。				

評価ツール篇

原則評価マトリックス：統制環境に関する原則

統制環境に関する原則	統制手続の概要		整備状況の有効性（完全達成、一部達成、未達成）	統制手続に関する根拠の概要	運用状況の有効性（完全達成、一部達成、未達成）
	全社レベル	プロセス・レベル			

4．**組織構造**——会社の組織構造が，財務報告に係る有効な内部統制を支えている。					
4.1 経営者は，社内の個々の機能分野および業務単位に対して，財務報告における適切な役割分担を設定しているか。					
4.2 経営者は，財務報告に係る内部統制に関する有効な報告およびその他のコミュニケーションを促進するような組織構造を設定しているか。					

5．**財務報告に関する能力**——会社は，財務報告およびそれに係る監視機能に関して有能な人員を擁している。					
5.1 会社は，正確かつ信頼しうる財務報告を支えるような能力を識別しているか。					
5.2 会社は，財務報告に関して必要な能力を有する人員を採用するか，または，確保しているか。					
5.3 会社は，必要とされる能力について，定期的に評価し，維持管理しているか。					

6．**権限と責任**——経営者と従業員は，財務報告に係る有効な内部統制を円滑化するためにしかるべき水準の権限と責任を割り当てられている。					
6.1 取締役会は，重要な財務報告上の役割に関する責任を明確にする経営者のプロセスを監視しているか。					

Ⅱ．原則の評価

6.2	CEOおよび最高経営層は，内部統制システムの導入と維持管理を含む財務報告に係る健全な内部統制に対する責任を負っているか。				
6.3	上級経営者と部長級の管理者は，内部統制の方針および手続を遵守することで財務報告の目的を達成するという従業員各自の責任を，すべての従業員に理解させることに責任を負っているか。				
6.4	権限と責任の付与にあたっては，相応の制限があるか。				

7．人的資源—人的資源に関する方針と業務は，財務報告に係る有効な内部統制を円滑化するために設定され，実施されている。

7.1	経営者は，誠実性，倫理的行動および能力に対する取り組みを明示するような人的資源に関する実務を設定しているか。				
7.2	財務報告において重要なポストを占める従業員の採用と確保は，誠実性の原則と当該ポストに関係する必要な能力に基づいて行っているか。				
7.3	経営者は，財務報告上の役割を遂行するために必要な手段と研修を提供することで，従業員を支援しているか。				
7.4	最高経営層に影響を与えるものも含め，従業員の業績評価と報酬制度は，財務報告目的の達成を支援しているか。				

評価ツール篇

統制環境の総括	統制環境*の構成要素の整備状況の有効性	統制環境*の構成要素の運用状況の有効性
総合すると，現状の業務プロセスは，統制環境に関する7つの原則を守り，また自社の財務報告目的の達成を支援するのに十分であるか。	完全達成	完全達成
	一部達成	一部達成
	未達成	未達成
上記の判断を下した理由および財務報告に係る内部統制の品質を向上させるために自社が今後講じる措置について要約すること。		

＊（訳注）原文は統制活動であるが，統制環境の誤植であると思われる。

Ⅱ．原則の評価

原則評価マトリックス：リスク評価に関する原則

リスク評価に関する原則	統制手続の概要		整備状況の有効性（完全達成、一部達成、未達成）	統制手続に関する根拠の概要	原則の運用状況の有効性
	全社レベル	プロセス・レベル			
8．財務報告の目的—経営者は，信頼しうる財務報告に対するリスクを識別できるように，十分な明確さと規準を備えた財務報告目的を明示している。					
8.1　財務報告の目的は，GAAPと矛盾していないか。					
8.2　選択された会計方針は，現状において適切であるか。					
8.3　財務諸表は，それを利用，理解および解釈に影響を与える事項に関して有益であるか。					
8.4　開示された情報は，詳細すぎず，また，簡潔すぎず，合理的な方法で分類および要約されているか。					
8.5　財務諸表は，認められた範囲内での同社の財政状態，経営成績およびキャッシュ・フローの状況を表示する方法で，財務諸表の基礎となる取引や事象を反映しているか。					
8.6　重要な勘定科目および開示に関して，財務報告目的は，会社の財務諸表の基礎となる財務諸表の主張によって，状況に応じて適合するように支援されているか。					
8.7　財務諸表の表示は，重要性概念を反映しているか。					

評価ツール篇

原則評価マトリックス：リスク評価に関する原則

リスク評価に関する原則	統制手続の概要		整備状況の有効性（完全達成、一部達成、未達成）	統制手続に関する根拠の概要	原則の運用状況の有効性
	全社レベル	プロセス・レベル			

9．財務報告に関するリスク──会社は，リスクを管理する方法を決定するための基礎として，財務報告目的の達成を脅かすリスクを識別し，分析している。

9.1	会社のリスクの識別には，財務諸表上の勘定科目や開示項目に影響を与えるような業務プロセスに対する検討が含まれているか。					
9.2	リスクの識別と評価の際，財務報告目的を支援する会社の従業員の能力が検討されているか。					
9.3	財務報告の目的を支援するITのインフラとプロセスは，財務報告に関するリスク評価に含まれているか。					
9.4	組織は，適切な階層の最高経営層に関与する有効なリスク評価機構を実施しているか。					
9.5	リスクの識別において，内部と外部の諸要因と，さらに，それらが財務報告の目的の達成に及ぼす影響をも検討しているか。					
9.6	リスクの発生可能性と当該リスクの潜在的な影響度を見積ることを伴うプロセスを通じて，識別したリスクは分析されているか。					

Ⅱ. 原則の評価

9.7 経営者は，財務報告の目的に影響を与える可能性のある変化が発生するたびにリスクを再評価することとなるような仕組みを設定しているか。				
10. 不正リスク—不正に起因する重要な虚偽表示の可能性が，財務報告目的の達成を脅かすリスクを評価する際に明示的に検討されている。				
10.1 会社の不正リスクの評価により，不正を犯す機会だけでなく，不正を犯す動機やプレッシャー，姿勢および理由づけが検討されているか。				
10.2 会社の評価において，誰かが不正を犯す可能性および不正が財務報告に及ぼす影響度といったものを左右するリスク要因を検討しているか。				
10.3 不正への方針と手続に対する責任と説明義務は，リスクが存在する事業単位または業務プロセスの管理を伴っているか。				

リスク評価の総括	リスク評価の整備状況の有効性	リスク評価の運用状況の有効性
総合すると，現状の業務プロセスは，統制環境に関する3つの原則を守り，また自社の財務報告目的の達成を支援するのに十分であるか。	完全達成	完全達成
	一部達成	一部達成
	未達成	未達成
上記の判断を下した理由および財務報告に係る内部統制の品質を向上させるために自社が今後講じる措置について要約すること。		

評価ツール篇

原則評価マトリックス：統制活動に関する原則

統制活動に関する原則	統制手続の概要		整備状況の有効性（完全達成、一部達成、未達成）	統制手続に関する根拠の概要	原則の運用状況の有効性
	全社レベル	プロセス・レベル			
原則11から14について十分検討するために，経営者はリスク評価のプロセスで識別した特定の業務プロセスに関する質問を見直す必要がある。評価の対象となる一般的な業務プロセスは，リスク評価の章でも述べているが，たとえば以下のようなものである。 会計上の見積り　　給与および従業員福利厚生 決算整理仕訳　　　仕入および買掛金 固定資産　　　　　収益および売掛金 資本　　　　　　　税金 締切および財務報告　資金 資金調達　　　　　非定形の取引	第5章では，勘定科目の見積りおよび決算整理仕訳に関する質問例を掲載しており，これらすべてに回答すれば，以下の質問に対する回答の主要な点を経営者が本マトリックスにまとめるための材料となる。 　　第6章では，左に示した業務プロセスの1つ，具体的には収益および売掛金に関する質問例を掲載しており，これらすべてに回答すれば，以下の質問に対する回答の主要な点を経営者が本マトリックスにまとめるための材料となる。こうしたプロセス・レベルの統制手続はまた，経営者にとって最も拠り所になるものである。				

11. リスク評価との統合—財務報告目的の達成を脅かすリスクに対応するための措置が講じられている。

11.1	統制活動は，財務報告目的に潜在的に影響を及ぼすリスクを低減するために整備されているか。					
11.2	統制活動は，会計上の見積り，決算修正仕訳や締切記入を含む記録プロセスのあらゆる側面に関連するリスクを検討しているか。					

Ⅱ．原則の評価

11.3	統制活動の選択にあたっては，関連するIT統制のリスクにまで及んでいるか。					

12.	**統制活動の選択と整備**—統制活動は，財務報告目的の達成を脅かすリスクを低減させるにあたっての費用と潜在的効果を検討した上で，選択され，整備されている。

12.1	統制活動には，状況に応じて費用と効果の点で異なるさまざまな活動があるか。（これらは承認，権限，確認，照合，事業の業績評価のレビュー，資産の保全および職務の分離を含んでいる。）					
12.2	経営者は，財務報告目的の達成に対するリスクを低減するため，予防的統制と発見的統制および手作業による統制と自動化された統制をバランスよく利用しているか。					
12.3	職務は，リスクを低減し財務報告の目的を満たすように，要員やプロセスで論理的に分割されているか。					
12.4	統制を代替的な選択肢から選ぶ際，経営者は，統制の改善により予想される便益と統制活動の費用を比較して検討しているか。					

13.	**方針および手続**—信頼しうる財務報告に関する方針が，対応する手続とともに設定され，全社に伝達されることで，経営者の指示が実行されている。

13.1	統制活動は，業務プロセスと従業員の日々の活動に組み込まれているか。					
13.2	方針と手続の実施責任と説明責任の所在は，関連するリスクが存在する業務単位または業務機能の管理者にあるか。					
13.3	手続は適時に行われているか。					

評価ツール篇

原則評価マトリックス：統制活動に関する原則

統制活動に関する原則	統制手続の概要		整備状況の有効性（完全達成、一部達成、未達成）	統制手続に関する根拠の概要	原則の運用状況の有効性
	全社レベル	プロセス・レベル			
13.4 手続は業務全体にわたって思慮深く，誠実かつ一貫して実施されているか。					
13.5 手続は，機能，部署およびプロセスレベルにおいて生み出された属性に加えて，上級管理職のレベルで設定された方針も反映しているか。					
13.6 手続を実施することで識別された諸条件は調査され，適切な措置が講じられているか。					
13.7 方針と手続は引き続き妥当なものであるかを判断するため，定期的に見直されているか。					
14．IT—ITによる統制手続は，適用可能な場合には，財務報告目的の達成を支援するために整備され，運用されている。					
14.1 業務処理統制は，コンピュータプログラムに組み込まれると同時に手作業による対応もなされているか。					
14.2 業務処理統制は，財務報告プロセスの誠実性に欠かせない情報処理の完全性と正確性を提供すべく設計されているか。					

Ⅱ．原則の評価

14.3	コンピュータの全般統制は，以下のような財務報告プロセスの誠実性に不可欠な統制を含んでいるか。 ・アクセス管理？ ・変更および事故管理に関する統制？ ・システムの設定と配備？ ・コンピュータ業務？ ・データの予備保存と復旧？ ・第三者たる購入先の管理？ ・物理的な保全？				
14.4	スプレッドシートおよびその他のユーザーが設定したプログラムを含む，エンドユーザーのコンピュータプロセスは，プロセスの誠実性を確保するために記録され，保護され，保存され，定期的にレビューされているか。				

統制活動の総括	統制活動の整備状況の有効性	統制活動の運用状況の有効性
総合すると，主要な取引サイクル，会計上の見積りおよび締切に関して実施している統制手続は，自社における有効な財務報告目的の達成を可能にするのに十分であるか。 前述の各業務プロセスについて，全体的な結論を検討すること。	完全達成 一部達成 未達成	完全達成 一部達成 未達成
上記の判断を下した理由および財務報告に係る内部統制の品質を向上させるために自社が今後講じる措置について要約すること。		

評価ツール篇

原則評価マトリックス：情報と伝達に関する原則

情報と伝達に関する原則	統制手続の概要		整備状況の有効性	（完全達成，一部達成，未達成）	統制手続に関する根拠の概要	原則の運用状況の有効性
	全社レベル	業務プロセス・レベル				

15. 財務報告に関する情報——関連する情報が，会社のあらゆる階層で識別され，収集され，かつ，利用され，財務報告目的の達成を支援する形式および時間枠で配信されている。

15.1	財務諸表の基礎となるデータは，完全に，正確に，かつ，適時に，収集（最善の形は原典で）されているか。						
15.2	情報は，すべての財務上の取引と事象について，識別および収集されているか。						
15.3	情報は，記録された取引の合理性を監視するほかに，他の目的でも利用されるが，特に仕訳の修正や会計上の見積りのために利用されているか。						
15.4	情報は内部および外部の情報源を利用して作成されているか。						
15.5	会計および財務情報を作成するため利用される業務情報は，信頼しうる財務報告の基礎として役立つ場合が多いか。						
15.6	情報システムは，適時に，最新の，正確で，利用可能な情報を提供しているか。						

16. 内部統制に関する情報——内部統制の他の構成要素の機能を促進するために必要な情報は，内部統制に携わる人々が内部統制に係る各自の責任を履行できるような形式および時間枠で，識別され，収集され，利用され，かつ，配信されている。

16.1	内部統制の各構成要素を遂行するため必要となるデータは，完全，正確かつ適時に，そして，法規を遵守して収集されているか。					
16.2	報告は，必要に応じて，迅速な例外的取扱いの決定，原因分析および内部統制の更新をもたらす引き金となっているか。					
16.3	情報システムは，適時，最新，正確かつ利用可能な情報を提供しているか。					
16.4	システムの情報の品質は，企業の内部統制の目的を満たすための信頼性および適時性を評価するため，定期的に見直されているか。					

17. 内部における情報伝達—情報伝達は，組織のあらゆる階層において，内部統制の目的，プロセスおよび個々人の責任を理解し，実行することを可能にし，支援している。

17.1	経営者はすべての者，特に財務報告に影響を及ぼす役割にある者に，財務報告に係る内部統制を真剣に受け止めるように伝えているか。					
17.2	財務報告の目的に関して自己の役割を遂行するために必要な情報を双方が有するよう，経営者と取締役会との間で相互に伝達しているか。					
17.3	独立した伝達経路が設定され，通常の経路が無効または実効性のない場合には，「安全装置」の仕組みとして機能しているか。					
17.4	取締役会は，定期的かつ必要に応じて，外部監査人，内部監査人および（規制当局などの）他の関係者の利用を含め，経営者以外の情報源を利用できるか。					

原則評価マトリックス：情報と伝達に関する原則

情報と伝達に関する原則	統制手続の概要		整備状況の有効性（完全達成、一部達成、未達成）	統制手続に関する根拠の概要	原則の運用状況の有効性
	全社レベル	業務プロセス・レベル			
18. 外部への情報伝達—財務報告目的の達成に影響を及ぼす事項については，外部関係者に伝達されている。					
18.1 開かれた伝達経路は，得意先，顧客，仕入先，外部監査人，規制当局，財務アナリストおよびその他の者からの情報提供を可能にし，財務報告に係る内部統制の有効性に関して重要な情報を経営者および取締役会に提供しているか。					
18.2 財務報告に係る内部統制が外部監査人の評価を受ける場合，評価に関する情報は経営者および取締役会に伝達されているか。					

情報と伝達の総括	情報と伝達の整備状況の有効性	情報と伝達の運用状況の有効性
総合すると，現状の業務プロセスは，情報と伝達に関する4つの原則を守り，また自社の財務報告目的の達成を可能にするのに十分であるか。	完全達成	完全達成
	一部達成	一部達成
	未達成	未達成
上記の判断を下した理由，および財務報告に係る内部統制の品質を向上させるために自社が今後講じる措置について要約すること。（＊）		

＊（訳注）原文は誤植と思われる。

Ⅱ．原則の評価

原則評価マトリックス：モニタリングに関する原則

モニタリングに関する原則	統制手続の概要		整備状況の有効性（完全達成、一部達成、未達成）	統制手続に関する根拠の概要	原則の運用状況の有効性
	全社レベル	プロセス・レベル			

19. 日常的および独立的評価—日常的評価および／または独立的評価により，経営者が，財務報告に係る内部統制の他の構成要素が長期にわたって継続的に機能しているかどうかを判断することができる。

19.1	日常的モニタリングは，企業の業務活動に組み込まれているか。					
19.2	評価は財務報告に係る内部統制に客観的な検討材料を提供しているか。					
19.3	評価者は，評価される構成要素および当該構成要素が財務報告の信頼性を支える活動にどのように関係しているかを理解しているか。					
19.4	経営者は財務報告に係る内部統制の有効性に関する評価結果を受け取っているか。					
19.5	経営者は，独立的評価の範囲と頻度を，統制されているリスクの重要性，当該リスクを低減する際の統制の重要性および日常的モニタリングの有効性に応じて変更しているか。					

評価ツール篇

原則評価マトリックス：モニタリングに関する原則

モニタリングに関する原則	統制手続の概要		整備状況の有効性（完全達成、一部達成、未達成）	統制手続に関する根拠の概要	原則の運用状況の有効性
	全社レベル	プロセス・レベル			
20. 不備の報告—内部統制の不備は，識別され，是正措置を講じる責任を負う者と，必要に応じて，経営者および取締役会に，適時に伝達されている。						
20.1 内部統制の不備に係る検出事項は，当該プロセスおよび関連する内部統制を管理し，是正措置を実施すべき立場にある者と，少なくともプロセス管理者の1段階上のレベルの管理者とに報告されているか。					
20.2 重大な不備は，最高経営者と取締役会または監査委員会に伝達されているか。					
20.3 内部および外部の双方の情報源から報告された不備は，検討され，適時に是正措置が講じられているか。					

モニタリングの総括	モニタリングの整備状況の有効性	モニタリングの運用状況の有効性
総合すると，現状の業務プロセスは，モニタリングに関する2つの原則を守り，また自社の財務報告目的の達成を可能にするのに十分であるか。	完全達成	完全達成
	一部達成	一部達成
	未達成	未達成
上記の判断を下した理由および財務報告に係る内部統制の品質を向上させるために自社が今後講じる措置について要約すること。		

Ⅱ．原則の評価

> **不備**
>
> 　不備が存在するなら，どの不備が現在（もしくは今後），重大な不備もしくは重要な欠陥にあたるか分類すること。

潜在的に重大な不備	潜在的に重要な欠陥

評価ツール篇

Ⅲ. 全社的統制手続

統制環境[2]

原則および属性	全社的統制手続および経営者による文書化の概要
1. 誠実性と倫理観—健全な誠実性と倫理観，とりわけ最高経営層のそれが形成され，理解され，財務報告に係る行為の基準が設定されている。	
1.1 最高経営層は，会社のすべての階層で理解されている，倫理観を明確に述べた文書を作成しているか。	
・物事の良否の判断に関する受入可能な道徳的指針を強化する，確立された「気風」が存在するか。このような気風は，経営者および管理者が社内でどのように伝達し，実践しているか。	従業員ハンドブックには従業員の責任を明記している。 四半期ごとにトップ・マネジメントを交えた会合を開催し，そこでCEOは，従業員が「売上を増やす」ために不適切な行為をしてはならない旨を強調する。 四半期ごとにすべての営業担当責任者は，「誠実営業契約書」に署名しなければならない。
・行為規則は存在し，当該規則には，認められる業務上の手法に関する指針，利害相反および期待される倫理的かつ道徳的な行動基準について記載してあるか。 　基準および指針を社内で有効に活用しているか。	行為規則は外部者用および内部者用ウェブサイトに掲載している。採用に際し，すべての従業員は行為規則を受け取る。新規の従業員は，受領書への署名によって行為規則を受け取った旨を立証する。人事部は署名した受領書の写しを保存し，署名をしていないが受け取りに同意した従業員を列挙した報告書を毎年3月にCEOに提出する。

2　本マトリックスの番号は，原則評価マトリックスの番号と対応している。

Ⅲ．全社的統制手続

		昨年，同社の行為規則を，倫理規則に関する健全な実務を掲載している刊行物数点と比較した。そこで同社の倫理規則に若干の修正を施し，その旨を社内および取締役に伝えた。 質問1.2および1.3に対するコメントを参照されたい。
	・従業員，仕入先，得意先，投資家，債権者，保険業者，同業他社および監査人などとの取引が倫理的であるという確信をどのようにして得るのか。	従業員の行動に対する管理者の所見を付した，正しいメッセージの発信により得られる。当社の倫理観について得意先がどのように認識しているかに関する独立的評価は行っていない。
1.2	健全な誠実性と倫理観に関する原則の遵守状況についてモニタリングするプロセスを設定しているか。	
	・行為規程への遵守状況を定期的に評価するプロセスが存在するか。	毎年，経営者は従業員に対し，(a)行為規程の内容を理解している旨，そして(b)行為規程に抵触した社内の人がいるかどうか，を確認するよう要求している。その概要は発見事項とともにCEOに報告する。重大な発見事項については必要に応じて，CEOおよび上級経営者が対処する。毎年第３四半期における第１回目の監査委員会にて，CEOは概要報告書を審議に付す。
1.3	健全な誠実性と倫理観からの逸脱を，適時に識別し，社内のしかるべき階層で適切に対処し，是正しているか。	
	・承認を受けた方針や手続からの逸脱および行為規程違反に対して，適切な是正措置を講じているか。またその是正措置の内容は何か。	従業員が違反事項を報告できるよう，当社は内部通報プログラムを設定している。内部監査人は通報内容をすべてレビューし，行為規程違反の可能性のある事項を調査し，事実を追跡し解決する。重大な事項については即刻CEOへ報告し，それ以外事項は月ご

全社的統制手続：統制環境

統制環境

原則および属性	全社的統制手続および経営者による文書化の概要
	とにCEOへ報告する。これらの報告書は四半期ごとに取締役会へ提出する。
・是正措置に関する方針やステップを社内すべての人々に伝達し理解してもらうにあたって、どのようなプロセスが存在するか。	新入社員研修において、また少なくとも年1回、行為規程に抵触すると思われる過去の事例についてすべての従業員に知らせている。個人を特定できないようにし、また従業員のプライバシーを保護することに注意を払う。
・設定した統制手続に経営者が干渉したり無効にしたりしないようにしているか。	経営者は行為規程を支持している。上級経営者、内部監査人および取締役会は、統制手続を無効にする、あるいは無視する行為をこれまでに発見していない。

2．**取締役会**――取締役会は、財務報告およびそれに係る内部統制に関連する監督責任を理解し、遂行している。

2.1 取締役会は、取締役会が有する権限および経営者に委託する権限を定め、伝達しているか。	取締役会は、財務報告および関係する内部統制に対する役割と責任を正式に規定し、文書化している。年1回、取締役会はその役割と責任をレビューし、その結果を経営者に伝達する。
2.2 取締役会には、独立性を有する取締役が過半数を占めているか。	
・取締役会には、独立性を有する取締役が2人以上いるか。	当社規程に基づいて独立性を有する取締役が3名いる。
・取締役と当社との提携関係、近親関係および取引内容など、社外取締役を含む取締役会の独立性を定期的に評価するプロセスが存在するか。	独立性に関わると思われる事項を開示するよう、年1回取締役全員に求めている。取締役会内の指名委員会が関連する問題に対して、レビューおよび評価を行っている。 取締役の独立性は株主への委任状勧

		誘のプロセスにおいても検討している。委任状勧誘の書面は，CFOおよび外部の顧問がレビューしている。
	・監査委員会は，独立性を有する取締役のみで構成しているか。	取締役会はすべての監査委員に対して，独立性を有することを求めている。取締役会の独立性を評価するためのプロセスが取締役会に存在する。独立性を有する取締役3名が監査委員会を構成している。
2.3	取締役会は積極的に，経営者が内部統制を無効にするリスクを評価，モニタリングし，財務報告の信頼性に影響を与えるリスクを検討しているか。	
	・現状の情報システムとそれに関係する統制手続などを含む，財務報告のプロセスや内部統制に対して，取締役会（および監査委員会）は，事情に詳しく用心深い監督者としての立場を取っているか。	四半期ごとに，CEO，CFOおよび内部監査人は当社の統制手続および会計方針の品質について監査委員会に報告をする。これらの報告書は取締役会の資料に入っていて，取締役会の議事録にも掲載してあるが，あまり議論はしていない。
2.4	複数の監査委員が，財務報告に関する専門能力を有しているか。	監査委員会の委員長は公認会計士（CPA）の資格を持ち，財務報告に精通している。また，以前他社でCFOであった経験を有する。この点は毎年，株主への委任状勧誘の書面にも記載している。
2.5	監査委員会は積極的に，財務報告および財務諸表作成に係る内部統制の有効性を監督しているか。	
	・監査委員会に対して重大な事項を知らせるプロセスは存在するか。その情報は適時に伝達しているか。	監査委員会は非公式に内部監査人と会合を持っており，また内部通報プログラムから入手した報告書をレビューしている。

全社的統制手続：統制環境

統制環境

原則および属性	全社的統制手続および経営者による文書化の概要
	取締役会は各会合で審議すべき事項の審議予定を作成する。取締役会の注意を集める必要のある重要性の高い項目はすべて，経営者が提供する資料の中に入れることを，取締役会は期待している。さらに，取締役会はまだ公表されていない重大事項について経営者に尋ねるための機会を議題に取り入れている。会計に関するの問題があれば，CFOは監査委員会の委員長と検討する。
・取締役会および／または監査委員会は，当社に影響を与えるような財務報告上のリスクを経営者がどのように識別，モニタリングおよび管理しているのかについて理解するために，十分時間をかけて検討をしているか。	財務諸表および関連する開示項目に対する重大なリスクについて扱った「重大リスク」報告書を経営者が作成し，第3四半期の監査委員会との会合にてその報告書を議論している。この「重大リスク」報告書をレビューするための時間はかなり費やしているが，「重大リスク」の識別，分類，評価および報告に関する経営者のプロセスを取締役が理解するためには，あまり時間を取っていない。 監査委員会は必要に応じて財務関連以外の担当者を会合に呼び，また外部監査人と少なくとも年1回は非公式な会合を持つ。
2.6 監査委員会は，内部監査人および外部監査人双方の作業を監督しているか。	
・監査委員会は，財務報告のプロセス，内部統制システム，ならびに重要なコメントや勧告それぞれの合理性について議論する	監査委員会と外部監査人との非公式な会合は，少なくとも年1回行い，必要に応じてそれ以上開催する。非公式会合での議論はさまざまな内容にまで

Ⅲ．全社的統制手続

	ために，外部監査人と非公式な会合を持っているか。	わたっており，オープンかつ率直に行っている。非公式会合そのものおよびその会合における詳細な内容は，監査委員会の議事録に記載してある。
	・監査委員会は外部監査人の活動範囲をレビューしているか。	監査委員会は外部監査人の年間監査計画をレビューしている。監査手続は四半期ごとに明らかにする。その内容は監査委員会の議事録に記載してある。
2.7	監査委員会は必要な場合，法定監査人と相互に協力しているか。	法定監査人への文書あるいは経営者が受け取った法定監査人からの文書は，監査委員会と審議し，また必要に応じて取締役会と審議する。その内容は監査委員会の議事録に記載することになっているが，昨年はそのような文書を受け取っていない。
2.8	監査委員会は，外部監査事務所との契約，交代，報酬の決定の専属的権限を有しているか。	
	・監査委員会の職務と責任について示した規程があるか。 ・監査委員会は責任を履行するのに十分な資源と権限を有するか。	監査委員会はしかるべき権限を有する。また年1回，監査の品質と契約チームの対応の程度について検討をしている。 監査委員会に関する規程を設定している。監査委員会の委員は十分な知識と経験を有しており，監査委員会は必要に応じて専門家と契約する権限を有する。年1回，取締役会は監査委員会の資源と権限が十分であるかどうか評価し，その内容は取締役会の議事録に記載している。
2.9	監査委員会は，内部監査人および外部監査人と関連する課題を話し合う非公式な会合をもっているか。	少なくとも年1回，また通常はそれ以上の頻度で，監査委員会は，内部監査人の監査および統制活動の有効性に関する意見を得るために，内部監査人と会合を持つ。会合の内容は，監査委員会の議事録に記載している。

評価ツール篇

全社的統制手続：統制環境

統制環境

原則および属性	全社的統制手続および経営者による文書化の概要
	年1回，経営者は不正リスクの識別と評価の方法およびその結果を明らかにする。特定の不正リスクについては，前述のセクション2.5で述べた，経営者による「重大リスク」報告書に記載する。 取締役会は四半期ごとに会合を設け，また監査委員会はそれより頻繁に会合を持つ。非公式の会合は年1回予定されているが，通常はそれ以上の頻度で開催する。この点は取締役会および監査委員会の議事録に記載している。 監査委員会の会合は少なくとも3時間以上開催している。財務諸表および監査報告書をレビューするために開く年次の会合は通常，さらに1，2時間長い。
3. **経営者の考え方と行動様式**—経営者の考え方と行動様式が，財務報告に係る有効な内部統制の達成を支援している。	
3.1 経営者の考え方と行動様式は，信頼しうる財務報告を重視しているか。	会計担当として採用した人員は，すべて会計に関する何らかの資格もしくは学位を有する。会計担当のスタッフ全員に，決められた職務を遂行するにあたって，「健全な懐疑心」を持つよう奨励している。
3.2 経営者の態度は，会計方針を選択したり会計上の見積りを行ったりする際における規律ある客観的なプロセスに役立っているか。	会計担当の管理者は，財務担当および業務担当で設定した会計上の見積りについてレビューするために，毎月会合を持つ。この会合は通常2時間かかる。会計方針を新規に設定する場合，

Ⅲ．全社的統制手続

		または既存の会計方針を見直したり改訂したりする場合には，当該担当は会計方針の案をレビューする。財務報告に重大な影響を与えるような（新規または改訂された）会計方針については，監査委員会と議論する。
3.3	経営者は，財務報告に係る内部統制の任務を含む財務報告目的を設定し，明確に述べているか。	経営者は，財務諸表の勘定科目に関する適切な経営者の主張という形式で当社の財務報告目的を文書化した。取締役会はこれらの目的を承認している。

4．組織構造——会社の組織構造が，財務報告に係る有効な内部統制を支えている。

4.1	経営者は，社内の個々の機能分野および業務単位に対して，財務報告における適切な役割分担を設定しているか。	
	・財務報告に関する社内の責任はどのように付与しているか。	当社には報告経路を示した組織図がある。役割は，さまざまな営業サイクル（たとえば，給与，買掛金，売掛金など）と関連づけて社内の会計担当に付与している。各担当箇所には，上級会計担当者へ直接報告をするスタッフがいる。
	・状況の変化に応じて組織構造に対する修正をどのように適宜行うか。	組織変更を行った場合には，財務システムも変更する。このような変更は，会計に関する月次の会合で確認をする。
4.2	経営者は，財務報告に係る内部統制に関する有効な報告およびその他のコミュニケーションを促進するような組織構造を設定しているか。	経営者は報告の役割と責任について示した組織構造を設定し，その内容を伝達している。
	・とりわけデータ処理および会計機能について，自社の規模，ならびに企業活動とシステムの性質や複雑性に見合う必要な技能レベルを有する従業員が相応にいるか。	会計担当の中心メンバーはCFO，コントローラーおよび会計担当の管理者で構成しており，全員，相応の経験を有する。さらに，財務会計システムを支援するIT担当の管理者も存在する。

評価ツール篇

全社的統制手続：統制環境

統制環境

原則および属性	全社的統制手続および経営者による文書化の概要
・内部統制の不備を報告するための仕組みは存在するか。予想との相違はどのように経営者に報告するのか。	内部統制について文書化するプロセスは存在しており、統制手続の検査で発見した不備は適宜、経営者に伝達している。

5．**財務報告に関する能力**——会社は、財務報告およびそれに係る監視機能に関して有能な人員を擁している。

5.1	会社は、正確かつ信頼しうる財務報告を支えるような能力を識別しているか。	経営者は財務報告に関して必要な能力を識別し、文書化しており、その内容を取締役会がレビューしている。文書では、会計に関する資格や特定のポストにおける経験を求めている。職業専門機関による継続研修によって能力を更新している（7.3を参照されたい）。
5.2	会社は、財務報告に関して必要な能力を有する人員を採用するか、または、確保しているか。	CFOはCPAの資格を持ち、「ビッグ4」会計事務所の1つに7年間在籍した経験があり、また別に中規模公開企業でコントローラーとして5年間勤めた経験を有する。コントローラーは公認管理会計士（CMA）の資格を持ち、小規模公開企業に5年間勤めた経験を有する。会計の管理者およびシステムの管理者はそれぞれ会計およびITの学位を工学部から取得しており、また他社に数年間勤めた経験を有する。
5.3	会社は、必要とされる能力について、定期的に評価し、維持管理しているか。	年1回、コントローラーは会計担当のスタッフの能力およびスタッフが年内に受けた研修について評価し、その内容をまとめてCFOに報告する。

Ⅲ．全社的統制手続

6．**権限と責任**―経営者と従業員は，財務報告に係る有効な内部統制を円滑化するためにしかるべき水準の権限と責任を割り当てられている。		
6.1	取締役会は，重要な財務報告上の役割に関する責任を明確にする経営者のプロセスを監視しているか。	経営者に付与した権限と，財務報告に関する役割および責任を示す経営者のプロセスを，取締役会は年1回レビューしている。その内容は取締役会の議事録に掲載している。
6.2	CEOおよび最高経営層は，内部統制システムの導入と維持管理を含む財務報告に係る健全な内部統制に対する責任を負っているか。	CEOおよび上級経営者向けの正式な職務記述書には，財務報告に係る健全な内部統制に関する責任について掲載している。業務記述書は取締役会が年1回レビューする。その内容は取締役会の議事録に記載している。
6.3	上級経営者と部長級の管理者は，内部統制の方針および手続を遵守することで財務報告の目的を達成するという従業員各自の責任を，すべての従業員に理解させることに責任を負っているか。	上級経営者と管理者向けの正式な職務記述書には，内部統制目的を遵守することの重要性に関して，すべての従業員に確実に理解させる責任がある旨を記載している。 組織図および業務記述書には，財務担当役員と会計担当役員の責任について記載している。組織図は取締役会が年1回レビューしている。その内容は取締役会の議事録に記載している。
6.4	権限と責任の付与にあたっては，相応の制限があるか。	全社レベルの方針により，取締役会からの承認を必要とする取引の内容のほか，各自に付与する権限の限度を設けている。その内容は毎年スタッフに伝達している。

評価ツール篇

全社的統制手続：統制環境

統制環境

原則および属性	全社的統制手続および経営者による文書化の概要
7．**人的資源**—人的資源に関する方針と業務は，財務報告に係る有効な内部統制を円滑化するために設定され，実施されている。	
7.1 経営者は，誠実性，倫理的行動および能力に対する取組みを明示するような人的資源に関する実務を設定しているか。	誠実性や健全な業務上の実務に対する当社が関心を有することは，人的資源に関する手続を通じて明確である。新入社員は，当社の考え方に基づいて研修を受け，行為規程を遵守する旨，署名をしなければならない。 誠実性および倫理観は，報酬や昇進の決定にあたって考慮の対象となる。
・主要な管理者の責任を明確に決めているか。管理者がその責任を理解しているかどうかについて，十分検討しているか。	詳細な役割および責任は，全社的な業績評価プロセスの一環として決めており，年1回伝達される。
・従業員の採用，研修，昇進および報酬に関する方針や手続は存在するか。	人事部が，採用，研修，昇進および報酬に関する方針を持っている。
7.2 財務報告において重要なポストを占める従業員の採用と確保は，誠実性の原則と当該ポストに関係する必要な能力に基づいて行っているか。	
・幹部社員は，自らの職務を遂行するために必要な知識や経験を持ち，研修を受けているか。 ・主要な幹部社員の報酬，契約の更新および解雇に関して，取締役会は適切に監督しているか。 ・雇用予定者の前歴を，とりわけ，当社にとって好ましくないと思われる過去の行為や活動について調査しているか。	原則5に関するコメントを参照されたい。取締役会はすべて幹部候補者について詳細にレビューしている。 取締役会内の報酬委員会が，報酬，昇進および解雇に関する決定内容のすべてをレビューしている。 従業員すべてについて前歴を調査している。

Ⅲ．全社的統制手続

7.3	経営者は，財務報告上の役割を遂行するために必要な手段と研修を提供することで，従業員を支援しているか。	
	・IT担当者も含め，財務報告に関与している従業員すべてに対して，各自の内部統制の役割と責任について十分に研修を実施しているか。	全従業員は1週間の研修を受ける必要があり，研修のうち半分は従業員の役割に限定したものであり，残り半分はより一般的な内容である。したがって，財務報告に直接の責任を有する従業員については，毎年少なくとも20時間以上，財務報告に関する研修を受けることになる。
7.4	最高経営層に影響を与えるものも含め，従業員の業績評価と報酬制度は，財務報告目的の達成を支援しているか。	財務報告に対して責任を有する従業員は，報酬および昇進の決定にあたり，これらの責任に基づいて評価を受ける。その内容は人事部の文書に保存する。

評価ツール篇

全社的統制手続：情報と伝達

情報と伝達

原則および属性	全社的統制手続および経営者による文書化の概要
17. 内部における情報伝達—情報伝達は，組織のあらゆる階層において，内部統制の目的，プロセスおよび個々人の責任を理解し，実行することを可能にし，支援している。	
17.1　経営者はすべての者，特に財務報告に影響を及ぼす役割にある者に，財務報告に係る内部統制を真剣に受け止めるように伝えているか。	財務報告について伝達をする際，経営者は健全な内部統制の重要性を強調する。 経営者は当社のイントラネットに，内部統制に関する望ましい情報の状況について詳細に掲載している。時間の経過とともに必要となる修正点を認識するために，上級経営者は毎年，この内容をレビューしている。
17.2　財務報告の目的に関して自己の役割を遂行するために必要な情報を双方が有するよう，経営者と取締役会との間で相互に伝達しているか。	経営者は取締役会と少なくとも四半期ごとに会合を持ち，必要に応じて議題を増やすよう奨励されている。取締役会会長は，必要なときにはいつでもCEOと会合を持つことができる。
17.3　独立した伝達経路が設定され，通常の経路が無効または実効性のない場合には，「安全装置」の仕組みとして機能しているか。	従業員には内部統制に関する重要な情報を複数の経路（たとえば，直接経営者へ宛てて，人事部に宛てて，または内部通報システムを用いて，など）を通じて報告することが奨励されている。
17.4　取締役会は，定期的かつ必要に応じて，外部監査人，内部監査人および（規制当局などの）他の関係者の利用を含め，経営者以外の情報源を利用できるか。	年1回，監査委員会は内部監査人および外部監査人とともに会合を持っている。さらに必要に応じて，監査委員会は他の関係者とも会合を持つ。

Ⅲ．全社的統制手続

18. 外部への情報伝達—財務報告目的の達成に影響を及ぼす事項については，外部関係者に伝達されている。	
18.1　開かれた伝達経路は，得意先，顧客，仕入先，外部監査人，規制当局，財務アナリストおよびその他の者からの情報提供を可能にし，財務報告に係る内部統制の有効性に関して重要な情報を経営者および取締役会に提供しているか。	当社には，利害関係者がコメントを寄せることができるフリーダイヤルがある。 コントローラーは定期的に，得意先や仕入先などの外部関係者と会っている。そこで得たコメントのうち，内部統制に関連すると考えられるものについてはすべて，社内の担当者による月例会合で共有する。また必要に応じてより早くに社内に知らせる。
18.2　財務報告に係る内部統制が外部監査人の評価を受ける場合，評価に関する情報は経営者および取締役会に伝達されているか。	年1回，外部監査人は財務報告に係る内部統制を評価している。また，評価で発見した事項については経営者に知らせている。

評価ツール篇

全社的統制手続：モニタリング

モニタリング

原則および属性	全社的統制手続および経営者による文書化の概要

19. 日常的および独立的評価—日常的および／または独立的評価により，経営者が，財務報告に係る内部統制の他の構成要素が長期にわたって継続的に機能しているかどうかを判断することができる。

19.1　日常的モニタリングは，企業の業務活動に組み込まれているか。	継続的なモニタリングとしては，以下のようなものがあげられる。 ・CEOとCFOが日常的に業務プロセスの責任者と連絡を取ること ・CEOとCFOが事業拠点ごとの月次総利益および月次営業利益に関する詳細なデータをレビューすること ・CEOとCFOが巨額の支払もしくは当社の資金に関する取引に正式な承認を与える必要があること ・CFOが月ごとに，すべての事業拠点に関して，判断が必要な行動をレビューすること ・事業拠点ごとの利益および運転資金の動向について分析した報告書を作成し，CEO，CFOおよび取締役会がレビューすること ・事業拠点ごとの損益計算書に関する詳細なデータを，前年の同時期におけるデータと比較し，レビューすること ・事業拠点ごとの月次決算のチェック・リストを作成し，レビューすること。このチェック・リストには事業拠点の管理責任者が署名しCFOに提出する ・CFOおよびコントローラーが事

Ⅲ．全社的統制手続

業拠点を頻繁に訪問し，事業拠点の会計担当者とともに会計の内容をレビューすること

　さらに，予算差異のレビューも，財務報告の内容を評価するにあたって重要なツールである。予算は年1回作成しており，取締役会が承認を与えている。コントローラーはCFOとCEOの監督のもとで予算を作成する責任を負い，業務担当および財務担当といった各部署における主要な担当者も，予算の設定に積極的に関わっている。四半期ごとに部署ごとの管理者が集まり，当初の予算が現在でも適切であるかについて検討し，これまでの実績，経済および産業界の現状，ならびに今後の予測を勘案して，必要な調整を行う。

　コントローラーは予算差異に関する報告書を毎月作成し，想定外の差異についてはすべて調査している。コントローラーによる月次の業務報告のレビューは，すべての部署から得た報告書，ならびに各部署や事業拠点の担当者との共同作業に基づいている。さらに，業務に関与する主要な担当者も，予算差異報告書をレビュー，評価し，また差異の内容についてコメントする。予算差異報告書に対するレビューを終了するには，すべての上級経営者からの承認が必要となる。このレビューの全体的な意味は，財務報告に関わる可能性のある差異および不一致を適時に見つけることにある。

全社的統制手続：モニタリング

モニタリング	
原則および属性	全社的統制手続および経営者による文書化の概要
19.2 評価は財務報告に係る内部統制に客観的な検討材料を提供しているか。	当社は財務報告に係る内部統制システムについて，明示して個別に評価してはいない。その代わり，特定の内部統制に集中している前述のプロセスや，いくつかの内部統制活動に依存している。
19.3 評価者は，評価される構成要素および当該構成要素が財務報告の信頼性を支える活動にどのように関係しているかを理解しているか。	当社は内部統制システムを個別に評価していない。
19.4 経営者は財務報告に係る内部統制の有効性に関する評価結果を受け取っているか。	評価結果は，セクション19.1で述べた方法で間接的に受け取っている。またさまざまな内部統制活動を通じて直接にも受け取っている。
19.5 経営者は，独立的評価の範囲と頻度を，統制されているリスクの重要性，当該リスクを低減する際の統制の重要性および日常的モニタリングの有効性に応じて変更しているか。	年1回，内部監査人は監査計画を策定し，経営者および監査委員会がその計画をレビューする。財務報告に関するリスクが変化したと考えた場合には，その旨を監査計画の内容に反映させる。
20. **不備の報告**—内部統制の不備は，識別され，是正措置を講じる責任を負う者と，必要に応じて，経営者および取締役会に，適時に伝達されている。	
20.1 内部統制の不備に係る検出事項は，当該プロセスおよび関連する内部統制を管理し，是正措置を実施すべき立場にある者と，少なくともプロセス管理者の1段階上のレベルの管理者とに報告さ	前述のプロセスの一環として統制手続の中に特定の欠陥を発見した場合には，CFOとコントローラーが，該当する業務プロセスの管理者と連絡を取り，発見事項やその是正策について議論している。

	れているか。	
20.2	重大な不備は，最高経営者と取締役会または監査委員会に伝達されているか。	重大な発見事項をすべて，月ごとにCFOに報告している。CFOは監査委員会へ，新たに発見した欠陥，欠陥に対して実施中の是正措置および終了した是正措置などについても含めて，四半期ごとに内部統制の現状に関する最新の情報を伝える。
20.3	内部および外部の双方の情報源から報告された不備は，検討され，適時に是正措置が講じられているか。	内部の情報源からの発見事項，あるいは顧客，仕入先もしくは外部監査人といった外部の情報源からの発見事項は，すべて検討している。

Ⅳ．リスク評価

リスク評価マトリックス1：勘定科目および開示項目ごとのリスクの識別と分析

財務諸表上の勘定科目および開示項目	全体に対する割合	財務諸表に対する影響	勘定科目の特質	業務プロセス上の特質	不正リスク	全社的な要因	全体評価	\[重要な経営者の主張[3]\] E	C	V/A	R&O	P&D
貸借対照表												
資産												
現金および現金同等物	6%	中	高	中	高	中	高	✓	✓		✓	✓
売掛金	30%	高	高	高	高	低	高	✓	✓	✓		✓
前払費用	4%	低	中	低	低	低	低					✓
棚卸資産	35%	高	中	中	中	低	中	✓	✓	✓		✓
有形固定資産	15%	高	低	低	低	低	低	✓				✓
無形資産	10%	高	中	中	中	中	中	✓		✓	✓	✓
資産合計	100%											
負債												
買掛金	25%	高	高	低	中	低	中	✓			✓	✓
未払費用	15%	高	中	中	高	低	高	✓	✓	✓		✓
製品保証引当金	15%	高	中	中	中	低	中		✓	✓		✓
長期負債	10%	高	低	低	低	低	中	✓	✓			✓
負債合計	65%											
資本												
普通株式	5%	中	中	中	低	低	低	✓		✓	✓	✓
留保利益	30%	高	低	低	低	低	中	✓	✓			✓
負債および資本合計	100%											

3　重要な経営者の主張における略語の説明：　E…実在性　C…網羅性　V／A…評価または配分の妥当性　R&O…権利と義務の帰属　P&D…表示および開示の妥当性

IV．リスク評価

財務諸表上の勘定科目および開示項目	全体に対する割合	財務諸表に対する影響	勘定科目の特質	業務プロセス上の特質	不正リスク	全社的な要因	全体評価	E	C	V/A	R&O	P&D
損益計算書												
収益												
商品売上	85%	高	高	高	高	中	高	✓	✓	✓		✓
修理による売上	15%	高	高	中	中	中	高	✓	✓	✓		✓
総収益	100%											
売上原価	40%	高	高	高	高	中	高	✓	✓	✓		✓
営業費用												
給与および従業員給付	28%	高	高	高	中	低	中	✓	✓			✓
広告費および販売費	7%	中	中	低	低	中		✓	✓			✓
一般管理費	3%	低	中	低	低	低		✓	✓			✓
減価償却費および減耗費	2%	低	中	中	低	低		✓	✓			✓
総営業費用	40%											
営業外収益および費用												
受取利息および支払利息	5%	低	低	中	低	中		✓	✓			✓
法人税	5%	低	中	高	中	低	高	✓	✓			✓
純利益	10%											
収益に対する合計の割合	100%											

リスク評価マトリックス2：勘定科目と業務プロセスの配列によるリスクの分析[4]

財務諸表上の勘定科目および開示項目		現金および現金同等物	買掛金	留保利益	製品売上	従業員給与および給付
業務プロセス	**業務プロセスのサブ・プロセス**					
総勘定元帳の締切および報告	総勘定元帳の維持管理	高	中	中	高	中
	非定型の取引	高	中	中	高	中
	期末締切	高	中	中	高	中
	外貨建取引	高	中	中	高	中
	連結	高	中	中	高	中
	財務諸表の作成	高	中	中	高	中
	見越項目,経営者の見積りおよび引当金	高	中	中	高	中
	のれんその他の無形資産	高	中	中	高	中
	SECへの届出,その他規制当局向けの開示	高	中	中	高	中
資金	資金管理	高	中	高	高	中
	投資有価証券	高				
収益および売掛金	注文処理				高	
	出荷				高	
	入金	高			高	
	請求				高	
	手形および修正	高			高	
仕入および買掛金	掛けによる仕入		中		高	
	買掛金および現金支出	高	中			中
給与および従業員給付	賃金台帳の維持管理					中
	給与および従業員給付の管理	中				中
	業績連動型報酬	低				低
資本	株式の管理および資本取引	高		中		
税金	法人税に関する規定およびその遵守	高				
総合評価		**高**	**中**	**中**	**高**	**中**

---

[4] 本マトリックスは全体のリスク評価マトリックス2からの抜粋であり、いくつかの勘定科目のみを示している。

Ⅳ．リスク評価

リスク評価マトリックス３：業務プロセスのサブ・プロセスと支援ITインフラの配列

業務プロセスとサブ・プロセス	総合評価	使用ソフトウェア名	データベース	オペレーティング・システム（OS）	主要なスプレッドシート名	第三者が支援しているか	第三者たるサービス提供業者のホストコンピュータを使用しているか
資金管理	高	資金管理ソフトウェア	共用	ウィンドウズ	不明	いいえ	いいえ
投資有価証券	高	スプレッドシート	不明	ウィンドウズ	スプレッドシート	いいえ	いいえ
注文処理	高	財務ソフトウェア	専用	UNIX	不明	はい	はい
請求および回収	高	なし	不明	不明	不明	不明	不明
収益の認識	高	財務ソフトウェア	不明	不明	スプレッドシート	不明	不明
掛けによる仕入	高	財務ソフトウェア	専用	ウィンドウズ	不明	はい	はい
支払および現金支出	高	財務ソフトウェア	専用	ウィンドウズ	不明	はい	はい
賃金台帳の維持管理	中	外注	不明	不明	不明	はい	はい
給与に関するプロセス	中	外注	不明	不明	従業員給付,勤惰表	はい	はい
業績連動型報酬	低	スプレッドシート	不明	ネットワーク上のシェアソフト	動機付け	いいえ	いいえ
株式の管理および資本取引	中	ストック・オプション・ソフトウェア	共用	ウィンドウズ用パソコン仕様	不明	はい	はい
法人税に関する規定およびその遵守	高	法人税ソフトウェア	共用	ウィンドウズ	不明	いいえ	いいえ
総勘定元帳の維持管理および締切	高	財務ソフトウェア	専用	ウィンドウズ	不明	はい	はい
連結	高	スプレッドシート	不明	ウィンドウズ	財務用スプレッドシート	いいえ	いいえ
外部報告および財務諸表における開示	高	ワープロソフト	不明	ウィンドウズ	不明	いいえ	いいえ

V. 勘定科目の見積り，決算整理仕訳および締切

財務諸表上の経営者の主張	リスク	全社的統制手続	予防的あるいは発見的な統制手続か	手作業あるいは自動化された統制手続か
総勘定元帳の維持管理				
実在性，網羅性[5]—勘定科目一覧表に変更がある場合には，網羅的にかつ正確に行う。	勘定科目一覧表の変更を正確に行わないことにより，不正確な勘定科目に分類する，または不完全な財務諸表を作成する。	勘定科目一覧表および関係する勘定科目への分類について，今期および以前の会計期間との一貫性や比較可能性を保つために，会計担当の管理者およびコントローラーが年1回レビューする。	発見的	手作業
実在性，評価—定型的な取引を適切な会計期間において正確に（手作業で，または自動的に）仕訳する。	手作業の仕訳または自動化された仕訳を適切な会計期間において正確に行わないことにより，不完全または不正確な財務諸表を作成する。	手作業の仕訳については適切に補助をし，また会計担当の管理者がレビューをした後に，仕訳帳に記帳する。仕訳帳は手作業で維持管理している帳簿であり，本社のコントローラーによる承認の署名が最終的に必要である。	予防的	手作業
実在性，網羅性—期末の決算整理仕訳を網羅的にかつ正確に行う。	期末の決算整理仕訳を行う場合に，取引すべてを適切に総勘定元帳に記帳しない，または必要な情報すべてを把握しないことにより，不完全な財務諸表を作成する。	必要な仕訳をすべて記帳したことを確実にするために，会計担当の管理者が，決算整理仕訳，再振替仕訳および連結仕訳も含め，月ごとに生じる定形的な仕訳の一覧表を維持管理する。	予防的	手作業
		月末に，会計担当の管理者は手作業の仕訳の一覧表を総勘定元帳から出力し，仕訳帳と比較することで両者に違いがないかどうかを確認する。	発見的	自動化

---

5 ゴシック体の箇所は，第2部の「リスク評価」の章における「財務報告目的の重要性」のセクションで述べている，財務諸表上の経営者の主張を指す。

Ⅴ．勘定科目の見積り，決算整理仕訳および締切

権利と義務の帰属—勘定科目一覧表は，適切に表示した財務諸表をもたらすような経営者判断を反映している。	しかるべき権限を持たない人が勘定科目の金額を追加または削除し，あるいは勘定科目の分類先を変更することにより，不正確な表示をした財務諸表を作成する。	勘定科目一覧表に変更を加える際には，CFOおよびコントローラーからの承認をすべて事前に取る。コントローラーおよび会計担当の管理者のみが勘定科目の金額を追加，変更もしくは削除したり，勘定科目の分類先を変更したりする権限を有する。	予防的	自動化
権利と義務の帰属—発生した取引および活動のみを総勘定元帳に記帳する。	しかるべき権限を持たない人が総勘定元帳を操作することにより，架空取引の記帳，最終的には虚偽表示のある財務諸表の作成を行う。	コントローラーおよび会計担当の管理者のみが総勘定元帳を操作する権限を有する。権限を持たない人による閲覧を防ぐために，総勘定元帳のシステムの利用にはパスワードが必要であり，パスワードは3ヶ月ごとに変更している。	予防的	自動化

非定型の取引

実在性，網羅性—非定形の事象および取引はすべて妥当であり，適切な会計期間において適切に記帳している。	妥当でない取引を総勘定元帳に記帳することにより，財務諸表の粉飾，利用者を誤解させるような財務諸表の作成，あるいは勘定残高の虚偽表示を行う。非定形の事象を総勘定元帳に記帳しないことにより，不完全な財務諸表を作成する。	コントローラーが月ごとに行う仕訳帳のレビューの一環として，非定型の取引すべての網羅性および妥当性について詳細にレビューする。コントローラーは仕訳帳に承認を与え，署名をすることでレビューを行ったことを立証する。	予防的	自動化
評価—すべての仕訳は必ず貸借が一致しなければならない。	貸借が一致しない仕訳を行い，また総勘定元帳に記帳することにより，不正確な財務諸表を作成する。	会計システムは貸借が一致しない仕訳を受け付けず，その仕訳を入力した人に対して修正するよう，エラーメッセージを表示する。	予防的	自動化
評価，網羅性—関連当事者間の事象や当事者間取引を識別し，適切な会計処理を行い，必要に応じてしかるべき会計期間に開示する。	当事者間取引を十分に識別しないことにより，当事者間取引について不十分なまたは不完全な記帳および開示を行う。	関連当事者の一覧表はCFO，CEOおよび取締役が作成する。コントローラーおよび会計担当の管理者は各一覧表を統合する。CFO，CEOおよび取締役が提供した情報は対象をすべて網羅しているという前提に立っている。会計担当の管理者は，支払および受取に関する補助簿を調査し，当事者間取引に関する仕訳を探して一覧表にする。一覧表を受け取ったコントローラー	予防的	手作業

財務諸表上の経営者の主張	リスク	全社的統制手続	予防的あるいは発見的な統制手続か	手作業あるいは自動化された統制手続か
		は，各仕訳もしくは開示が適切かどうかを判断する。また，会計処理および開示が適切であることを確実にするために，四半期ごとにコントローラーは定型的な当事者間の活動をレビューする。		

期末締切

財務諸表上の経営者の主張	リスク	全社的統制手続	予防的あるいは発見的な統制手続か	手作業あるいは自動化された統制手続か
実在性—過年度への転記は制限されている。	すでに締め切った過年度について決算整理仕訳を加える。許可のない決算整理仕訳を過年度に記帳することにより，勘定残高の虚偽表示を行う。	会計システムでは期末時点における転記を制限している。会計システムは，CFOおよびコントローラーが承認した場合のみ，期末時点の転記を受け付ける。	予防的	自動化
実在性，網羅性，評価—主要な勘定科目すべてについて，修正事項がある場合にはそれを適時にかつ適切な会計期間においてしかるべく処理し，レビューする。発見した問題については是正する。	修正事項を適切な会計期間において処理しない。これにより，不正確または不完全な財務諸表を作成する。	コントローラーは，各部署が処理しようとしている修正事項をすべて月ごとにレビューする。レビューにおいては，当該修正が月末前15日以内に行ったものであるかどうか，そして未修正のままとなっている問題箇所がすべてなくなったかどうかについて検討する。	発見的	手作業
実在性，網羅性，評価—補助簿から総勘定元帳へ転記を網羅的に，かつ正確に行い，また適切な会計期間において実施する。	補助簿から総勘定元帳への転記が不正確もしくは不完全であることにより，虚偽表示のある財務諸表を作成する。	補助簿は適切な仕訳を自動的にまとめ，総勘定元帳に転記する。補助簿の修正事項として転記された仕訳については，会計担当の管理者がレビューをする。	発見的	自動化
実在性，網羅性，評価—未決取引，妥当でない取引，その他システムから拒絶された，または不適切であるとされた自動的な転	未決取引，妥当でない取引，もしくはシステムから拒絶された，または不適切であるとされた自動的な期末時点の転記を無修正のままにすることにより，総勘定元帳に不	コントローラーは月ごとに，修正事項として補助簿から総勘定元帳へ行った転記をすべてレビューし，承認を与える。修正から漏れた問題については，期末までに会計担当の管理者が是正する。未決取引，もしくは妥	発見的	手作業

Ⅴ．勘定科目の見積り，決算整理仕訳および締切

記については，適時に分析し，問題を是正する。	正確な財務情報をもたらす。	当でない取引のデータについてはすべて，修正事項の候補となる。		

外貨建取引

評価—外貨による試算表および金額を換算するために用いる為替レートは妥当である。	不正確な月末為替レートを使用し，外国関係の勘定残高について虚偽表示を行う。	勘定残高を適切に換算するために用いる月末レートは，会計担当の管理者が信頼できる第三者から，すなわち大手金融機関のウェブサイトから入手する。	予防的	手作業
評価—為替差益および為替差損は正確に計上する。	損益計算書に不適切な為替差益もしくは為替差損を記帳する。	会計担当の管理者が月末に，外貨建の試算表を換算する。その際，永久差異としての為替差益および為替差損を適切に為替換算調整勘定として計上し評価減を行っている旨を，また一時差異としての為替差益および為替差損を適切に損益計算書に計上している旨を確かめる。外貨の金額については，修正事項に関するプロセスの一環として，コントローラーがレビューし，承認を与える。	予防的	手作業

連結

網羅性—連結に関するプロセスでは，すべての子会社および関連する事業体について識別し，検討している。	連結対象に含めるべき事業体をすべて識別できない，または不適切な事業体を連結対象とする。	会計システムは自動的にすべての子会社を勘定科目に含める。経営者は月次の財務情報をレビューし，異常な金額があれば情報全体に対するレビューから発見できるようになっている。	発見的	自動化
実在性，権利と義務の帰属，評価—子会社から届いた連結向けの財務情報は，それまでの企業活動の内容を正確に反映している。	子会社から届いた連結向けの財務情報が不正確または不完全であり，あるいはそれまでの企業活動の内容を正確に反映していない。	各子会社の総勘定元帳から直接作成した試算表から，連結用の子会社財務諸表を作成する。	予防的	自動化
網羅性，権利と義務の帰属—連結会社間の内部取引および関連する勘定残高は，適切な会計期間において連結する際に，識別および修正し，適切に相殺消去する。	内部取引および関連する勘定残高は十分に識別せず，連結の際に相殺消去しない。	内部取引は会計担当の管理者が修正し，当該修正は承認の証拠としてコントローラーから署名を受ける。未解決の問題が存在する場合，会計担当の管理者は共有ドライブにある修正箇所を操作し，問題点を解決する。共有ドライブを操作できるのは財務担当のみに制限されている。	予防的	手作業

評価ツール篇

財務諸表上の経営者の主張	リスク	全社的統制手続	予防的あるいは発見的な統制手続か	手作業あるいは自動化された統制手続か
権利と義務の帰属—連結仕訳は適切である。	許可のない連結仕訳を記帳することにより，虚偽表示のある財務諸表を作成する。	会計担当の管理者は，相殺消去後の取引について表示した画面において未決取引が存在しないことを確認し，また転記前の仕訳帳の表示画面を出力することで，未決取引およびシステムから拒絶された取引に関するデータが存在しないことを確認する。コントローラーは，未決取引およびシステムから拒絶された取引に関するデータの処理すべてに対して承認を与える。	発見的	自動化
網羅性，表示および開示の妥当性—適切に子会社を連結対象に含めたり対象から外したりする。	連結対象に含めるべき子会社を十分に識別しないかまたは含めるべき事業体を十分に識別しない。	ある企業について持分を取得した場合には，コントローラーおよびCFOが独立した評価者とともに，当該企業を連結対象に含めるかどうかについて議論し，判断をする。	予防的	手作業
実在性—適切に子会社を連結対象に含めたり対象から外したりしている。	子会社を十分に識別していないことにより，子会社の財務情報が連結されない。	事業体を連結対象に含めるべきかどうかについて影響を与えるような状況の変化が起きた場合には，コントローラーは，当該事業体をこれまで連結対象に含めていたもしくは対象から外していた旨の判断を再考する。	予防的	手作業
網羅性，評価—連結会社を網羅的にかつ正確に記録する。	不正確もしくは不完全な連結仕訳を記帳することにより，不完全もしくは不正確な財務諸表を作成する。	コントローラーは，連結した勘定残高がすべて米国のGAAPに準拠している旨を検証するために，連結に関するプロセスのレビューを行う。このレビューでは相殺消去仕訳に着目し，たとえば内部取引に関連する勘定科目の残高がゼロであるかどうか，あるいは非連結会社との取引による残高しか存在しないかどうか，などについて検討する。また，会計担当の管理者が必要に応じて誤謬を探し，修正する。	発見的	手作業

V．勘定科目の見積り，決算整理仕訳および締切

財務諸表の作成

すべての経営者の主張—会計方針は，会社の事業および企業活動にとって適切であり，その変化に対応している。	経営者が当社の事業または経済状況全体への変化の影響について，当社の会計方針の観点からの評価を行わない。	重要な取引に関する会計方針は，状況の変化により年1回コントローラーがレビューし，また必要に応じて更新し，更新した会計方針にコントローラーおよびCFOが承認を与える。	発見的	手作業
すべての経営者の主張—設定した会計方針にすべての仕訳が従っている。	当社の会計方針を理解していないかまたはその存在を知らないことにより，会計方針からの逸脱が生じ，そのため会計方針を誤って適用する。	すべての会計方針およびその変更内容については，適時に全事業拠点に伝達している。	予防的	手作業
すべての経営者の主張—GAAPの規定の解釈が正しい。	経営者からの適切な指導を受けることなく，会計の資格を持たない人が複雑な会計規定を解釈する。	会計方針の変更に関する判断をする際，文書による判断の裏付けがある。変更後の会計方針がGAAPに準拠している旨，コントローラーおよびCFOは承認を与える前に確認する。	予防的	手作業
すべての経営者の主張—会計方針は当社の状況に適切でありかつGAAPに準拠している。	当社の状況に関して十分理解していないかまたは複雑なGAAPを解釈できる専門能力を持っていない人が，会計方針を設定する。	すべての会計方針には本社のコントローラーおよびCFOが承認を与え，重要な会計方針に関しては監査委員会が承認を与える。会計実務の変化に対応して必要に応じ，会計方針を改訂する。	予防的	手作業
表示および開示の妥当性—勘定残高および開示事項を財務諸表に網羅的にかつ正確に掲載している。	担当者および／または会計システムが総勘定元帳などの情報源から適切な情報すべてを収集しないことにより，不完全な情報を有する財務諸表を作成する。	財務報告システムに必要な情報は，会計システムが配信する。会計担当の管理者は財務報告システムを，総勘定元帳および財務諸表と比較する。誤謬があった場合には適時に調査し，処理する。	発見的	自動化
表示および開示の妥当性—財務諸表の情報は土台が固まっている。	土台が固まっていない財務諸表にはコンピューター上の誤謬があり，そのため不正確な財務報告を行う。	当社はパッケージ・ソフトを使用しており，システムのインストールおよびその後行った大規模なアップグレードの度に，財務報告の正確性について会計担当の管理者が検査している。他の検査は行っていない。	発見的	自動化

評価ツール篇

財務諸表上の経営者の主張	リスク	全社的統制手続	予防的あるいは発見的な統制手続か	手作業あるいは自動化された統制手続か
表示および開示の妥当性—財務諸表はGAAPに準拠している。	財務諸表が不正確，不完全，または適切な開示項目を欠く。	会計担当の管理者は，基本財務諸表以外に，財務諸表に含まれる他の財務情報を調製する。草案作成段階で上がった問題についてはすべて議論し，資料に載っている正しい情報を反映させるために，草案を変更することもある。財務諸表はCFO，CEO，監査委員会および取締役会が検証し，承認を与える。	発見的	手作業
表示および開示の妥当性—財務諸表の注記に表示した情報は網羅的かつ正確である。	開示すべき情報が網羅的にまたは正確に収集されない。また，情報が事象や状況を適切に反映できない。	注記に掲載する情報のうち，総勘定元帳および支援システムからは直接収集できない情報（たとえば未履行債務や偶発債務など）については，会計担当の管理者，コントローラーおよび情報の網羅性および正確性を確認するのに適切な部署の管理者が独立して検証している。四半期ごとに行うレビューの度に，開示に関する標準仕様のチェック・リストを会計担当の管理者が埋める。会計担当の管理者はチェック・リストをレビューし，現状のとおりであることを確かめる。コントローラーは網羅性の観点からチェック・リストをレビューし，署名をすることでレビューを行ったことを立証している。	発見的	手作業

上記の業務プロセスのサブ・プロセスは事業体レベルで管理するが，さらに以下の勘定科目も主に事業体レベルで管理するので，本マトリックスに追加した。

見越項目，経営者の見積りおよび引当金

網羅性—見越項目および引当金勘定における決算整理仕訳はすべて記帳してある。	現在の負債または他の性質としての見越項目を適切に記帳しない，あるいは不適切な金額を計上することにより，虚偽表示のある財務諸表を作成する。	見越計算が適切かどうかを判断するために，会計担当の管理者は見越項目について四半期ごとにモニタリングし，また顧客サービスまたは信用分析といった関連する情報源から情報を収集している。	発見的	手作業

Ⅴ．勘定科目の見積り，決算整理仕訳および締切

評価，網羅性—非定型の事象，取引，取引群および勘定残高のうち，会計上の見積りや判断が必要なものについては，すべて識別し，適切な会計処理を決定する。	会計上の見積りなどについて，誤解した判断あるいは他の点で不適切な判断を下すことにより，財務諸表上の負債などの虚偽表示を行う。	コントローラーは月ごとに，帳簿の締切の前に貸借対照表における修正事項をすべてレビューする。会計処理は正しく，また取引を然るべき勘定科目に適切に記帳してある旨をコントローラーは検証し，さらに必要な決算整理仕訳すべてに承認を与える。コントローラーは修正事項に対して署名をすることで，レビューを行ったことを立証している。	発見的	手作業

のれんその他の無形資産

実在性，網羅性，評価—取得したのれんおよび無形資産は，すべて取得時の公正価値で記帳する。	取得時の不適切な仕訳を記帳しそれを経営者が発見できないこと，あるいはのれんおよび無形資産の公正価値に適切な分析や文書による裏付けがないということがありうる。これらにより，財務諸表上ののれんおよび無形資産の簿価が不正確になる。	買収会計を（滅多にないが）本社の会計担当が実施し，すべての勘定残高が公正価値で記帳している旨を確かめる。高額の買収の場合には，独立した第三者の評価の専門家を活用する。仕訳および期末の勘定残高が適切であるとの判断を下すために，コントローラーおよびCFOがこれらをレビューする。	予防的	手作業
実在性，網羅性，評価—将来の傾向について評価するために用いる歴史的原価のデータは適切，網羅的，かつ正確である。	買収予定企業の財務データには根拠がない，または誤解を与えるようなデータである，あるいはデータに欠陥がある。これらにより，経営者が買収目標としている企業の財務分析を行う際に不正確なデータを用いる。	対象とするデータの正確性および網羅性を確実にするために，買収した企業における歴史的原価および経営成績に基づく財務分析を，第三者が行う。さらに，高額の買収の場合には，独立した会計事務所がデュー・ディリジェンスによるレビューを行う。	予防的	手作業
評価—取得した負債を適切に評価する。	取得した負債の評価リスクについて経営者が適切に認識していない。これにより，取得した負債のリスクに対するリスク管理戦略が存在しない。	負債の処理方法および換算リスクのヘッジ方法についてはCFOが決定する。CFOがリスク管理戦略に承認を与える。	予防的	手作業
表示および開示の妥当性—リストラ費用を適切な金額で計上し，適切な勘定科目に分類する。	リストラ費用を経営者が適切に認識しない，もしくはリストラ費用を適切な金額で計上しない。	リストラ費用を適切な費用勘定（たとえば，退職に関してならば，退職手当，賃金税および関連する費用項目など）で適切に会計処理し，財務諸表に適切に表示している。	予防的	手作業

評価ツール篇

241

財務諸表上の経営者の主張	リスク	全社的統制手続	予防的あるいは発見的な統制手続か	手作業あるいは自動化された統制手続か
実在性，網羅性，評価—無形資産の耐用年数は，当該無形資産が価値を生むと期待される期間を表わしている。	減価償却を計算する際に経営者が不適切な耐用年数を用いるかまたは経済状況の変化に応じて減損についてしかるべき検討をしないことにより，不適切な金額で無形資産を計上し続ける。	会計担当の管理者は無形資産の耐用年数について，同等の資産の耐用年数に関する調査およびGAAPの指針に基づいて設定している。減価償却の計算が合理的であるかどうかをCFOもしくはコントローラーがレビューし，計算に適用している耐用年数に承認を与える。	予防的	手作業
実在性，網羅性，評価—のれんおよび無形資産の繰越残高の金額は，妥当性を保持している。	のれんおよび無形資産の減損についてしかるべき検討をしないことにより，不適切な金額で無形資産を繰り越す。	会計担当の管理者は年1回，またはのれんの価値が下落したと考えられる事象が起きたときに，のれんの減損を調査する。このことによって財務諸表に決算整理事項が生じた場合には，コントローラーおよびCFOは承認を与える。	発見的	手作業
実在性，網羅性，評価—無形資産の減価償却を適切な会計期間に記帳する。	減価償却費の金額が欠陥のあるデータに基づく，あるいは計算が不正確である。	無形資産の耐用年数に関して検証を受けた情報に基づいて，会計担当の管理者は減価償却費を計算し，記帳する。コントローラーは修正事項に対するレビューの一環として，減価償却および関係する勘定残高についてレビューをする。	発見的	手作業

VI. プロセス・レベル・マトリックス─収益

財務諸表上の経営者の主張	リスク	プロセス・レベルの統制手続	予防的あるいは発見的な統制手続か	手作業のあるいは自動化された統制手続か
注文処理				
評価─売上の記帳に用いた価格は正確である。	不正確な価格を用いる。	注文処理の前に価格を社内公認の価格表または社内の常備データと照らし合わせる。	予防的	手作業
		価格台帳の情報を,しかるべき権限を持った経営者が定期的にレビューする。	予防的	手作業
		承認を受けた価格表を維持管理し,その内容を営業スタッフおよび得意先に伝達する。	予防的	手作業
	スタッフおよび支援システムが値引やリベートなどを正確に計算しない。	値引やリベートなどを出荷前に再計算および/または確認する。	予防的	自動化
取引発生─妥当な注文のみを処理する。	妥当でない注文を受け,処理する。	注文を処理する前に,注文情報のうち主要なもの(得意先の氏名,住所および与信限度など)を検証する。	予防的	手作業
	注文を二重に処理する。	注文それぞれに番号を割り振り,継続して注文をモニタリングする。	予防的	自動化
	社内が公認していない価格または経営者が認めていない条件での注文を受ける。	注文の条件について述べた規準を明確な文書にする。	予防的	手作業
		注文を処理する前に行う,販売契約のレビューおよび承認に対して,文書化され強制力のある手続が存在する。	予防的	手作業
	社内が公認していない価格または経営者が認めていない条件での注文を受ける。	設定した規準に準拠していない注文については,例外に関する報告手続が存在する。	発見的	自動化

評価ツール篇

243

財務諸表上の経営者の主張	リスク	プロセス・レベルの統制手続	予防的あるいは発見的な統制手続か	手作業のあるいは自動化された統制手続か
	高額の注文，異常な注文および関連当事者による注文を不適切に受ける。	財務部署および法務部署が，重要性の高い販売取引すべてをレビューする。	予防的	手作業
		関連当事者による取引およびリスクの高い取引に対する取締役会の承認なども含め，社内公認の水準について明確に文書化し，伝達している。	予防的	手作業
	不適切な得意先を得意先一覧表に掲載する。	特定の管理職もしくは監督担当の従業員が変更箇所に対して文書で承認を与える。	予防的	手作業
	得意先一覧表が不正確または不完全である。	得意先に関する社内公認の規準を準拠し続けるかどうかという点も含め，得意先一覧表の正確性と網羅性を確認するために定期的にレビューする。	発見的	手作業
		勘定科目一覧表には各勘定科目に関する説明がある。	予防的	手作業
	設定した手続を注文処理がすり抜けてしまう。	注文処理に関する方針，手続に関するマニュアルおよび日々の研修内容を設定している。	予防的	手作業
網羅性—妥当な注文をすべて処理し記帳する。	処理待ちの注文を放置する。	処理待ちの注文を記録，追跡およびモニタリングする方針や手続が存在する。	発見的	自動化
		注文それぞれに番号を割り振り，継続して注文をモニタリングする。	予防的	自動化
	注文を適切に記帳しない。	事業拠点の売掛金元帳と得意先元帳の残高を総勘定元帳の残高と定期的に比較する。	発見的	手作業
		締切の手続について述べた文書には，仕訳の際に利用する情報源，締切状況を監視すべき旨，必要な見越処理および各手続の責任の所在について明記してある。	予防的	手作業
		自動標準仕訳機能により，必要な仕訳すべてを確実に行うことができる。	発見的	自動化

VI. プロセス・レベル・マトリックス—収益

		各仕訳について，主要なデータ・フィールドの妥当性チェックおよび／または検証を行っている。	発見的	自動化
		定型的な仕訳の金額については，予算と実績を比較する。	発見的	手作業
表示および開示の妥当性—適切な情報を正確かつ適時に収集し，報告する。	開示項目に関するデータを正確にもしくは適時に識別していない。	補足的な開示項目に関しては，以下で早期に識別できる。 1．前期の財務諸表の参照 2．取締役会の議事録の参照 3．会計および規制に関する新しい刊行物のレビュー	発見的	手作業
	開示項目に関するデータを各部署が識別していない。	必要なデータを収集する責任は特定の担当者に付与している。	予防的	手作業
権利と義務の帰属—妥当な注文のみを処理する。	職務の分離を行っていないことにより，権限を持たない人が不適切な行動をする。	システム操作の権限は，職務に対する明確な責任に基づいてあらかじめ決まっている。	予防的	自動化
		経営者が別個のレビューを行う。	発見的	手作業
		システムへの注文入力にはパスワードが必要である。	予防的	自動化

出荷

評価—正しい商品を出荷し，それを正確に記帳する。	間違った商品が注文に混入する，あるいは注文内容が入れ替わることにより，得意先が返品する。	出荷前に注文内容を得意先からの注文と照合している。	予防的	手作業
実在性—出荷内容を適切な会計期間記録する。	処理待ちの注文を適切にモニタリングしていない。	処理待ちの注文を定期的にモニタリングする。	発見的	手作業
網羅性—出荷内容をすべて記録する。	出荷データが網羅的でないかまたは記録が不正確である。 棚卸資産の記録が不正確である。	棚卸資産には定期的に実施棚卸を実施し，総勘定元帳と照合する。 履歴の維持管理は棚卸商品の倉庫で行い，また以下のように利用している。	発見的	手作業
		・棚卸資産の生産をデータ処理日でなく実際の生産の日付で記録すること ・自動処理機能や仕訳帳の網羅性を確認すること。	発見的	手作業 *

*（訳注）原書ではDetectiveとなっているが，Manualの誤植と思われる。

財務諸表上の経営者の主張	リスク	プロセス・レベルの統制手続	予防的あるいは発見的な統制手続か	手作業のあるいは自動化された統制手続か
実在性，網羅性—売上を適切な会計期間に記帳する。	たとえば，指図書が不完全あるいは抜け落ちているために，出荷データを適時に収集もしくは処理しない。	定期的にかつ頻繁に，出荷活動を売上と照合している。指図書それぞれに番号を割り振り，継続してモニタリングしている。	予防的	手作業
評価—総勘定元帳の売上原価勘定および棚卸資産勘定への転記は正しい。	コード付けおよび仕訳において人為的ミスが起きる。	勘定科目に対して，別個の照合作業を行う。	発見的	手作業
権利と義務の帰属—記帳済の棚卸資産は当社が保有している。	棚卸資産のシステムや出荷システムが不適切に操作される	システム操作の権限は，職務に対する明確な責任に基づいてあらかじめ決まっている。	予防的	自動化
		経営者が別個のレビューを行う。	発見的	手作業

入金

財務諸表上の経営者の主張	リスク	プロセス・レベルの統制手続	予防的あるいは発見的な統制手続か	手作業のあるいは自動化された統制手続か
評価—入金を正確に記帳する。	入金を不正確もしくは不完全に記帳する。	独立した担当者が正しい記帳を確認する。	予防的	手作業
	入金を不適切な会計期間に記帳する。	処理方法，締切に関する手続，決算手続を文書化する。	予防的	手作業
	売上と関係のない入金を計上する，および／または，入金をしかるべき得意先や請求書に対して記帳していない。	定期的に，事業拠点の売掛金元帳と得意先元帳の残高を総勘定元帳の残高や他の照合合計と比較する。	発見的	手作業
	入金処理のための入力をしていない。	一括処理を行い，入力合計を処理合計および処理後の勘定残高と照合する。	予防的	自動化
	定期的に実行する一括処理を不適切に行う。	監督責任者または管理担当者が定期的な一括処理の状況をレビューする。	発見的	手作業
	銀行取引明細書が総勘定元帳の勘定残高と一致しない。	銀行取引明細書と総勘定元帳の勘定残高を定期的に照合するプロセスが存在する。	発見的	手作業
	入金および関係する記録が不適切に操作される。	システム操作の権限は，職務に対する明確な責任に基づいてあらかじめ決まっている。	予防的	自動化
	職務を十分に分離していない。	経営者が別個のレビューを行う。	発見的	手作業

VI. プロセス・レベル・マトリックス―収益

		預金するまでの段階で現金を保護していない。	現金を窃盗から保護し、また関係する記録も改竄されないように守っている。	発見的	手作業
評価―問題のある勘定科目に対して適切な引当金を設定する。	問題のある勘定科目をこれまで適切に識別せず、また検討してこなかった。	売掛金の年齢調べに関する報告書を定期的に作成し、経営者が分析している。	発見的	手作業
		オープン価格の商品に関する報告書を作成し、経営者が分析している。	発見的	手作業
実在性―記帳済の現金は金額どおりに存在する。	現金は窃盗の危険に脅かされている。	現金に対する内部監査を定期的に実施している。	発見的	手作業
	入金を、発生した会計期間に記帳していない。	現金販売はレジを通じて記帳する。得意先にはレシートを渡し、レジごとの一日の総入金額は、銀行への預金額と一致させる。	発見的	手作業
表示および開示の妥当性―現金に関連する情報を財務諸表で適切に開示する。	開示に必要なデータを各部署が識別していない。	必要なデータを収集する責任を、特定の担当者に付与している。	予防的	手作業
	開示に必要なデータを適宜にかつ正確に報告する方法に関して、担当者が十分な指導を受けていない。	データを適宜にかつ正確に報告できるよう、データ収集の手続について記述した文書が存在する。	予防的	手作業

請求

権利と義務の帰属―記帳済の現金と売掛金の所有権は当社に帰属している。	現金および売掛金の勘定残高に影響を与える取引を網羅的にかつ正確に把握および記帳していない。	会計方針について述べた文書、手続マニュアルおよび組織図では以下のことを行っている。勘定残高、報告書および企業活動のうち、レビューおよび評価の対象となるものを列挙する。		
		レビューおよび評価をどのように、いつ、また誰が実施するのかについて記述する。レビューの結果をどのように文書化し、また誰に伝達するのかについて記述する。	予防的	手作業
実在性―現金および売掛金に関する記録は正確に実態を反映している。	売掛金に関する記録が不十分である。	引当金、負債および見越項目の帳簿有高と、実際の取引とを比較する。	発見的	手作業
		主要な指標、傾向および変動の分析を行う。	発見的	手作業

評価ツール篇

財務諸表上の経営者の主張	リスク	プロセス・レベルの統制手続	予防的あるいは発見的な統制手続か	手作業のあるいは自動化された統制手続か
実在性—請求内容を適切な会計期間に記帳する。	請求を適切な会計期間に記帳していない。	出荷に関連する請求とその記録を行うべきしかるべき会計期間において，記録が確実に網羅性と一貫性を備えるために，期末時点，その直前，あるいは翌会計期間の期首時点に出荷した商品を精査し，および／または修正を加えている。	発見的	手作業
評価—売上の記帳に用いた価格は正確である。	売掛金の仕訳の内容を計算するために用いた計算式が不正確である。	見越項目および償却などの計算に用いる計算式を定期的にレビューする。	発見的	手作業
	販売価格が不正確である。	請求書を発行する前に，価格を社内公認の価格表または社内の常備データと照合する。	予防的	手作業
		価格台帳の情報を，しかるべき権限を持った経営者が定期的にレビューする。	予防的	手作業
	不正確な価格表を用いる。	承認を受けた価格表を維持管理し，その内容を営業スタッフおよび得意先に伝達する。	予防的	手作業
	販売価格が不正確である。	実績を予算と比較し，差異の分析を行っている。	発見的	手作業
	値引やリベートなどを正確に計算しない。	値引やリベートなどを請求書の発行前に再計算，および／または確認する。	予防的	手作業
		実績を予算と比較し，差異の分析を行っている。	発見的	手作業
	不正確な請求書に起因する得意先からの苦情を調査しない，あるいはモニタリングしていない。	請求書に関する得意先からの苦情に対処し，また追跡するための方針と手続が存在する。	発見的	手作業
網羅性—出荷するごとに，または指図書が完了するごとに，売上に対する請求書を作成する。	納品書もしくは指図書を紛失した。	船荷証券もしくは納品書ごとに数字を割り振り，継続してモニタリングしている。	予防的	自動化
	出荷をしてもその内容を記帳しない。	実績を予算と比較し，差異の分析を行っている。	発見的	手作業
	請求書を適切に送付していない。	各勘定残高に対する責任は特定の担当者に付与している。	予防的	手作業

VI．プロセス・レベル・マトリックス―収益

権利と義務の帰属―現金および売掛金の所有権は自社に帰属している。	現金および売掛金に影響を与える取引を不正確に記帳しているかまたは不適切に帳簿を修正している。	経営者が別個のレビューを行う。	発見的	手作業
		帳簿の担当者を定期的に交代させる。	予防的	手作業
		定期的に内部監査を行う。	発見的	手作業

貸方票（同額の商品を購入できる返品受付証）およびそれに基づく修正

実在性―発行した貸方票を適切に記帳する。	得意先からの返品を適切な会計期間に記帳していない。	しかるべき会計期間において，網羅性と一貫性ある記録を確保するために，期末時点，その直前，あるいは翌会計期間の期首時点における得意先からの返品を精査し，および／または修正を加えている。	発見的	手作業
評価―売掛金の貸方記入を正確に計算し，適切に記帳する。	貸方票および売掛金の修正額を誤って計算するかまたは不正確に記帳する。	貸方票の発行，不良債権の償却および売掛金の修正に対しては経営者が承認を与える。	予防的	手作業
		記帳済の貸方票，不良債権の償却および売掛金の修正について，経営者がそれらの性質，量および金額をモニタリングする。	発見的	手作業
網羅性―貸方票およびしかるべき売掛金の修正をすべて記録する。	勘定科目に記帳するにあたって，貸方票の発行および売掛金の修正のすべてを，把握，処理しているわけではない。	返品は，すべて受け取った時点で記録している。返品履歴には，たとえば，得意先名，商品名，不良品の有無，検査の有無および品質管理による査定結果といったことを詳細に列挙している。発行した貸方票と返品履歴における記録とを比較することにより，貸方票をしかるべき会計期間にて発行し，また当社の会計方針に準拠して発行していることを確認する。	予防的	自動化

ＩＴ

網羅性―出荷するごとに，または指図書ごとに，売上に対する請求書を作成する。	注文入力サブ・システムから請求書発行サブ・システムへ注文データを網羅的に転送していない。	注文入力サブ・システムから請求書発行サブ・システムへ転送したデータの一致を確認している。識別した誤謬は適宜修正している。	予防的	自動化

評価ツール篇

財務諸表上の経営者の主張	リスク	プロセス・レベルの統制手続	予防的あるいは発見的な統制手続か	手作業のあるいは自動化された統制手続か
評価—請求書を適切な金額で作成する。	不正確な出荷，価格データまたは条件を請求書発行システムに入力する。	請求書発行システムへの入力データを，統合前の個々の注文の入力ごとの，および／または発送依頼書ごとの，注文金額および出荷データと比較する。比較した結果，相違点があると，請求書を作成する前に経営者からの承認が必要となる。	予防的	自動化
網羅性，評価—社内の常備データは網羅的かつ正確である。	人為的ミスにより，社内の常備データへの変更事項を不完全に，かつ不正確に入力する。	経営者が別個のレビューを行う。	発見的	手作業
	定期的に実行する一括処理を不適切に行う。	一括処理の実施プロセスにあたって，社内の常備データをレビューすることになる。	発見的	自動化
	不適切な形で得意先情報および価格情報を操作することにより，権限の伴っていない変更が行われる。	システム操作の権限は，職務に対する特定の責任に基づいてあらかじめ決まっている。	予防的	自動化
		変更の承認プロセスを文書化し，追跡している。当該プロセスには，上級経営者によるレビューも含まれる。	予防的	手作業
		得意先台帳のデータへの変更にあたっては，番号が割り振られた書式で申請する。書式は，その番号での順序を優先している。	予防的	手作業
		得意先台帳のデータに記録した変更点は，確実に正確な入力を行うために，権限の伴った原始データと比較し，または得意先から確認を取る。	発見的	手作業

Ⅶ. プロセス・レベル・マトリックス──給与

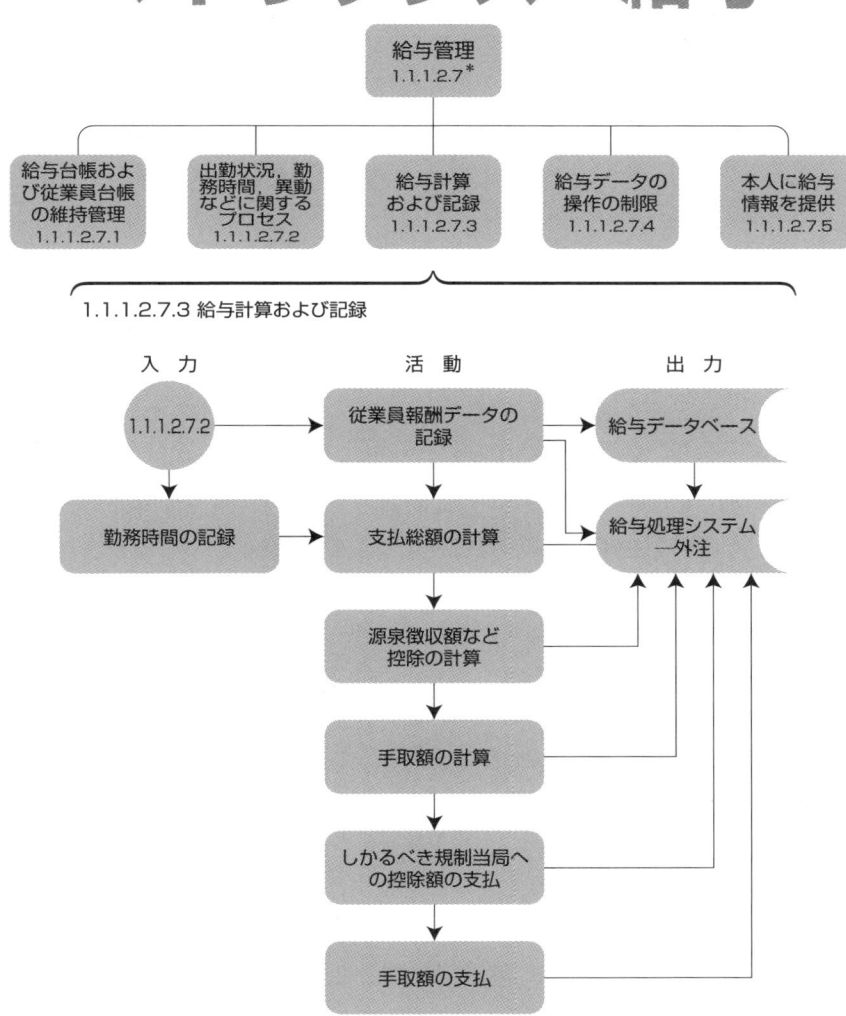

```
                        給与管理
                       1.1.1.2.7*
   ┌──────────┬──────────┼──────────┬──────────┐
給与台帳およ  出勤状況,勤   給与計算    給与データの   本人に給与
び従業員台帳  務時間,異動   および記録   操作の制限    情報を提供
の維持管理   などに関する  1.1.1.2.7.3  1.1.1.2.7.4   1.1.1.2.7.5
1.1.1.2.7.1   プロセス
           1.1.1.2.7.2
```

1.1.1.2.7.3 給与計算および記録

入 力	活 動	出 力
1.1.1.2.7.2	従業員報酬データの記録	給与データベース
勤務時間の記録	支払総額の計算	給与処理システム──外注
	源泉徴収額など控除の計算	
	手取額の計算	
	しかるべき規制当局への控除額の支払	
	手取額の支払	

* 第3部,186ページ,図表4を参照されたい。

給与に関する文書化にあたっての補足説明

- **従業員報酬データの記録**——従業員を採用すると，従業員報酬データを給与データベースおよび外注先の給与処理システムに入力する。給与の監督担当者は人事部から得た人事異動の報告書を受け取るごとに，「新規採用」機能を利用してデータベースにデータを入力する。「新規採用」機能は，以下のような特定のデータの入力を必要とする。すなわち，従業員番号，氏名，住所，性別，生年月日，結婚暦，採用日，職階，所属部署，部署の住所，標準勤務時間，年収，発効日，給与支払日，所得税の状況，勤務している州，銀行取引に関する情報，従業員給付の控除に関する情報，正社員あるいはパートとしての採用かについて，追加的な従業員給付および401Kに関する情報，である。

- **支払総額の計算**——支払総額の計算は，外注先の給与サービス提供業者が最終的に行う。時間外勤務の計算にあたっては，コントローラーが給与データベースから報告書を出力する。その報告書は給与の監督責任者に電子メールで送信し，監督責任者が報告書の様式を整えて業者に送る。業者は報告書を使ってデータを更新し，支払総額を計算する。2週間単位の，また年間の時間外勤務時間および時間外勤務手当に関して，コントローラーが照合をする。

- **源泉徴収額，その他の控除の計算**——源泉徴収額およびその他の控除はすべて，外注先の給与サービス提供業者が計算する。

- **手取額の計算**——手取額は外注先の給与サービス提供業者が計算する。

- **しかるべき規制当局への控除額の支払**——賃金税の計算，控除および支払は，外注先の給与サービス提供業者が行う。新しい事業拠点をデータに加える必要がある場合にのみ，給与の監督責任者が関与する。その際，給与の監督責任者は州に州税の納税者番号を発行するよう申請し，それを外注先の給与サービス提供業者に転送する。州税の税率に変更があれば，業者が対応し，税金の支払にまわすべき現金がさらに必要となった場合には，給与の監督責任者にファックスで知らせる。税金は給与勘定から減少させる。

・**手取額の支払**——手取額の支払は外注先の給与サービス提供業者が行う。資金を移動させる前に，業者は給与担当部へ手取総額についての確認書をファックスで送付する。また，現金を移動させる権限を得るために，財務部へ承認を求める申請書を送信する。承認を受けると，手取額を支払うための現金は，電子的に当社の銀行口座から業者へ振り込まれる。現金が引き出された後，「支払通知」が給与の監督責任者宛てに届き，2週間単位の給与情報と照合される。また現金移動の承認結果も送り返され，給与の監督責任者はこれを2週間単位の給与情報とともに保存する。この時点で，手取額を記録するため仕訳を作成し，コントローラーによりレビューを受け，記帳する。

　給与関係の機能およびデータの操作は，操作の権限を有する担当者のみに制限されており，異なる職務同士の間には，十分に担当者を分離している。操作にはユーザーとしての権限が必要であり，この権限は業務プロセスの責任者が承任し，付与したものである。業務プロセスの責任者は給与関係の機能およびデータの管理とセキュリティを行う権限を有する。人事システムと共有しているシステムは，当社の外注先から要請のある入力情報を提供するシステムのみである。

Ⅷ. ITによる統制手続

ITの領域	リスク	コンピュータの全般統制	予防的あるいは発見的な統制手続か	手作業のあるいは自動化された統制手続か

複雑でないＩＴ環境

ITの領域	リスク	コンピュータの全般統制	予防的あるいは発見的な統制手続か	手作業のあるいは自動化された統制手続か
システム開発 当社は以下のことを行っている。 ・現状のIT環境をほとんど変更していない。 ・財務関係のパッケージ・ソフトを使用しており，今年はこのソフトウェアに大きな修正を加えていない。今後12～18ヶ月の間に，大きな修正が必要となる可能性はある。 ・ユーザーが設定可能なオプションはソフトウェアの機能を大きく変更しない。 ・他にシステムを開発していない。		経営者が新しいパッケージ・ソフトを選び，導入する際には，以下のような業務プロセスに沿っている。 ・上級経営者による承認 ・リスク評価 ・業務処理統制の検討 ・セキュリティに関する必要条件の検討 ・システム間のインターフェースを含む，データ変換に関する必要条件の検討 ・検証 ・旧システムの保存計画を含む，導入手順に関する必要条件 ・ソフトウェア導入後のレビュー	予防的	手作業
変更管理	システム，ソフトウェア，インフラおよびデータベースについて誤った変更を行うことにより，財務報告の信頼性に対して悪影響を与える。	変更管理に関する方針および手続は，文書化を必要とする変更と必要としないものを区別する。重要な変更は着手し，承認を与え，追跡する。	予防的	手作業
		ソフトウェア開発業者側が提供する，当社の主要なIT支援インフラに関係した大規模なソフトウェアのアップグレードや	予防的	手作業

Ⅷ．ITによる統制手続

		変更については，本格導入の前に，すべて検査し，承認を与えることとなっている。検査をどの程度詳細に実施すべきかに関しては，当社の主要な財務システムへの変更の複雑性およびリスクによって決まる。		
		変更を現在の業務と分離して実施することができないものについては，旧システムの保存計画を詳細に策定する。	予防的	手作業
		変更については，本格導入の前に，すべて検査し，承認を与えることとなっている。 変更を本格的に導入することは，権限を有する担当者にのみ許されている。本格導入の責任者としてのスタッフと，実際に変更の作業を行うスタッフとの間では，職務を分離している。	予防的	手作業
		可能な場合には，変更の実施，検査および試運転のための環境を別個に用意している。IT環境が小規模であるという制約のためにそれが不可能な場合にはサーバーを，変更の実施，検査および試運転向けに分割し，その後も定期的にレビューをする。	予防的	手作業
		緊急の変更への要請に応える際には，システム担当の管理者は，通知，評価および文書化という一連の段階を踏む。変更に対して必要な承認を取り付けた上で変更を実施した後で，変更に関する解説の文書を提出する。	予防的	手作業
		経営者は試運転管理プロセスを実施する。この中には，パッケージ・ソフトの更新を本格的に導入する前に検査を実施したり，ソフトウェアやシステムを試運転し検査する契約を第三者と締結することも含まれる。検査をどの程度詳細に実施すべきかに関しては，当社の主要な財務システムへの変更の複雑性およびリスクによって決まる。	予防的	手作業

評価ツール篇

ITの領域	リスク	コンピュータの全般統制	予防的あるいは発見的な統制手続か	手作業のあるいは自動化された統制手続か
		緊急の変更への要請に応える際には，システム担当の管理者は，通知，評価および文書化という一連の段階を踏む。変更に対して必要な承認を取り付けた上で変更を実施した後で，変更に関する解説の文書を提出する。	予防的	手作業
セキュリティおよび操作―論理回路面	重要な財務データの不適切な利用，開示，修正または紛失は，財務報告の信頼性に対して悪影響を与える。	論理アクセス制御は，当社の情報セキュリティ方針に基づいて実施している。その中には以下のようなことも含まれている。 ・認証されるまでの回数の制限 ・自動的なパスワード変更 ・パスワードの最少文字数の制限 ・不正確なパスワードの履歴作成および調査 パスワードの最少文字数に関する基準を満たしていないシステムまたはソフトウェアについては，生体本人確認やネットワークの利用の制限を行う。	予防的	自動化
		ユーザーIDの準備および維持管理に関する手続は，ユーザーIDの申請，登録，発行，更新，変更および削除などを行う。ユーザーには，たとえば，従業員，パート労働者，納入業者および契約相手など，システムを操作しようと考える人すべてが入る。	予防的	手作業
		システムおよびソフトウェア本体を操作する権限は制限されている。ITセキュリティの管理に関する責任を付与している。	予防的	手作業
		ユーザーIDおよび管理者IDをユーザー間で共有していない。	予防的	手作業
		ソフトウェアの管理責任者は，当該ソフトウェアが支援する業	予防的	手作業

Ⅷ．ITによる統制手続

		務プロセスからは独立している。		
		重要な財務データおよびソフトウェアやシステムの機器構成の設定を操作できるのは誰かについて，定期的にレビューするプロセスが存在する。	発見的	手作業
		ウィルス対策ソフトを，財務報告システムおよびそのサブ・システムの整合性とセキュリティを保護するために使用している。ウィルス対策に関する最新の情報を維持管理するプロセスも存在している。	予防的	手作業
セキュリティおよび操作―物理面 　本セクションでは，データ・センターについて取り扱っている。中小規模企業においては，ネットワーク・サーバーや伝達機器のみでデータ・センター全体を構成していることもある。	重要な財務データの不適切な利用，開示，修正または紛失は，財務報告の信頼性に対して悪影響を与える。	コンピュータ室，電話，ネットワークおよび電力供給設備ならびにIT関連の重要文書などの利用の権限は，承認のプロセスにより付与と取消がなされる。	予防的	手作業
		コンピュータ室，電話，ネットワークおよび電力供給設備ならびにIT関連の重要文書などの利用は，カードキーまたは鍵で管理している。	予防的	手作業
		コンピュータ室への立入は文書化し，記録する。またベンダーの場合にはITの担当者が立ち会い，IT関連設備への立入の前に記録を付けなければならない。立入履歴はIT担当の現場管理者がレビューし，不正な立入があれば，適時に上層部へ報告し，処理する。	予防的	手作業
		データ・センターへの立入は定期的にレビューしている。	発見的	手作業
コンピュータの使用―データのバックアップ	紛失または破損した重要な財務データが修復不能であることは，財務報告の信頼性に対して悪影響を与える。	データに常にバックアップを取っており，外部の安全な場所に保存している。	予防的＊	手作業
		保存プロセスの有効性および離れた場所で保存しているバックアップ・データのメディアの質について，定期的に検査する手続が存在し，実施している。	予防的＊	手作業

＊（訳注）原書は空欄であるが，Preventiveが入ると思われる。

ITの領域	リスク	コンピュータの全般統制	予防的あるいは発見的な統制手続か	手作業のあるいは自動化された統制手続か
コンピュータの使用—第三者であるベンダーの管理	第三者による不適切な行動は，当社が入手および作成したデータまたは報告を受けたデータに対して悪影響を与える。	第三者との契約は締結前に経営者がレビューし，承認を与えている。	予防的	手作業
		第三者との関係を管理する担当者がいる。	予防的	手作業
		第三者によるSAS70のタイプⅡ報告書について，同報告書に記載された第三者によるITコンピュータ統制の不備を識別するために，年1回レビューする。同報告書に記載された，顧客側が検討すべき事項は，すべて当社の経営者が対処する。	発見的	手作業
業務処理統制	ソフトウェアのプログラムにおいて，取引処理の網羅性および正確性を確実に支援するための手続が有効に設計されていないかまたは意図したとおりに機能していない。	ソフトウェアに手作業で入力するデータすべてをレビューする手続が存在する。この手続には，入力をソフトウェアから拒絶されたデータの識別，修正および再処理も含まれている。	発見的	手作業
		データ領域の容量が妥当であるかどうか，妥当でないデータの性質，不足しているデータ，誤っているデータおよび不正確な入力日について調査するために，入力データに対する検査機能がソフトウェアに組み込んである。	予防的	自動化
		記録の試算，一括処理技術，照合合計およびその他の履歴を用いる方法によって，入力データを情報源たる文書と照らし合わせている。	発見的	手作業
		権限を有する担当者が入力文書に承認を与える。担当者に付与した権限の程度については，それが適切であり続けているかどうかを判断するためにレビューを行う。	予防的	手作業
		出力データは，情報源たる文	発見的	手作業

VIII．ITによる統制手続

	書と一致させる，または照合する。一致および／または照合のプロセスにおいては，十分に職務を分離している。		
	出力データにおける誤謬を一致および修正する方法については，この職務を行う担当者が理解している。	予防的	手作業
	照合合計を含めて，出力データは一般的に認められるかどうかについて，またその網羅性についてレビューをする。	発見的	手作業
	誤謬の報告および／または履歴には，問題点や誤謬の内容，発見した日時，ならびに実行した是正措置に関する情報を掲載している。これらの報告および／または履歴は，然るべき担当者が適時にレビューする。	発見的	手作業
	ソフトウェアによるデータ処理の内容は，たとえばデータを処理する方法の解説，フローチャート，またはシステムやエラー・メッセージの説明などにより文書化されている。	予防的	手作業
	ソフトウェアを普段の業務で「動かす」際には，文書化した手続において，関連する統制手続も含めて，実行の方法について述べている。	予防的	手作業
	バックアップ・ファイルを事故復旧のために通常の処理から生成されるということも含めて，正確な生成／循環ファイルの処理を管理するための手続が存在する。	予防的	自動化
	処理に対する検査機能を利用している。この機能は入力データに対する検査機能と似ているが，処理中のデータに対して検査をする点が異なる。	予防的	自動化

評価ツール篇

ITの領域	リスク	コンピュータの全般統制	予防的あるいは発見的な統制手続か	手作業のあるいは自動化された統制手続か
		監査証跡をデータ処理中に残している。その中には，取引に関する情報，たとえば，取引の提案者，取引の日時および取引の締結箇所（通信プロトコルの場所など）といったことを記載した履歴や記録もある。	発見的	手作業

複雑なＩＴ環境

ITの領域	リスク	コンピュータの全般統制	予防的あるいは発見的な統制手続か	手作業のあるいは自動化された統制手続か
システム開発および変更管理 当社は以下のことを行っている。 ・既存のソフトウェア，データベースおよびシステムを変更している。 ・重要な自作ソフトウェアのためにソース・コードを開発している。 ・パッケージ・ソフトを当社特有の処理ニーズに適合するようにカスタマイズしている。 ・パッケージ・ソフトを導入し，改造を加え，当社の業務に組み込む。	システム，ソフトウェア，インフラおよびデータベースについて誤った変更を行うことにより，財務報告の信頼性に対して悪影響を与える。	変更管理に関する方針および手続は，文書化を必要とする変更と必要としないものを区別する。重要な変更は着手し，承認を与え，追跡する。	予防的	手作業
		ソース・コードの操作と更新を管理するために，バージョン管理のシステムを使用している。	予防的	手作業
		ソフトウェア・ベンダー側が提供する，当社の主要なIT支援インフラに関係した大規模なソフトウェアのアップグレードや変更については，本格導入の前に，すべて検査し，承認を与えることとなっている。検査をどの程度詳細に実施すべきかに関しては，当社の主要な財務システムへの変更の複雑性およびリスクによって決まる。	予防的	手作業
		変更を現在の業務と分離して統制環境のある形で実施することができないものについては，旧システムの保存計画を詳細に策定する。	予防的	手作業
		変更については，本格導入の前に，すべて検査し，承認を与えることとなっている。 　変更を本格的に導入することは，権限を有する担当者にのみ許されている。実用的な場合には，本格導入の責任者としての	予防的	手作業

Ⅷ. ITによる統制手続

		スタッフと，実際に変更の作業を行うスタッフとの間では，職務を分離している。		
		可能な場合には，変更の実施，検査および試運転のための環境を別個に用意している。IT環境が小規模であるという制約のためにそれが不可能な場合にはサーバーを，変更の実施，検査および試運転向けに分割し，その後も定期的に経営者がレビューをする。	予防的	手作業
		緊急の変更への要請に応える際には，システム担当の現場管理者は，通知，評価および文書化という一連の段階を踏む。変更に対して必要な承認を取り付けた上で変更を実施した後で，変更に関する解説の文書を提出する。	予防的	手作業
		経営者は試運転管理プロセスを実施する。この中には，パッケージ・ソフトの更新を本格的に導入する前に検査を実施したり，ソフトウェアやシステムを試運転し検査する契約を第三者と締結することも含まれる。検査をどの程度詳細に実施すべきかに関しては，当社の主要な財務システムへの変更の複雑性およびリスクによって決まる。	予防的	手作業
セキュリティおよび操作―論理回路面	ほとんどの取引の処理において電子商取引に大きく依存している，または，ソフトウェアの段階でのセキュリティに関する統制手続が脆弱である。	権限を持たない人がネットワーク・システムすべてに入ることができないように，ネットワークへの接続方法を構築している。ハードウェアおよびソフトウェアに対するファイアー・ウォールが存在する。	予防的	自動化
	重要な財務データの不適切な利用，開示，修正または紛失は，財務報告の信頼性に対して悪影響を与える。	ファイアー・ウォールに関する文書が存在し，ファイアー・ウォールの外側から内側への接続と内側から外側への接続に関する現行の規定を掲載している。ファイアー・ウォールの構築に関する規定には，IT担当の管理者が承認を与えている。	予防的	自動化

評価ツール篇

ITの領域	リスク	コンピュータの全般統制	予防的あるいは発見的な統制手続か	手作業のあるいは自動化された統制手続か
		セキュリティに関する規定や応急措置の基準に準拠していることを確実にするために、脆弱性の評価および是正措置を定期的に実施する。	発見的	手作業
		重要なシステムについては侵入探知機能を導入および維持管理し、警告機能を常にモニタリングし、確認している。	発見的	自動化
コンピュータの使用—問題点の管理	不適切な行動もしくは処理の誤謬はデータを変更し、財務報告の信頼性に対して影響を与える。	ITに関するプロセスの問題点を適時に記録し、分析し、かつ是正したかどうかについて判断できる報告書をITの担当者は受け取る。	発見的	手作業
		権限をもたない人による行動への適時の対応および調査を支援するために、セキュリティ問題への対応プロセスが存在している。	発見的	手作業
		非定型の行動、あるいは許可されていない行動については、データ処理履歴をレビューしている。	発見的	手作業
		データ処理履歴では、データ処理中に発見した誤謬もしくは問題点をまとめている。その情報としては、発見した誤謬に関する説明、発見した日時、誤謬に関係するすべてのソース・コード、実施した是正措置および是正措置の日時がある。	発見的	手作業
エンドユーザーコンピューティング	エンドユーザーが使用するシステム(スプレッドシートなど)が不正確であることにより、財務報告の信頼性に対して影響を与える。	スプレッドシートの変更要請、変更作業、スプレッドシートの検査および、変更点が意図したとおりに機能している旨に関する独立した担当者による承認の署名の入手、といった点について、変更管理プロセスが存在している。	予防的	手作業

Ⅷ．ITによる統制手続

		現状の，かつ承認を受けたスプレッドシートのみを確実に使用させるために，特定の命名のルールとそのディレクトリ構造を使っている。	予防的	手作業
		メイン・サーバーにあるスプレッドシートには，ファイルの段階で利用制限がある。スプレッドシートは，利用を制限するためにパスワードで保護されている。	予防的	手作業
		入力データの網羅性および正確性について評価するために，手作業または体系的な方法で照合をしている。	発見的	手作業
		スプレッドシートの欄には，常備データへの不注意あるいは故意の変更を防ぐためにロックがかけられている，または保護されている。	予防的	自動化
		スプレッドシートの文書は，事業目的およびスプレッドシートの特定の機能を示すものとして維持管理し，更新する。より重要でかつ複雑なスプレッドシートに対しては，必要条件の明確化，設計，構築，検査および維持管理などの標準的な段階を対象にする，標準的なソフトウェア開発のライフサイクルを利用する。	予防的	手作業
		網羅的かつ正確な情報を財務報告に用いることができるよう，スプレッドシートを定期的にバックアップするプロセスが存在している。 更新する必要のない過去のスプレッドシートについては分離し，「閲覧専用」としてロックをかけている。 スプレッドシートの仕組みについてはユーザー以外の担当者がレビューし，レビューの内容は正式な形で文書化している。	予防的	自動化

評価ツール篇

263

COSO
財務報告に係る内部統制
―中小規模公開企業ガイダンス

よくある質問とその回答（FAQ）

2006年6月

よくある質問とその回答（FAQ）
2006年6月

1．内部統制の必要性

> なぜ組織には内部統制が必要なのでしょうか？

回答：

組織が内部統制を必要とするのは、組織が業務目的、財務報告目的およびコンプライアンス目的を達成するとの高い保証を得るためです。換言すれば、組織が使命を果たすのに資するためです。内部統制は、経営者および取締役会が設計し、承認した方向性、方針、手続および業務が整備され、意図したように機能していることを確保するのに役立つものです。組織が複雑になるにつれ、事業を運営するために人員や業務プロセスを増やすことから生じるような有効性の低下を避けるために、内部統制の必要性が高まります。

2．本ガイダンスの性質

> COSOの中小規模公開企業ガイダンスは、こうした企業に特有の環境下で有効な内部統制システムを導入するにあたり、どのように中小規模公開企業に役立つのでしょうか？

回答：

COSOの中小規模公開企業ガイダンスでは、1992年版のCOSOの内部統制フレームワークに整合した原則および属性を設けています。これらの原則および属性は、組織の規模、構造および複雑性の程度を加味した、強固な内部統制システムをもたらすために必要な要素について、あらゆる規模の企業にも理解できるようになっています。さらに、本ガイダンスでは、中小規模公開企業が実際どのように識別された原則および関連する属性を実施したかについての事例を示しています。

3．本ガイダンスの構成

中小規模公開企業ガイダンスの大まかな構成はいかなるもので，またガイダンスが想定する読者は誰なのでしょうか？

回答：

　COSOの中小規模公開企業ガイダンスは，要約篇，中小規模公開企業ガイダンス篇および事例／ツール篇の3部構成となっています。ガイダンスは，内部統制フレームワークに関連する20の原則と，これらの原則に関連する75*の属性から構成されています。属性は，内部統制に関する原則を実施するために用いることができる方法の識別に資することを意図しています。ただ，組織の複雑さや，組織の特有の状況によっては，すべての属性が存在するとは限りません。

4．想定される利用者

本ガイダンスの利用者として，誰が想定されているのでしょうか？

回答：

　本ガイダンスは，取締役会，監査委員会，経営者，会計士，内部監査人，外部監査人，規制当局およびその他内部統制の構築および評価に関わる人向けに作成しました。本ガイダンスは，組織が内部統制全体の構造を決め，その有効性について評価する際に利用することができるフレームワークを提供しています。

5．内部統制の目的

有効な内部統制の目的とは何ですか？

回答：

　有効な内部統制の目的は3つあり，これらはCOSOの1992年の『内部統制の統合的枠組み』に掲げられています。すなわち，1）財務報告の正確性，2）法令および規制の遵守，ならびに，3）有効かつ効率的な業務活動，の3つです。COSOの内部統制の構成要素は，これらの目的の達成にあたって組織を支援することを意図して作成されています。

＊　（訳注）「ガイダンス篇」で掲載されている20の原則に係る属性は合計で76になっており，75の属性との記載は誤りである。なお，この点については，COSO事務局の担当者に正式に確認済みである。

6．COSOの構成要素に対する理解

　COSOの内部統制の構成要素の相互関連性について概要を説明してください。

回答：

　COSOの統合的枠組みは，統制環境，リスク評価，統制活動，情報と伝達およびモニタリングの5つの構成要素から成り立っています。有効な内部統制を構築するためには，強力な統制環境を整備することが必要であり，他の構成要素が適用される基盤となります。有効な内部統制の根本となる各原則と，健全な内部統制を遵守するよう取り組むことが，健全かつ相互に機能し合う内部統制の構造とするために必要不可欠です。また，リスクの評価は，内部統制における統制活動をどこに設けるかについて決めるための基礎となります。有効なリスク評価により，組織の統制目的および業務目的を達成するにあたって重要なリスクに焦点を当てることができるようになるでしょう。さらに，内部統制の実践からもたらされる情報を収集し伝達することで，中心的な代表者が潜在的な問題について精通するようになります。内部統制に関する業務からのフィードバックを確保することは，組織全体が問題に適時に対処することができるかを左右する要です。加えて，有効なモニタリングのシステムは，リスクを軽減するにあたっての内部統制の整備，運用および有効性について監視します。有効なモニタリングは，日常的な評価プログラムとして，あるいは一定時点での評価が必要な場合には，一定時点の単独プログラムとして構築することもできます。

7．1992年版のフレームワークとの関連性

　COSOの1992年版の『内部統制の統合的枠組み』から変更されたところはありますか？　もしあるならば，どこが変更されましたか？

回答：

　COSOの内部統制のフレームワークは1992年のままです。今回の新しいガイダンスは，このフレームワークに掲載されている基本原則を明確化し，共通す

る属性について検討し，また，これらの原則および属性の利用方法について，中小規模企業の具体的事例を示したものです。

8．内部統制の構成要素の重要性

内部統制の各構成要素の重要性は同じですか？　もし違うのであれば，重要性の高いものはどれですか？

回答：

内部統制の5つの構成要素はすべて，組織の有効な内部統制にとって重要です。COSOでは，中小規模企業ガイダンスで述べた20の原則が有効な内部統制にとって不可欠であり，譲れないものであると考えています。また，本ガイダンスに掲載した属性については，組織の複雑性の程度に応じて，取捨選択できる場合もあります。経営者および取締役会は，本ガイダンスに掲載された属性を適用できないような状況とは何かについて，検討すべきです。しかしながら，COSOは本ガイダンスを「原則主義」に基づいたものであることを強調しており，したがって財務報告に係る有効な内部統制を構築するにあたって，経営者にはさまざまな選択肢が用意されています。本ガイダンスの原則および属性は，経営者が選択肢を選ぶ際に役立つものです。経営者は，合理的なコストで最も有効な内部統制を達成する際に役立つような選択肢を選ばなければなりません。

9．本ガイダンスの範囲

本ガイダンスは内部統制の目的すべてを対象としているのでしょうか，それとも財務報告に係る内部統制のみを対象としているのでしょうか？

回答：

COSOの中小規模企業のためのガイダンスは，財務報告目的に特有のニーズに向けて作成したものです。しかしながら，本ガイダンスの原則および属性の多くは，内部統制の3つの目的（財務報告目的，コンプライアンス目的および業務目的）すべてに適用できます。

10. 原則主義

> COSOのガイダンスが原則主義に基づくものであるならば、内部統制に関する意思決定に慣れていないような中小規模企業にとって役立つ十分な指針が、本ガイダンスには盛られているのでしょうか？

回答：
　はい。2つの方法で指針を示しています。第1に、本ガイダンスでは、有効な内部統制とは有効な企業そのものであると認識しています。ほとんどの経営者は、倫理に関する厳格な気風、財務報告に関する能力の重視、あるいは、人的資源に関する制度が有効な内部統制を補強する旨を徹底する必要性、といった有効な内部統制に関する基本原則に精通しています。第2に、本ガイダンスは内部統制の5つの要素から、各要素の基礎となっている、わかりやすい原則を導き出し、要素の基礎となっている各原則を達成するには、多くの異なる方法があるとの認識を示しています。さらに、個々の原則を達成するために、実在する中小規模企業から収集した事例を数多く掲載しています。企業はこれらの事例のいずれを採用することもできますし、あるいは内部統制を整備し運用する際に本ガイダンスにおける標準様式の一部を役立てることもできます。しかしながら、本ガイダンスは、企業向けの「マニュアル」として利用することを意図したものではありません。

11. 内部統制の原則

> 内部統制の「原則」とは何ですか？

回答：
　「原則」とは、財務報告に係る有効な内部統制に関する基本的な概念であり、1992年版のフレームワークにおける5つの構成要素から直接導き出されたものです。「原則」は年月を経ても変わることがなく、またフレームワークにおける5つの内部統制の構成要素のうちの1つと具体的に関係しています。

12. 内部統制の属性

　内部統制の原則における「属性」とは何ですか？　属性は，原則を定義づける際にどのように役立つのですか？

回答：

　属性は，原則に関連した特徴を表しています。各属性は，一般的には企業内に存在するはずですが，リストに掲げられている属性がすべて存在しなくとも，原則を適用することは可能です。

13. 内部統制の事例

　本ガイダンスにはどのような事例が載っているのですか？

回答：

　本ガイダンスでは，各原則およびそれと関連する属性について，実在する具体的な事例を示すとともに，原則や属性に含まれる概念も参照できるようにしました。事例はそれぞれ，実在する中小規模企業から収集したものであり，中小規模企業という環境において，内部統制がどのように機能するのかということについて，理解をいっそう深めるための基盤となるものです。

14. 本ガイダンスのツール

　COSOの中小規模企業ガイダンスには，どのようなツールが掲載されていますか？

回答：

　第3部に掲載したツールは，内部統制の5つの構成要素（統制環境，リスク評価，統制活動，情報と伝達，モニタリング）に関連する原則および属性を説明し，また，信頼しうる財務報告に関する目的を達成したことを説明するために，内部統制をどのように文書化するかについての事例を示しています。しかしながら，これらのツールは指針であり，チェックリストを意味しているわけではありません。ツールは，各自に見合ったものに手直しできるようになっています。また，勘定科目および業務プロセスのレベルでの評価に関する事例は

かりでなく，全社的レベルでの評価の事例も示しています。

15. 中小規模企業の課題

　内部統制について中小規模企業はどのような課題に直面しているのでしょうか？　また，COSOのガイダンスは，こうした課題に対処するにあたって，どのように役立つのでしょうか？

回答：

中小規模企業が直面する課題としては，以下のようなものがあげられます。

- 資源に関する課題—職務を適切に分離するためには，十分な資源がなければなりません。
- 経営者の支配に関する課題—経営者が企業活動を支配できる可能性があり，また，経営者が内部統制のプロセスを不当に無視できる機会が多いことを指します。その結果として，業績目標を実際には達成していないにもかかわらず，目標を達成したように見せかけることがあります。
- 取締役会の専門能力に関する課題—取締役会および監査委員会にとって役立つように，財務報告などに関して必要な専門能力を有する人員を採用しなければなりません。
- 財務報告についての能力に関する課題—会計および財務報告に関して十分な経験と技能を有する人員を採用し，確保しなければなりません。
- 事業の運営に関する課題—会計および財務報告に対して十分留意するよう，事業を運営するために傾けていた経営者の関心を，会計および財務報告にも振り向けなければなりません。
- IT（情報技術）に関する課題—限られた専門的資源のなかで，ITを統制し，コンピュータ情報システムに対する全般統制および業務処理統制を維持しなければなりません。

COSOのガイダンスでは，これらの課題に対処した実在の企業から収集した事例を提供するとともに，これらの事例を，それらが支える原則と関連づけています。

16. 内部統制と中小規模企業

中小規模企業は有効な内部統制を達成できるでしょうか？

回答：

はい。中小規模企業は有効な内部統制を維持でき，またそうすべきであるとCOSOは考えています。また，COSOは，中小規模企業で実施する内部統制は一般的に大規模企業ほどには複雑ではなく，領域によっては大規模企業ほど厳密な文書化を行う必要はないと認識しています。

17. 他の企業への適用可能性

COSOの中小規模企業ガイダンスは，大規模企業や中規模企業にも同様に役立ちますか？　そしてどのように役立ちますか？

回答：

COSOの中小規模企業ガイダンスが対象としているのは中小規模公開企業ですが，本ガイダンスは，規模の大きさにかかわらず，すべての企業にとって役立つ情報を掲載しています。20の原則およびそれを支える属性は，COSOの1992年版の『内部統制の統合的枠組み』を明確化したものであり，すべての組織がそれをいっそう簡単に適用でき，また，各組織に応じた評価モデルを作成することもできます。

18. 本ガイダンスにおける目的の限定

本ガイダンスは，サーベインズ＝オックスリー法404条の規定を遵守しなければならない中小規模公開企業を対象としたものです。本ガイダンスで取上げられている具体的な目的は何ですか？

回答：

本ガイダンスは，財務諸表の信頼性という１つの狭義の目的だけを対象としています。これはCOSOの『内部統制の統合的枠組み』が示した広範な目的のうちの１要素にすぎません。COSOは，すべての組織がフレームワークで示したすべての目的を重視することを推奨しています。その理由は，(a) ３つの目

的すべてが組織の成功にとって重要であり，また，(b) 内部統制を整備し運用するにあたって3つの目的を重視することで，かなりの効率性が達成されるからです。

19. 免除措置

> COSOは内部統制に関して，中小規模企業に免除措置を講じることを支持していますか？

回答：

　COSOでは，情報の正確性，取引記録の網羅性および財務報告における適切な開示を確実に行うためには，いかなる組織（公開企業，非公開企業，政府運営企業，非営利企業または同族企業を問わず）においても有効な内部統制を維持すべきであると考えています。さらに，組織は，財務報告に関するリスク，コンプライアンスに関するリスクおよび業務に関するリスクに対応するためにも，有効な内部統制を維持しなければなりません。有効な内部統制を整備し，運用することは，まさに優良な企業に相当します。組織の規模によって，有効な内部統制の必要度は変わることはありません。ただ，COSOは，組織の規模や複雑性の程度によって，内部統制システムの構成は異なるであろうと考えています。

20. SOX法404条との関係

> SOX法404条に規定されているように，リスクに基づいて内部統制を評価する際に，COSOの『内部統制の統合的枠組み』は経営者にとってどのように役立つのでしょうか？

回答：

　COSOのフレームワークでは，内部統制における3つの主要な目的の1つとして，財務報告の信頼性をあげています。これらの目的を達成することの重要性を強調するために，組織はまずこれらの目的を明確化し，また，統制環境を整備します。本ガイダンスでは，財務情報に関するリスクを評価するにあたって，総勘定元帳におけるどの勘定科目が，組織の財務報告における開示全体に

とって重要な情報であるかを決めることを推奨しています。次に，こうした勘定科目に関係する記入を裏づける主要な業務プロセスを識別し，これに関連するリスクを把握します。重要なリスク（影響度が大きく，発生可能性の高いリスク）に関しては評価を実施し，リスクを低減するための統制活動を決定します。リスクに基づいて内部統制を評価するという方法は，COSOの『内部統制の統合的枠組み』の基本にあり，したがって，さまざまな規制当局が提唱してきたガイダンスとも整合しています。

全体として，COSOの『内部統制の統合的枠組み』と今般新たに公表された『中小規模企業ガイダンス』は，健全な内部統制の構造開発のための基礎だけでなく，その有効性の評価のための基礎も提供しています。

21. 内部統制の評価と内部統制の目的

> 本ガイダンスでは，COSOの内部統制フレームワークにおける5つの構成要素について，内部統制の目的を達成することと関連づけながら述べています。では，内部統制の構成要素は，内部統制の目的とどのような関係にあるのですか？　またその関係は，内部統制に対する経営者の評価にどのように影響を与えるものですか？

回答：

内部統制は，継続的な改善を支えるプロセスです。自社の内部統制の継続的な信頼性を確保するためには，5つの構成要素が存在し，機能していなければなりません。しかしながら，内部統制の有効性の評価は，相互に機能し合い，かつ，経営者の判断に基づいて運用されている構成要素が，（本ガイダンスで述べたような）財務報告に係る内部統制の目的を達成しているかどうかに関係してきます。

22. 評価

> COSOのガイダンスには「評価」ツールはありますか？

回答：

COSOの中小規模企業ガイダンス（の第3部）には，内部統制の評価方法を

例示することを意図して作成されたツールが掲載されています。これらの事例は，導入にあたっての指針として設けたものであり，また，組織に特有の内部統制の仕組みや，実施する統制手続に対する経営者の判断と慎重に適合させなければなりません。本ガイダンスは「マニュアル」を示したものでもなければ，内部統制の評価に関する規定を示したものでもありません。評価を実施する際に検証の性質および範囲をどうするかという判断は，経営者にとって非常に重要であるとCOSOは考えています。さらに，本ガイダンスでは，統制手続が有効であると主張できるような証拠とはどのようなものかという「明確な線引き」もしていません。この点も経営者の判断に関わるものであるからです。

23. 評価とモニタリング

モニタリングと評価とはどのように異なるのですか？　互いに関連はあるのですか？

回答：

モニタリングとは，内部統制の整備状況および運用状況の有効性を確保するために構築されるプロセスです。内部統制のモニタリングは，「日常的」なものであったり一定時点における「独立的評価」であったりもしますし，また，内部統制のプロセスあるいは構成要素のさまざまな部分について，それぞれ別の時点で実施することもあるでしょう。多くの企業では，日々の業務に日常的なモニタリングを組み込むことに利便性を感じているため，これまでモニタリングを，一定時点におけるプロセスとして考えてきませんでした。しかしながら，本ガイダンスでは，モニタリングは独立的評価であっても，日常的なプロセスであっても，どちらでもよいと述べています。

現在SOX法404条(a)項が求めている評価とは，貸借対照表日における，財務報告に係る内部統制の有効性について，経営者の主張を求めるプロセスです。ここでの評価は，内部統制のある部分の評価を「一定時点での評価」または「独立的評価」で実施しなければならず，こうした評価方法は，経営者が継続的なモニタリング活動から得た知識を補完するものです。換言すれば，モニタリングも含めた，内部統制の構成要素すべてが有効に機能しているかどうかを知

るために，経営者は，自らの検証を通じて十分な証拠を入手する必要があるのです。したがって，経営者の日常的なモニタリング活動から経営者は評価に関する証拠の大半を入手することになるでしょうが，貸借対照表日という一定時点において，財務報告に係る内部統制が有効に機能しているかどうかを知るためには，経営者は十分な独立的評価を実施しなければなりません。

モニタリングおよび評価は，別々の活動のように見られる場合が多いですが，実際には，評価は有効なモニタリングのプロセスの一環にあたります。評価は，内部統制の構造に関する定期的な評価において不可欠の部分です。また，日常的モニタリングは，情報の正確性，網羅性，実在性，記録方法，分類方法および報告方法に関して，重要な情報が伝達されていることを確保するものです。

24. IT

本ガイダンスでは，中小規模企業が用いるITに関して，どの程度述べられていますか？

回答：

今日では，すべての業務プロセスがソフトウェア，ITに関する方針およびITに対する統制手続から何らかの影響を受けています。ITは，財務情報の収集，分類，配分および報告にとって重要です。本ガイダンスでは，中小規模企業において内部統制の構築が容易になるよう，ITの利用に関する勧告を行っています。

25. 内部統制評価のコスト

COSOの中小規模企業ガイダンスを用いることで，内部統制評価に関する総コストは減少しますか？

回答：

本ガイダンスにより，組織の目的を達成するのに必要な統制手続の種類および水準に関して，経営者および取締役会は，より有効な判断を下すようになるであろうと，COSOは考えています。こうした判断においては，組織の複雑性のみならず，取引の複雑性や，業務分担の程度，ソフトウェアの複雑性などに

ついても考慮します。本ガイダンスを一旦適用すれば，組織は，重要な統制手続を決定し，これらを効率的に評価し，またその有効性に関する報告書を作成することが容易になります。中小規模公開企業に適した形を備えた，これら重要な統制手続のみを整備し，モニタリングすることによって，経営者は不必要または重複する統制手続および検証を回避することが期待できるでしょう。

26. COSOの組織構成

COSOの組織構成はどのようになっていますか？ また，本ガイダンスはどのように作成されたのでしょうか？

回答：

　COSOの構成団体は，アメリカ会計学会（AAA），アメリカ公認会計士協会（AICPA），国際財務担当経営者協会（FEI），内部監査人協会（IIA）および管理会計士協会（IMA）です。本ガイダンスをまとめたのは，中小規模企業に関する専門家と，プライスウォーターハウスクーパースの専門プロジェクト責任者からなるタスクフォースでした。このタスクフォースは，さまざまな規模の中小規模企業における内部統制の実情を多岐にわたって調べるために，いくつもの実態調査を行いました。掲載した事例は，COSOの枠組みを適用する際に役立つよう，多くの中小規模企業から収集されたものです。

27. 本ガイダンスの権威

本ガイダンスはどのような権威を持っていますか？

回答：

　COSOのガイダンスは，財務報告に係る内部統制の有効性を評価する際に用いる枠組みとして，SECから認められています。本ガイダンスは公開草案としての公表を経ていますが，COSOが作成した指針ですので，経営者，取締役会，実務家および規制当局のための専門的な指針から成り立っています。しかしながら，財務報告に係る優良な内部統制を達成したいという組織の願望以外に，本ガイダンスの遵守を求めるような正式な規定は存在しません。

訳者あとがきと謝辞

　現在，わが国の多くの企業では，まさに内部統制問題への対応が喫緊の課題となっている。それは，いうまでもなく，金融商品取引法の制定により，2008年4月以降に開始する事業年度から，全上場会社に対して内部統制報告制度が導入されることとなったためである。しかし，これらの企業の多くでは，すでに一定レベルの内部統制システムは存在しているものと解されることから，今般の財務報告に係る内部統制報告制度では，それを再整備し，適切に評価，報告することに主眼が置かれるものと思われる。したがって，企業自身ないしは企業経営者が主体性を発揮して内部統制対応を行うべきで，コンサルティング企業やIT企業といった外部の第三者に丸投げして形だけの内部統制を整えて満足することは厳に慎まなければならない。それどころか，アメリカでの内部統制実務においても見られ，また，そうした実務こそがわが国で始まる内部統制報告制度のモデルであるとの誤解に基づく，過重なコスト負担と膨大な文書化を伴う作業は，内部統制の本来の主旨とは乖離して，まさに，「手段が目的化」したことによる結果であるといわざるをえない。制度の開始に当たり，すべての企業関係者にあっては，わが国の内部統制報告制度の有効かつ効率的な運用に向けて，正しい視点と理解を備えておくことが強く望まれる。

　本書は，アメリカのトレッドウェイ委員会支援組織委員会（Committee of Sponsoring Organizations of the Treadway Commission：COSO）が，2006年7月11日（報告書は，2006年6月付となっている）に公表した『財務報告に係る内部統制―中小規模公開企業ガイダンス』（Internal Control over Financial Reporting －Guidance for Smaller Public Companies；以下，「本ガイダンス」という）の3部作（すなわち，「要約篇」「ガイダンス篇」そして「評価ツール篇」）と，かかるガイダンスの意義についての理解を助けるために公表された文書『よくある質問とその回答』（FAQ）の全訳である。

　そもそも，本ガイダンス策定に係るプロジェクトは，アメリカ証券取引委員

会 (U.S. Securities and Exchange Commission：SEC) の要請によって開始されたものである。アメリカでは, 市場の信頼性向上を目指して制定された, わが国では「企業改革法」と俗称される「2002年サーベインズ＝オックスリー法」(Sarbanes-Oxley Act of 2002：SOX法) 404条の下において, すべての公開企業に対して内部統制報告実務が義務づけられたのである。しかし, この404条対応実務については, その後, 当初の意図に反して, 公開企業に多大なコストの負担を強いる事態となったことに対して, 市場関係者を中心に大きな批判が寄せられてきた。そうした批判に対して, SECでは, 内部統制報告制度が本格適用された2004年11月15日以降, 内部統制報告実務の改善, とりわけコスト低減策の検討を開始し, 2004年12月に, COSOに対して, 中小規模公開企業が, その規模と特性を反映して, 内部統制の構築を図るための新たなガイダンスの策定を要請したのである。

これを受けて, COSOでは, 2005年1月より, 中小規模公開企業向けのガイダンスの検討に着手し, 2005年10月26日には公開草案を公表し, 翌2006年1月15日までを期限とするコメント募集期間を経て, 今般の一連のガイダンスを最終的に確定・公表したのである。

中小規模公開企業については, 内部統制報告制度への対応に大規模公開企業よりもコスト負担が過重なものとなるとして, これまでさまざまな議論が行われてきた。

内部統制報告制度の適用初年度における制度の見直し作業に当たっては, 2005年4月13日にSEC主催のラウンドテーブルが開催され, その結果を踏まえて同年5月16日にSECと公開会社会計監視委員会 (Public Company Accounting Oversight Board：PCAOB) より, 適用の見直しに関するガイダンスが公表された。その中で, SECは, 中小規模公開企業に対する適用について, 「財務報告に係る内部統制は, 企業の性質及び規模を反映するものでなければならない」として, COSOに対して, 中小規模公開企業向けのガイダンスの策定を求めていることを公表したのである。

続いて, 制度適用第2年度目の見直しに当たっては, まず, SECの中小規模

公開企業諮問委員会が，2006年4月23日，企業の市場規模をもとに内部統制報告制度の免除を認めるべきではないかとの勧告を盛った最終報告書を公表した。これを受け，同年5月10日に開催されたSECとPCAOB主催のラウンドテーブルでは，当該勧告について議論が行われたものの，制度免除の勧告に対してはSECの委員が一致して反対を表明したため，実質的に破棄されたのである。

SECの委員の反対理由としては，中小規模公開企業であっても，市場から資金調達を行っている以上，公共の利益の保護が求められること，また，中小規模の企業ほど内部統制が脆弱なケースが多いと考えられること等から，内部統制報告制度を履行することの重要性がある，というものであった。

なお，この諮問委員会の最終報告書では，SECが上記の勧告事項を採用しない場合には，SECが中小規模公開企業向けの新たな規則を公表し，PCAOBは内部統制報告実務を実質的に規定しているといわれる監査基準2号の改訂を行い，COSOは，中小規模公開企業が効率的に内部統制を構築するための新たなガイダンスを策定するよう求めていた。

その後，SECでは，2006年12月20日に経営者評価の部分を中心に，従来のSEC規則を改定するための公開草案を公表し，一方，PCAOBでは，12月19日に，従来の監査基準2号を改訂するための公開草案を公表している。その意味で，COSOによる本ガイダンスの確定・公表は，こうしたSECの規則およびPCAOBの監査基準の設定の動向に先立って，その基礎となるガイダンスを提供したものと位置づけることができよう。

ところで，COSOは，すでに，1992年および1994年に，一連の『内部統制の統合的枠組み』（*Internal Control − Integrated Framework*；以下，COSOの枠組み）を公表しているが，本ガイダンスは，従来のCOSOの枠組みに代替するものでもなければ，変更を加えるものでもなく，中小規模公開企業が，SOX法404条の下で制度化された財務報告に係る内部統制報告をコスト効率良く実施するために，COSOの枠組みをいかに適用すべきかを示すことを目的としている。したがって，本ガイダンスは，中小企業ばかりではなく，大企業においても，COSOの枠組みを内部統制報告制度に対応して導入するために有用であるとさ

れている。実際,現在,アメリカでは,「スモールCOSO」の名の下に,本ガイダンスが,公開企業にとっての内部統制報告実務のデファクト・スタンダードになっているのである。

本書においては,以下の表のように,内部統制の5つの構成要素別に20の原則と76の属性が示されている。

『財務報告に係る内部統制—中小規模公開企業ガイダンス』
に示された20の原則と76の属性一覧表

構成要素	原　　則		属　　性
統制環境	①誠実性と倫理観	1	価値観の明確化
		2	遵守状況のモニタリング
		3	逸脱への対処
	②取締役会	4	権限の特定
		5	独立的に機能
		6	リスクのモニタリング
		7	財務報告の専門能力の保持
		8	品質および信頼性の監督
		9	監査活動の監督
	③経営者の考え方と行動様式	10	気風の決定
		11	会計方針の選択や会計上の見積りに対する態度への影響
		12	目的の明示
	④組織構造	13	財務報告のための役割分担の設定
		14	構造の設定
	⑤財務報告に関する能力	15	専門能力の識別
		16	人員の確保
		17	専門能力の評価
	⑥権限と責任	18	責任の明確化
		19	権限の制限
	⑦人的資源	20	人的資源に関する実務の設定
		21	採用と確保
		22	十分な研修

リスク評価	⑧財務報告の目的	23	業績の評価と報酬
		24	ＧＡＡＰの遵守
		25	有益な開示の支援
		26	企業活動の反映
		27	適切な財務諸表の経営者の主張による支援
		28	重要性の考慮
	⑨財務報告に関するリスク	29	業務プロセスの包含
		30	担当者の包含
		31	ＩＴの包含
		32	適切な階層の経営者の関与
		33	内部と外部の諸要因の検討
		34	発生可能性と影響度の見積り
		35	再評価の作動
	⑩不正リスク	36	動機およびプレッシャーの検討
		37	リスク要因の検討
		38	責任および説明義務の設定
統制活動	⑪リスク評価との統合	39	リスクの低減
		40	会社の総勘定元帳への記帳におけるすべての重要なポイントの検討
		41	ＩＴの考慮
	⑫統制活動の選択と整備	42	活動範囲の検討
		43	予防的・発見的統制の包含
		44	職務の分離
		45	費用対便益の検討
	⑬方針および手続	46	業務プロセスとの統合
		47	実施責任と説明責任の設定
		48	適時な実施
		49	思慮深い実施
		50	例外事項の調査
		51	定期的な再評価
	⑭ＩＴ	52	業務処理統制の包含
		53	コンピュータ業務全般の考慮

情報と伝達			54 エンドユーザーコンピューティングの包含
	⑮財務報告に関する情報	55	データの収集
		56	財務情報の包含
		57	内部および外部の情報源の利用
		58	業務情報の包含
		59	品質の維持
	⑯内部統制に関する情報	60	データの収集
		61	決定および更新の契機
		62	品質の維持
	⑰内部における情報伝達	63	組織内の人々との意思伝達
		64	取締役会との意思伝達
		65	独立した伝達経路の包含
		66	情報へのアクセス
	⑱外部への情報伝達	67	情報の提供
モニタリング		68	独立的評価
	⑲日常的および独立的評価	69	業務との統合
		70	客観的な評価の提供
		71	知識の豊富な人材の利用
		72	評価結果の検討
		73	範囲と頻度の調整
	⑳不備の報告	74	検出事項の報告
		75	不備の報告
		76	適時の是正

　なお，本書の中で言及されているとおり，「企業を小規模，中規模または大規模に分ける『明確な線引き』が必要であるという向きもある」が，本書では，利益や市場時価総額などに基づく定義は行われていない。また，本書のタイトルにもあるように，本書では，その対象とする企業の範囲が広いことを示すべく，「small（小規模）」ではなく，「smaller（中小規模）」という用語が使われている。このような原書の趣旨を汲み取り，小規模ではなく，中小規模という訳語をあてている。

　その他，『財務報告に係る内部統制―中小規模公開企業ガイダンス』のPDF

版には第3部の姉妹版として「第4部：作業ツール」が添付されているがこれは，第3部の評価の部分を空欄にしたものであり，各企業に見合って利用できるようにMS-Word形式になっている。なお，記入方法についての説明が若干なされているが，ハードコピー版には添付されていないこともあり，この第4部については訳出していない。

　ところで，わが国の内部統制報告実務は，現在，制度導入直前の最も重要な時期を迎えている。企業関係者にあっては，画一的かつ重装備で非効率な内部統制実務の適用といった過ちを犯さないためにも，制度本来の主旨を正しく理解して対応することが求められる。その際，本書で示された費用効果的な指針ないし多くの知見は，今後のわが国内部統制報告実務の健全な発展に大いに貢献するものと確信している。

　相応の時間と討議を踏まえての翻訳ではあるが，まだまだ思わぬ誤りや誤解に基づく訳出もあるかもしれない。すべての責めは，監訳者に帰するものと考えている。

　なお，翻訳権の取得から，翻訳に関する作業の一切に至るまで日本内部監査協会の多大の支援を得た。また，本書の出版に当たっては，同文舘出版株式会社代表取締役社長中島治久氏と秋谷克美氏にたいへんお世話になった。ここに記して謝意を表する次第である。

　2007年5月29日
　　　　　　わが国における内部統制報告制度の確立と健全な発展を願って

　　　　　　　　　　　　　　　訳者を代表して　　　八　田　進　二

索　引

【あ】

IT ……………8,32,97,123,174,191,204,249,277
ITによる統制手続 ………………………254
ITの考慮 ……………………………………108
ITの包含 ……………………………………93
アクセス ……………………………………134
アクセス統制 ………………………………128

逸脱への対処 ………………………………52
一般的企業モデル―経営管理活動（概要）…185
一般的企業モデル―経営管理活動（細目）…186

エンドユーザーコンピューティング ………130
エンドユーザーコンピューティングの包含…123

【か】

GAAPの遵守 ………………………………88
外貨建取引 …………………………………237
会計方針の選択や会計上の見積りに対する態度
　への影響 …………………………………66
会社の総勘定元帳への記帳におけるすべての重
　要なポイントの検討 ……………………108
外部委託 …………………………………131,136
外部への情報伝達 …………………149,208,225
貸方票およびそれに基づく修正 …………249
価値観の明確化 ……………………………52
活動範囲の検討 ……………………………112
監査委員会 …………………………………62
監査活動の監督 ……………………………57
監査基準2号（AS2） ………………………174
勘定科目の見積り，決算整理仕訳および締切
　………………………………………190,234

企業活動の反映 ……………………………88
気風の決定 …………………………………66
基本原則 …………………………………15,45
期末締切 ……………………………………236
客観的な評価の提供 ………………………154
業績の評価と報酬 …………………………80
業務記述書 …………………………………70
業務記述書の維持管理 ……………………69
業務情報の包含 ……………………………138
業務処理統制 ………………………………130
業務処理統制の包含 ………………………123
業務との統合 ………………………………154
業務プロセスとの統合 ……………………118
業務プロセスの包含 ………………………93

経営者による無視 …………………………28
経営者の考え方と行動様式 …………66,195,218
決定および更新の契機 ……………………141
権限と責任 …………………………76,196,221
権限の制限 …………………………………76
権限の特定 …………………………………57
研修の実施 …………………………………72
検出事項の報告 ……………………………161
原則 …………………………………………270
原則主義 ……………………………………270
原則の評価 ……………………………188,194

公開会社会計監視委員会（PCAOB）………280
コスト ……………………………………5,172
COSOの構成要素 …………………………268
コンピュータ業務全般の考慮 ……………123

【さ】

サーベインズ＝オックスリー法 ………167,280
サーベインズ＝オックスリー法404条 …22,274
再評価の作動 ………………………………93
財務情報の包含 ……………………………138
財務諸表上の見積り ………………………62
財務諸表の作成 ……………………………239
財務報告における主な役割に関わる専門能力の
　評価 ………………………………………73
財務報告に係る内部統制 …………………176
財務報告に関する情報 ………………138,206
財務報告に関する能力 ………………72,196,220
財務報告に関するリスク ……………………93,200
財務報告の専門能力の保持 ………………57
財務報告の目的 ………………………88,199
採用と確保 …………………………………80

287

採用のプロセス……………………………83
SAS70報告書………………………109,113,176

システム開発 ………………………………126
実施責任と説明責任の設定 ………………118
自動化された統制手続………………………33
十分な研修…………………………………80
重要性の考慮………………………………89
出荷………………………………………245
遵守状況のモニタリング……………………52
証券取引所………………………………176
情報技術 ……………………………………8
情報と伝達 ………………………………137
情報の提供 ………………………………149
情報へのアクセス …………………………144
職務の分離 …………………………27,112,174
思慮深い実施 ……………………………118
人的資源 ……………………………80,197,222
人的資源に関する実務の設定………………80

請求 ………………………………………247
誠実性と倫理観 …………………52,194,212
責任および説明義務の設定 ………………101
責任の明確化………………………………76
全社的統制 …………………………173,176
全社的統制手続 ……………………189,212
専門能力の補強………………………………72
専門能力のレビューおよび評価 ……………73

総勘定元帳の維持管理 …………………234
属性 ……………………………………47,176,271
組織構造 ……………………………69,196,219
組織構造の設定 ……………………………70
組織再編 ……………………………………70
組織内の人々との意思伝達 ………………144
組織フローチャートの作成 …………………69

【た】

担当者の包含………………………………93

知識の豊富な人材の利用 ………………154
中小規模 …………………………4,25,285
中小規模企業 ……………………………24,272
注文処理 …………………………………243

ツール ……………………………………271
定期的な再評価 …………………………118
データの収集 …………………………138,141
適時の実施 ………………………………118
適時の是正 ………………………………161
適切な階層の経営者の関与………………93
適切な財務諸表の経営者の主張による支援…88
テンプレート ……………………………119

動機およびプレッシャーの検討 ……………101
統合されたプロセス ……………………14,38
統制活動 …………………………………107
統制活動の選択と整備 ………………112,203
統制環境……………………………………51
独立した伝達経路の包含 ………………144
独立的に機能………………………………57
独立的評価 ………………………………149
取締役会 ……………………………7,29,57,194,214
取締役会との意思伝達 …………………144

【な】

内部および外部の情報源の利用 …………138
内部監査のための構造の設定………………70
内部通報プログラム…………………………59
内部統制に関する情報 ………………141,206
内部統制の統合的枠組み …3,21,167,183,268,281
内部統制の必要性 ………………………266
内部統制の目的 …………………………267
内部と外部の諸要因の検討…………………93
内部における情報伝達 …………144,207,224

日常的および独立的評価 …………154,209,226
入金 ………………………………………246
ニュースレター………………………………54

のれんその他の無形資産 …………………241

【は】

発見的統制 ………………………………119
発生可能性と影響度の見積り………………93
範囲と頻度の調整 ………………………154

必要な知識,技能および能力の設定…………72

非定型の取引 …………………………235	目的の明示……………………………66
評価結果の検討 ………………………154	モニタリング…………………153,173,276
費用対便益の検討 ……………………112	モニタリング活動 ……………………8,34
品質および信頼性の監督 ………………57	
品質の維持 …………………………138,141	【や】
	役割とプロセスとの整合…………………69
複雑でないIT環境 ……………………254	
複雑なIT環境 …………………………260	有益な開示の支援………………………88
不正リスク …………………………101,201	有効性の判断……………………………48
不備の報告 …………………161,210,228	有効性の評価 …………………………193
プロセス・レベル・マトリックス ……243,251	
プロセス・レベルの統制 ………………176	予防的・発見的統制の包含 …………112
プロセス・レベルのリスクおよび統制手続…191	予防的統制 ……………………………119
文書化 …………………………………11,39	
	【ら】
ヘルプ・ライン …………………………55	リスク ……………………………………176
変更管理 …………………………127,132	リスク指向 ………………………………10
	リスクの低減 …………………………108
報酬制度 …………………………………81	リスク評価 ……………………87,190,230
方針および手続 …………………118,203	リスク評価との統合 ………………108,202
方法 ………………………………………47	リスク評価マトリックス …………………230
補完的統制 ……………………………176	リスク要因の検討 ……………………101
補完的統制の検討 ……………………114	
	例外事項の調査 ………………………118
【ま】	連結 ……………………………………237
見越項目，経営者の見積りおよび引当金…240	

〔訳者紹介〕

橋本　尚（はしもと　たかし）
1982年　早稲田大学商学部卒業
1991年　早稲田大学大学院商学研究科博士後期課程単位取得
現　在　青山学院大学大学院会計プロフェッション研究科教授
　　　　金融庁企業会計審議会臨時委員・日本監査研究学会理事

町田　祥弘（まちだ　よしひろ）
1991年　早稲田大学商学部卒業
1997年　早稲田大学大学院商学研究科博士後期課程単位取得
現　在　青山学院大学大学院会計プロフェッション研究科教授
　　　　金融庁企業会計審議会専門委員，日本監査研究学会幹事

久持　英司（ひさもち　えいじ）
1995年　早稲田大学商学部卒業
2002年　早稲田大学大学院商学研究科博士後期課程単位取得
現　在　駿河台大学経済学部准教授

【監訳者紹介】

日本内部監査協会

　昭和32（1957）年設立。内部監査の理論及び実務の研究，内部監査の品質及び内部監査人の専門的能力の向上の推進を通じ，あるべき内部監査の普及・発展に努めている。企業や団体など会員数は2,400を超え，各種研修会の開催や定期刊行物の発行，研究・調査活動を展開している。また，国際的な内部監査の専門団体である内部監査人協会（The Institute of Internal Auditors, Inc：IIA）の日本代表機関として，世界的な交流活動を行うとともに，内部監査人の国際資格である"公認内部監査人（Certified Internal Auditor：CIA）"の資格認定試験を実施している。

〒104-0045　東京都中央区築地2-7-12（15山京ビル3階）
ホームページ　http://www.iiajapan.com/

八田　進二（はった　しんじ）
1973年　慶應義塾大学経済学部卒業
1982年　慶應義塾大学大学院商学研究科博士課程単位取得
現　在　青山学院大学大学院会計プロフェッション研究科教授
　　　　金融庁企業会計審議会委員（内部統制部会部会長）・日本監査研究学会会長
　　　　NHKコンプライアンス委員会委員長

平成19年 6月30日　初 版 発 行
平成19年 7月10日　第 4 版発行　　《検印省略》
平成19年 9月25日　第 5 版発行　　略称―COSO

簡易版
COSO
内部統制ガイダンス

監訳者 ©　日本内部監査協会
　　　　　八 田 進 二
発行者　　中 島 治 久
発行所　　**同 文 舘 出 版 株 式 会 社**
　　　　　東京都千代田区神田神保町1-41　〒101-0051
　　　　　電話 営業(03)3294-1801　編集(03)3294-1803
　　　　　振替 00100-8-42935
　　　　　http://www.dobunkan.co.jp

Printed in Japan 2007　　　　　製版：一企画
　　　　　　　　　　　　　　　印刷・製本：KMS

ISBN978-4-495-19011-8